漢語逍遙

小島憲之著

漢語逍遥

岩波書店

はしがき

神風の伊勢の町には、早くも「白風《あきかぜ》」が吹いている。

第五十回「萬葉学会全国大会」の第一日目の公開講演会は、伊勢市の皇学館大学創立百周年記念講堂において始まった。時あたかも平成九年(一九九七)十月十一日の午後一時半。講演終了後は、指定された時間の残る限り、寸感を述べること、この数年来の習いとなっていた。講師先生両人への感謝の意をささげたのち、

時間を多少戴いたので……。あと何回続くかわかりませんが……。「伊勢の海人《あま》の囀《さえず》り」ならぬ「翁《おきな》の囀り」をひとふし……

云々と述べつつ、その「喋《しゃべく》り」を始める。壇上で足の震えを止め、スッと立てるか否かを予め心配してはいたが、幸いにも事無く、話は進んでゆく。

最近わたくしの特に関心を抱いていることは、「索引《インデックス》」の利用如何の問題である。わが上代文学の研究者たちは、故斯波六郎博士の『文選《もんぜん》』を日常よく引いているはずである。この『文選』の索引は完璧ではあるが、更にわたくしにとっては、その「李善注」を必要とする。それにも拘らず、

その索引は未だに上梓されていない――陰の声「出版サレテイナイカラ、オ前ノ仕事ガアルノダ。贅沢ヲイウナヨ」と――。初唐高宗の頃の学者李善のものした注がすなわち「李善注」である。わたくしが「ものまなび」の道へ踏み入って以来、すでに六十数年、漸く辿りついた終着駅は、この「李善注」を活用するといった、遅蒔きの仕方であった。「今ごろやっとそれだけか」と言われても、やはり致し方のないことである。それはそれとして、この注を活用するには、如何にすべきか、わたくしだけの仕方の一端をこの壇上であからさまに語ってみたい。

ここは「伊勢」。因幡の国に住む明治・大正の母が「お伊勢さん参り」をしばしば口にしながらも、遂に果さなかったこと、乙子《おとこ》とはいえ、わたくしにはつらい響きがひそむ。さて実に卑近な例ではあるが、ここで「伊勢」の「伊《い》」に因んで、漢字「伊」(yī)の訓詁を考えてみることにしよう。『文選索引』によれば、単独の「伊」及び「伊何」の字を含めて百十例を越える。百十例を越えるということは、つまり少なくとも百回は『文選』の本文に当ることを要する。この忙《いそが》しい世の中にあって、「ものまなび」の道とはいえ、何を呑気なことを、の誹《そし》りは甘んじて受けよう。時にはわれと我が身を誘るのは、本人のわたくしという正身《そうじみ》でもある。

百回以上といえば、確かに煩わしいことである。「煩わしと思うこと勿れ」とは、「自身に納得させる一種の慰めのことば」ともいえる。しかし索引に当るうちに、「伊尹《いいん》」は人名、「伊水」は河川の名、などというようなことは自らわかるようになる。ここで、わたくしの知りたいことは、「伊」という助字の類に関する用法であって、この際、人名や河水名などの固有名詞類は除外してよい。索引の中に「伊プラス昔」と続く数例がみえるが、「伊」を勉強していないわたくしとしては、すぐには答えられない。幸いにも、『文選』(巻二十四)陸士衡「答㆓賈長淵㆒并序」の詩「伊昔皇《きみ》有り、肇《はじ》めて黎蒸《れいじょう》を済《すく》ふ」の李善注に、

爾雅ニ曰ク、伊ハ惟ナリ。郭璞曰ク、発語辞ナリ。

とみえる。この「郭璞曰ク」を詳しくいえば、司馬長卿「封禅文」(巻四十八)「伊上古の初肇《しょてう》、昊《かう》穹《きゅう》の民を生みし自《よ》り」云々の李善注に、

郭璞爾雅注ニ曰ク、伊ハ発語辞ナリ。

とみえ、第一例の「郭璞曰ク」は、『爾雅』(郭璞注)によることがわかる(いずれも慶安初印本訓「コレ」)。また陸士衡「歎㆑逝賦并序」(巻十六)の「伊天地の運流する、紛として升降して相襲《あひよ》る」の李善注に、「伊ハ惟也」(初印本訓「コレ」)とあるのも、出典など前二例によって明らかとなる。再び繰り返すが、「漸く辿りついた終着駅」とは、「李善注」を活用することであった。笑う者《ひと》は笑いたまえ。長年月を経ても、わたくしはここまでしか進めなかったのである、云々と。

本書『漢語逍遥』に収集した諸論には、終着駅の「李善注」の活用法については、最後の章を除

けば、未だ堂々と発言はしていない。もし心ある諸子が今後のわたくしの予想されるいくばくかの諸考の中に、終着駅のこの唱道が実際に生かされているかどうか、記憶していただくならばと思う次第である。

伊勢より帰宅した数日ののちに、「平成八年国語国文学界の展望(1)」(雑誌『文学・語学』第一五六号)に、その年に書いたわたくしの二篇について、若い諸君の批判がみえる。その中に、友人谷口孝介君(筑波大学)は、

「『佩文韻府』を読まぬ日はなし——漢語表現の問題をめぐって——」(『萬葉』157、3月)、「憶良の漢語表現——『為レ天不レ孝』——」(『美夫君志』53、10月)などの諸論を、「いつもの老いの繰言」の体裁にすかされて、碩学の発言として棚に上げてはいけない。そこにはことばの性格を探究するのに、「毛伝」や「李善注」などの出典となる作品の注釈を読むことの有用性が執拗なまでに説かれているのである。そのようにしてはじめて、ある表記にこめられたことばの内包性が十全に理解できるのであろう。

と、説く。また上野誠氏(奈良大学)は、後稿の「為レ天不レ孝」について、「天」(八八六歌序)の具体的意味を「ちちはは」の意と導きだしている。平易な記述を採りながら、追随を許さぬいつもの、あの学殖が光る稿である。

とみえる。また前稿について、友人新間《しんま》一美君(甲南大学)は、

漢語の語性把握について、『文選索引』や『白氏文集歌詩索引』での用例検索で終ってはならないと後進を警め、「和習」の問題に及ぶ。

と述べる。これらのうち、「碩学の発言」「いつものあの学殖が光る」などは除外して、ともかくも諸君の目にとまったことは、幸いというべきか。

本書所収の諸稿はかかる批判を背に受けながら成立する。しかも書名の『漢語逍遥』は、平安初期の勅撰第三詩集『経国集』の「詠レ塵」群の詩にみる如く、あちこちに迷いつつ、逍遥し徘徊し、漢語圏内をさまよう塵埃にも似る。もし「幾《きざし》を知る」塵とも化《な》るならば、存外の喜びといえようか。なお冒頭に書いた「白風《あきかぜ》」が「漢語」か、それとも「和製漢語」か、本書の読者諸子に対して逆に問題を提出して、つたない「はしがき」の結びとする。

目次

はしがき

第二部　漢語の受容と展開

第一部　漢語あそび

第一章　鷗外語の周辺

第一節　『栗山大膳』における「権道」

一

いま、わたくしの「カード取り」は、森鷗外の史伝物『伊澤蘭軒』・『澁江抽斎』より、漸く『栗山大膳』へと進んでいる。余閑のあり次第おこなう間断の多い仕業であり、何らの体系をもたない悲しい自由である。とはいえ、「老懶」を放逐しようとするわれとわが身の涙ぐましい一つの作業ともいえよう。

この「カード取り」、つまり作品の中の必要と思う「漢語」もしくは「漢語的なるもの」を抽出して、覚書《メモ》を作るという幼稚なわざは、この十数年来のことであるが、もはやものを「記憶すること」に無力となった残年のわびしい姿を如実に示すであろう。東洋学の碩学故神田喜一郎先生の直話によれば、先生はカードを取ることなく、幾たびとなく同じ書を披《ひら》いて語句を覚えてしまうやり方であったという。メモを作らねば進めない今のわたくしは何といってもあわれというべきである。

この余閑を得て「あそぶこと」といえば、任意に抽出した漢語の「性格」を考えてみることである。しかもまず辞書類にたよらないで、それを予め心の中で「当ててみる」ことである。野外の時には遊歩中にも頭の中で試みる。当れば幸い、当らねば溜め息、すなわち絶えず『荘子』(山木篇)のいわゆる「雁木《がんぼく》の間」を出たり入ったり。これを称して「漢語あそび」という。このことばの中には自嘲の意が含まれていることはいうまでもない。この「あそび」は、まず全体にひろがるものを把握しようとする仕方ではない。個別的な漢語をめぐって、八本足の蜘蛛のようにあちこちに散在するものを徐々にしかもいちいち探ってゆく仕方である。それは泥臭い田舎風の学問的方法ながら、基本はまず漢語の語義、その意味内容などの探求より開始することである。しかも漢語にはそれぞれのもつ「性格」がある。伊藤仁斎の『童子問』(巻下、原文漢文)の一端を例にしよう。「近ごろ経典の解釈において、『禅荘』の語を用いるが、その例を拈出してたもれ」という某の質問に対して、仁斎は禅書や老荘の要語を示し、「語・孟二書、本無二此語一」(『論語』や『孟子』の二つの書には、元来こんな語は無い)と教えたのは、語孟語といい、禅語といい、漢語の性格をよく承知した上の答えであった(第四十六章)。しかもなおもしこの漢語の基本がよく追求され、果ては作品中の作者の「ねらい」、その表現意図にまでつらなる可能性が推測されるならば、勿怪《もっけ》の幸いというべきであろう。「漢語あそび」には極限がない。

二

カードに現われて、わたくしの追求の意欲らしいものをそそったのは、非漢語ならぬ「権道《けんどう》」という漢語であった。それは、『栗山大膳』の末尾のあたりに出現する一度だけの漢語であるが、性格からいえば、経書にみえる「経書語」、しかも中国語史でいう「古代語」(上古語)に属することは、すでにわたくしも知っている。『栗山大膳』に関する過去の雑誌論文類については、後で知ったが(1)、初稿執筆中のわたくしは何ら知るところがなかった。ただ小堀桂一郎氏の『森鷗外――文業解題(創作篇)』(「小説」)によって、その手近な内容を知るのみである。鷗外の評論として名高い『歴史其儘と歴史離れ』の中で、

わたくしの近頃書いた、歴史上の人物を取り扱つた作品は、小説だとか、小説でないとか云つて、友人間にも議論がある。……中にも「栗山大膳」は、わたくしのすぐれなかつた健康と忙しかつた境界とのために、殆ど単に筋書をしたのみの物になつてゐる。そこでそれを太陽の某記者にわたす時、小説欄に入れずに、雑録様のものに交ぜて出して貰ひたいと云つた。某はそれを承諾した。さてそれが例になくわたくしの校正を経ずに、太陽に出たのを見れば、総ルビ

を振つて、小説欄に入れてある。……さうした行違のある栗山大膳は除くとしても、わたくしの前に言つた類の作品は、誰の小説とも違ふ……。(『鷗外全集』第二十六巻)

と述べるのは、本人は、「栗山大膳」を「小説」ならぬ「雑録様のもの」とみなしていたことになる。こうしたいきさつがあるために、他の作品に比して、研究者の研究の対象になることが少なかったのかも知れない。

鷗外の作品は、おおよそ辞書を片手にしない限り、わたくしにはうまく読めない処が多い。『澀江抽斎』然り、『伊澤蘭軒』然り。しかしこの『栗山大膳』(『鷗外全集』第十五巻)は、幸いにも辞書がなくてもかつがつ読める。ただ文字の上で一箇処気になるところがある。それは織田信長時代の天正六年(一五七八)のあたりの話に、

利安は伊丹の町の銀屋をかたらつて、闇夜に番兵を欺き、牢屋の背後の溜池を泅いで牢屋に入り、孝高に面会した。

とみえ、「泅」(音シウ・ジュ)の字が珍異である。しかし偶然にも多かれ少なかれ原本系『玉篇』残巻を翻って来たわたくしには、かなり深い記憶のうちにある文字の一つである。[2] ただし鷗外がその手記の一つである「語彙材料」(第三十七巻)の中で、『大広益会玉篇』や『康熙字典』などの抄出を試みている事実に鑑みて、むしろ当時通行していた後者『康熙字典』の訓詁「説文、浮二水上一也」

──前者「人浮二水上一也」──をじかに学んだものかと思われる。人が水上に浮ぶことは、「泅泳」の意に近くなり、「溜池を泅(およ)いで」と訓むべきことになろうか。幕末明治の学者中村正直訳の『西国立志編』にも「畜産ト共ニ水ニ泅《オヨ》ギ川ヲ渡ル……」(第十二編〔二十〕「戎《ジヨン》。莘克禮《シンクレヤア》ノ事」)とある。ほかにはむつかしい文字はない。こうした煩わしさが少ないのは、前述の鷗外の発言にいう如く、健康を害したり多忙裡の境にあったりしたために、表現のあやにあまり力を入れなかったことに原因の一つがあるかも知れない。「小説」ならぬ「雑録様のもの」と自ら述べているのは、まず真実に近いとみるべきであろう。しかし『栗山大膳』が「小説」であろうとなかろうと、要はやはり作品自体の表現に力点がある。

前述の如く、『栗山大膳』を雑録程度とみなした鷗外の意見をそのまま認めるとしても、彼の心の裏側にひそむ真実は果して何であったか。卑しい憶測は憶測する者自身をかえって貶しめるともいわれる。とはいえ、この作品の末尾に近い部分の、「権道」云々の文に接するとき、果して鷗外のいう「雑録様のもの」かどうか、そこに検討すべき入り口を得たように思われてならない。

「権道」という漢語が末尾にのみ突然出現するのは、みちのくの盛岡に遷居を命ぜられた栗山大膳利章と盛岡に近い天領の代官井上某の問答の最後のくだりである。武士の志について質問を受けた大膳は人物を鑑識して任用すべきことを述べたその果てに、文脈を変えて、猶一つ心得て置くべきは権道である。これを見切と云ふ。取るは逆、守るは順であるから、これは不義だと心附いた事も、こればかりの踏違へは苦しうないと、強く見切つて決行するのである。

と結ぶ。この「猶一つ……」云々で展開する文とそれ以前の文との間にどのような関係があるのか、その文のつなぎ目をはじめて読んだわたくしにはすぐにはわかりにくい。この点は漸次明らかにすべきであるが、それに先立って、「権道」の意が解明されるべきである。「権道」については、「権謀術数」の意に解する説もある。鷗外が医務局長の人事権と山縣有朋の権勢を利用して己が身を守り通した態度、それがここにみる「権道」に等しいとみなすわけである。これは鷗外の人生観、その生き方に対する批判ともなろう。しかし「権道」はかかる意をもたない。やはり「権道」という漢語の基本に戻るべきである。

「権道」といえば、『佩文韻府』に未見。しかしわたくしの知る漢語としては、『孟子』(離婁《りろう》篇、上)の、春秋戦国時代の斉の雄弁家淳于髠《じゅんうこん》と孟子の問答のくだりにみられる「権《けん》」である。そのあたりを要約すれば、

「礼の定めには、男女間においてものの直接の受け渡しは禁止されている。だが、兄よめが水に溺れたときなど危急の場合には手をかすべきかどうか」(淳)

「危急の場合に手をかして救うのは、臨機応変の処置という「権の道」(仮《かり》の道)である——趙岐注「此権者反レ経而善也」——」(孟)

「天下はいま虐政に溺れている状態だ。権によって救うべきではなかろうか」(淳)

「権によって天下の危急は救われない。やはり礼の道によるべきだ」(孟)

ということになろう。「礼」の道(正道・常道)に対するものが「権」の道である。これについては、『孟子』の注疏である『孟子正義』に詳しい。煩雑ではあるが、その大要を述べると、

嫂《あによめ》が流溺してこれを援《たすけ》るのに手を以てするのは、これこそ「権道」だ。「権」の「道」たる所以《ゆえん》は変事を済《すく》うことだ。時には然《しか》り、時には然らず、経《つねのみち》に反して善し、これぞ「権道」というものだ。ゆえに、「権」とは量《はかり》であって、或いは軽く或いは重く、物に随って変ずるものなのだ……。(離婁篇、上)

となろうか。「権」とは物の軽重をはかる分銅《ふんどう》(おもり)、「はかり」である。それは物の軽重によって「はかり」の位置が絶えず変わり、そこに融通性がある。「方便」とも意訳できようか。淳于髡の発言は、危急に際してこの「権」の道、臨機応変の処置の妥当性如何を尋ねたことになる。

「権」に関しては、『論語』(子罕篇)にも例がみえる。いかなる事変に対しても、機に臨んで変に応じ、中正の道に外れないようにすべきことを述べた、

子曰く、与《とも》に共《とも》に学ぶべし……与に立つべし。未だ与に権《はか》るべからず。

がある。この「権」については、『何晏《かあん》集解』に、「権二量其軽重之極一」、また『皇侃義疏』に、「権は、常《じゃう》に反して道に合するものなり……王弼曰く、権は、道の変、変に常体無し」云々とみえる。これは、権の道が「常」(常の道)に反するとはいえ、「変」に応じてよい効果を得るための非常の処置を認めることであり、『孟子』の「権道」と過程においては同じ方向をもつといってよかろう。

鷗外はこの「権道」をどのように理解していたのであろうか。岡野蔵本の『鷗外文庫目録抄』によれば(3)、『十三経注疏』、『孟子集註』(朱子)、『孟子講義』(『四書講義大全』)などの書名をみる。つまり古注にも新注にも接しているわけである。更に溯れば、明治元年(一八六八)七歳のとき米原綱善宅で『孟子』など四書を学び、八歳のとき、藩校養老館へ四書の復読に往き、『四書正文』を賞与された経験もある(「自紀材料」、『全集』第三十五巻)。彼の頭の中には、早くより「権《けん》」の語が記憶裡にあったものと思われる。

なおいえば、「権」に関する近世の諸説は、そのまま幕末明治へと伝えられている。その代表的な説は、京都の伊藤仁斎の『語孟字義』(巻下「権、凡四条」)にみられ、これに反対する江戸の荻生徂徠の『辨名』(下「経・権四則」)もある——両者の学問については、故吉川幸次郎先生の『仁斎・徂徠・宣長』(岩波書店刊)参照——。ともに名著であるだけに、鷗外は両書とも繙いたこともあろう。

現に徂徠の『辨名』は、前述岡野本の『目録抄』にその名がみえ、彼の詳しい書き入れが欄外にあるという。「礼」に相対するものは「権」であり、「経」の一部が「権」であると説く仁斎、これに対して、「礼」の中にも「権」があるという徂徠。その間に説の差もあるが、「権」が臨機応変の手段であることは、両者も認めるところ。この解釈は、幕末の知識人にも受け継がれている。たとえば、福沢諭吉の『学問のすゝめ』(十三編)の中にも、

抑も孔子の時代は、明治を去ること二千有余年、……天下の人心を維持せんがためには、知《しり》て故《こと》さらに束縛するの権道なかる可《べか》らず。若し孔子をして真の聖人ならしめ、万世の後を洞察するの明識あらしめなば、当時の権道を以て必ず心に慊《こころよ》しとしたることはなかる可し。故に後世の孔子を学ぶ者は、時代の考を勘定の内に入れて取捨せざる可らず……。

と説き、更に大名の御殿女中の例をあげて、

諫《いさめ》て叱らるゝこともあり、諫めずして叱らるゝこともあり、言ふも善し言はざるも善し、詐るも悪し詐らざるも悪し、唯朝夕の臨機応変にて、主人の寵愛を僥倖するのみ……。(岩波『福沢諭吉選集』第三巻)

云々と述べるが、この「臨機応変」は、前文の「権道」の意を示すことになろう。また中江兆民の遺稿集『一年有半』の「第二」にみえる「権略は悪字面に非ず」の条に、

権略、是れ決して悪字面に非ず、聖賢と雖も苟も事を成さんと欲せば、権略必ず廃す可らず、
権略とは手段也、方便也。

とみえるのも、「権道」とは無関係ではなかろう。鷗外周辺の時代的雰囲気においては、「権」の道を説くことは、決して珍しいことではなかったといえる。

三

『栗山大膳』の「権道」に戻ろう。前述の「猶一つ心得ておくべきは権道である」云々を『孟子』その他に眼をむけつつながながと述べて来たのは、この語の「語性」をまず知るためであった。それに従って、「猶一つ……」の文脈を辿れば、「不義」すなわち「義」という「常」ならぬことも、時には「苦しうない」と「見切って」(見きわめる、見かぎること)、「決行する」とは、やむを得ず採る臨機応変の方便の必要性を述べたものであり、「権道」の意を鷗外がパラフレーズしたことになる。読者にとって、突然最後に「権道」という漢語が出現して驚かされるとしても、『栗山大膳』のテーマとして、あらかじめ「権道」の問題が潜在していたかと疑ってみることも許容されるのではなかろうか。ひょっとすると、この作品の底には、「権道」という隠水《こもりず》が深く流れているのではなかったか。

これを念頭に置いて、『栗山大膳』全体を眺めてみよう。この作品は、大づかみにいえば、筑前福岡城主黒田忠之とその非を正そうとする家臣栗山大膳利章との緊張した間柄を描こうとしたのではあるが、作者鷗外は直接の対決を避け、ぬるま湯的な関係を書き続けてゆく。すでにあげた福沢諭吉の「言ふも善し言はざるも善し」的な態度でことは進行する。それは、いわば、対決以前の「我慢強い対決」ともいえよう。黒田城主への忠誠のために、かえってかりの臨機応変を以て未だ処置しえない大膳の態度に、我慢強い慎重さがある。いち早き権道の決行へはなかなか進まない。とはいっても平行線は許されず、所詮はどこかで対決へと至らない限りは、小説になるまい。

利章等は目を鋭くして見た。そして次第にその変じて行く形勢を見分けることができた。……差当りこれ位の事が目に留まつてゐるが、どれも重大と云ふ事ではない。尤も此形勢で押して行くうちに、物に触れて重大な事が生ずるやも知れない。何か機会を得たら、しつかり主君に云ふ事にしようと、利章等三人は思つてゐた。

このあたりにも大膳利章の常道に対する「権道」の実行を示そうとする心の動きが読み取られる。しかもその実行はなかなか進捗しない。それはあたかも作者鷗外の執筆当時の健康状態を示すような態度に歩調を合わせたともいえる。

しかしこの作品にも結びが必要である。とにかく大膳の謀は成功するが、やがて陸奥盛岡の城下に移らねばならなかった。すでにあげた盛岡に遠からぬ天領の代官井上某との舌戦問答の火蓋は、むしろ黒田城主との対決の代りに設けられたともいうべき場面である。その問答の終りの部分は、軍法諸流の得失、城の縄張の善悪、武士の志などに関するものであるが、大膳はそれぞれの常道を説く。鷗外は、このあたりに『孟子』にみえる淳于髡と孟子の問答を思い浮べていたのかも知れない。『孟子』の文に問答体の多いこと周知の如し。

政治は文武を併せ用ゐるものである。文は寛、武は猛である。……軍法は武を用ゐる一端に過ぎぬ。……軍法は常にある。戦場の人員、備立のみを軍法と心得ては、大局の利を収めることは覚束ない。(軍法諸流の得失)

名将は城廓に重きを置かぬ。忠実な臣下が即城である。……良臣を養つて置いて、時勢を見合はせ、一寸なりとも領地を拡めることを心掛くるが肝要である。(城の縄張の善悪)

志は大きくなくてはならぬ。……日本に生れたなら、関白公方にならうと志すが好い。さてそれを為し遂げるには身を慎み人を懐けるより外は無い。既に国郡が手に入つたら、人物を鑑識して任用しなくてはならぬ……。(武士の志)

大膳の以上の答えは、いずれも「常」或いは「経」という儒教にいう一定不変の正道である。しかも大膳は常道を説くことに終始するのでない。やはり臨機応変の道をも時には説く必要があった。

最後の「武士の志」の終りの結びに、前述の「猶一つ心得て置くべきは権道である。これを見切と云ふ……」を付加するのは当然のことであった。代官井上某に教えたのは「権道」であり、つまり常道に反していても、結果はそれにつらなることもあることを教えたのであった。あたかも孟子が常道を基本としながらも、なお「権の道」をもかりに許したことにつながろう。これは、大膳の黒田城主に対する自己の態度を暗に示したことにもなろうか。

わたくしという専門外の者の『栗山大膳』の読みは、あらぬ「深読み」に過ぎないかも知れぬ。しかし鷗外の使用した「権道」そのものの漢語的意味には大きな誤失はなかろう。もちろん、わたくしの「漢語あそび」があらぬ方へとさまようことはとくと自誡すべきである。しかし一つの漢語が一つの作品の全体の「ねらい」を覆うことも時にはあり得よう。とまれ、漢語一つも決しておろそかにすべきではない。

(1) 「鷗外『栗山大膳』をめぐって」(清田文武、昭和四十六年)、「『栗山大膳』論考――その性格と位置――」(片山宏行、昭和五十五年)、『森鷗外――その歴史小説の世界』(板垣公一、昭和五十年)。

(2) 原本系『玉篇』には、「泅」は「汓《シウ》」に同じく、「説文亦汓字也」とし、「汓」の字に詳しい訓詁がみえ、その一部分に、「説文、浮二於水上一也」とある。

(3) 正しくは、岡野蔵本『目録』(和漢書之部)。雑誌『鷗外』(第二十九号)参照。

第二節　『青年』の中の「係恋」

一

漢語のうち、その時代性を認定するには、まず現在残された文献によるほかはない。しかしそれのみにあぐらをかいて、いつ迄も安住しているわけにはゆかない。反省と改訂とが絶えずわが身をとり巻く。たとえば、渡唐僧空海が中唐順宗の元和元年(わが大同元年(八〇六))、長安金心寺(一本「金山寺」)を訪れた時の七言詩、その第三・四句の「経行《きょうぎょう》観礼《かんらい》自らに心に感ず、一両の僧人名を審らかにせず」(『経国集』巻十・60)にみえる「僧人」の語は、敦煌文書類にかなりの例をみるが、時代の明確なものとしては、空海の「僧人《そうじん》」の例が最も古いのではないかと思う。しかもこの語の性格が仏教関係の漢語であり、且つ口語的俗語性をもつ性格を帯びるものとみなされる限り、俗なることばの世界にはこの語の存在、その通行を推測することができよう。『新集書儀』(P.3691)の「僧人答」俗書」は、その一例となろう。もしかすると、唐・五代を更に溯って、少なくとも魏晋南北朝のことばまでは溯り得る可能性もあろう――なお「僧人」については、第二部第三章「平安びとの漢語表現」の中に再説する――。この第一部の大みだしに、「漢語あそび」とはいいながら、単なる遊びのみではことは解決できない。まして漢語を人別的《にんべつ》に明らかにする方法として、人名を冠らせた「空海語」「鷗外語」などと断定するには、あらゆる文献をさぐる必要がある。「某々語」などと軽々しくいうことはできない。

こうした点において、厳密な意味で「鷗外語」などと断定するためには、和漢のことばすべてを知る必要があり、個人のわたくしなどには到底不可能な難事である。これを幕末明治初期の文献に限定するにしても、そこには本場の詩語(韻文語)あり、散文語あり、これに加えて和製のそれもあり、更に法律語、新聞語などの特殊語もあまた残存する。すなわち「鷗外語」と認定するためには、当時の文献の性格を承知しつつ例を探す必要があるが、探し求めようとする個人の側としては、まず完璧は期しがたい。今日、国語学方面において、かなり流行している「語彙論」にしても、文献の羅列のみでは、不十分に近い。

ここに思い出す古典の例がある。大正の碩学柿村重松の名著『本朝文粋註釈』の中に指摘する白居易の使用した「白詩語」、その一つに「楚艶」という漢語がある。見慣れぬ漢語に接したとき、ハッと驚くと同時に、無知を悲しむのはいつものわたくし自身。「楚艶《そえん》」は、この注釈書の中で始めて接した漢語である。それは、小野篁《たかむら》の「早春侍㆓宴清涼殿㆒翫㆓鶯歌㆒応製」(『本朝文粋』巻十一)

の序の中に、

而復《また》（楚艶の細腰、燕餘の弱骨、）（身は錦綺に奢り、性は糸竹より敏し。）

とみえる。この「楚艶」の例に関して、柿村注は、白詩の、「楚艶門閥為《た》り、秦声是れ女工」（『白香山後集』巻十二、3063「箏」）をあげる。詩題の「箏」は、『源氏物語』の明石の巻に、「さうは女なむ弾きとる物なりける」とみえる如く、「箏の琴」に当る。右の白詩の美女が箏を弾ずる様を描く詩句は、

楚《そ》の艶《えん》は由緒《ゆゑ》ある家柄《いへ》の者《ひと》、秦《はだ》の妙《たへ》なる箏《さう》の音《ね》は女《をみな》の工《たくみ》による。

とでもいった意になろうか。しかし白詩にみえる「楚艶」という漢語を学んで小野篁がこの応製詩に用いたかどうかの問題になると、ことは容易に決められない。この詩序の終りの部分に、「臣《おみ》い天より嘉《よ》き恵《めぐ》みを受け、海外に拝職す……沙浪一《ひと》たび去れば、鶯花《あうくわ》幾春なるぞ」とみえるが、この作製時は、はじめて遣唐副使に任命された仁明帝承和元年（八三四）の春以後、出発すべき承和四年の春まで、その間に時間の幅がある。かりに四年の作とするならば、篁も白詩の「楚艶」に接したものと思われるが、最も早い承和元年の作とすれば、恐らく白詩には接していないとみてよかろう。やはり小野篁の「楚艶」が白詩のそれによるとみなすことの可能性は、とりあえず半々といえよう。

白詩に溯る「楚艶」の例は、日・中の現行辞典類に未見であるが——後に『漢語大詞典』（第四

巻)所収——、『佩文韻府』に、六朝の詩論書『文心雕龍』など、両三の例をあげる。その「宗経」(巻一)の章の、

楚艶と漢侈とは、流弊して還らず……(「楚艶漢侈《かんし》、流弊不レ還」)

は、その一例——「楚艶」は、唐写本(S. 5478)の本文に同じ——。ただし黄叔琳注『文心雕龍校注』(李詳補注・楊明照校注拾遺)には、この語について何らの説明もない。わが中国学者興膳宏教授の注には、「楚辞の艶麗さ(と漢代の度外れの華美)」とあり、更に「『楚辞』の諸作品および漢代の辞賦についていう」とみえる(筑摩書房『世界古典文学全集』25『文心雕龍』)。要するに、『文心雕龍』の例は、『楚辞』の文章上の艶美が「楚艶」の意に当るであろう。これに先立つ施友忠氏の英訳を試みに示せば(中華民国五十九年刊)、

The poetry of Ch'u has alluring charm(and the poetic prose of Han is extravagant; ……). (p. 25, III The Classics as Literary Sources)

とみえ、興膳説と大差はない。なお六朝宋の詩人謝霊運の「彭城宮中直感二歳暮一詩」にも、「楚艶起二行戚一、呉趨絶二帰懽一」(『藝文類聚』巻三「冬」)とみえる——『初学記』の本文とは多少異同あり——。この「楚艶」は「呉趨」(呉人の風土を歌ったもの、(1)呉の国ぶり)の対、それは楚国の美しい歌曲という意であり、『楚辞』の一群ともなろう。また中唐の孟郊(孟東野)の「看レ花」の詩に、

月娥雙雙の下、楚艶枝枝浮かぶ。

とみえる。これは、月下の芍薬の花の美しさを月の仙女の美艶にたとえたもの。「月娥《つきのをみな》」に対するこの場合の「楚艶」は、背後に楚王の愛した細腰《やなぎごし》の美人、その艶色を踏まえるであろう(2)。

これらの「楚艶」の例は、文脈によって多少のちがいがあるにしても、「楚」(楚の国)という基本線に貫かれている。「楚の国に関する艶美なるもの」が「楚艶」の意、時によっては少し左右に動くことはことばの性格として当然のことである。前述の篁の詩序の場合は、「楚艶の細腰」とある以上、楚王細腰美の故事の場合に当る。この細腰のことは、早くも『懐風藻』(34)の、荊助仁「詠美人」の詩に、

腰逐楚王細(腰は楚王が細《さい》を逐ひ)、体随漢帝飛(体は漢帝が飛《ひ》に随ふ)

とみえ、平安朝以前にもよく知られていた故事である(なお、『日本古典文学大系69』の訓を改める)。もとに戻って、白詩の例に、「楚艶の門閥」云々とあるにしても、直ちに小野篁の「楚艶の細腰」へつらなるかどうか、むしろ問題が残る。やはり白詩語と断定することは、後日を待つよりほかはあるまい。

このように、一つの漢語に対して、白居易の詩語「白詩語」などといった「某氏語」と認定することは、むしろ厳密な意味では不可能に近い。もしその詩語がその詩人のみに使用されたとみなし

ても、それはかりそめの安堵感に過ぎず、更にひろく文献をみれば、他の詩人の作にもみえる可能性もあろう。きびしく考える限りは、もはや「某氏語」などとは断定できず、これについては論を進めるにも進めようもない。とはいえ、そこにしばしの許容案も考えてみることも必要であろう。

嘗つてわたくしも「白詩語」と断定した語は、二、三にとどまらない。それはいわゆる白氏唱和集団の詩人、元稹《げんじん》・劉禹錫の詩語をも含めて、「白詩語」とみなしたわけである。「泛灔《はんえん》」などもその一例。[3] この語は、『文選』にも唐詩にも例がみえ、白詩以外にも例はある。たとえば、宋の謝霊運「怨㆓暁月㆒賦」の、

浮雲褰《かかげ》て泛灔を収め、明舒照りて皎潔を殊《こと》にす（『藝文類聚』巻一「月」）

も、その例である。但し「某氏語」とみなす見地に立って眺めると、平安承和期（その元年は八三四年）以降の作品、『新撰萬葉集』の詩の中にも数例出現し、『白氏文集《ブンジユウ》』の受容の問題とあわせ考えて、白詩語とみなしうる可能性も強い。この受容の問題にからませて、「某氏語」を認定する仕方は、まず許されようかと思う。また近世の学者三浦安貞（梅園）の詩論書『詩轍』（巻六・雑記）に、「其奈・其如ノ字楽天最モ好ンデ用ヒタリ……」と述べるのも、白詩単独の用法ではないにしても、「白詩語」とみなすことも許容されよう。更にこれを拡大して考えると、それぞれの作品の中にみえる語を、それぞれ「某氏語」とみなすことである。現に中国学の専家の中にも、「杜甫語」「李白

語」などと、それぞれの作品にみえる語をすべて称するむきもある。『詩轍』にあげた特色のある語ならばまだしも、厳密にいえば、この呼び方はルーズであり、一種の抜け道ではあるが、論の進行上、認めても可なる態度といえよう。これを鷗外の作品に当ててみるとき、その中にみえる語をとりあえず「鷗外語」と認めることもできよう。傯々《そうそう》たる現今、やはりこの拡大解釈をほどこさない限り、二進《にっち》も三進《さっち》もゆかないことになる。

こうしたややおおまかな態度で鷗外物《もの》を読んでゆくうちに、いろいろの知らない漢語、「鷗外語」に出逢う。衰年の日々を奮起させるのはかえってこの漢語群である。一般の人たちには、拙にして且つ空しいことと思われようが、虚学無用の道へと運命づけられたわたくしの身としては致し方のない「遊び」という一種の「やまい」である。

二

鷗外の『妄人妄語』(『鷗外全集』第二十六巻)を読んでゆくうちに、ゆくりなくも、「係恋《けいれん》」の語に偶会して旧知に逢った思いがする。実をいえば、この数年来、『萬葉集』左注にみえるこの漢語の探求にかかずらっていたわたくしは、ここで砂中の金沙を得た思いをいだく。「係恋」の語例は、韻語用例の豊かさを誇る『佩文韻府』に姿を現わさず、『大漢和辞典』には、中国の現代語として取扱ったものか、「熱烈な恋、灼熱の恋」とみえるが、語例はのせない。かりに語意はそうとしても「係」の意が明瞭に示されず、やはりわたくしには飽かぬ思いがする。とはいっても、探しあぐねていたこの語がたまたま鷗外の文業の中に発見できようとは。『萬葉集』のことは他日を期することとして、まずは鷗外の「係恋」をと思い立った次第。

『妄人妄語』にみえる条は、もと雑誌『萬年艸』(巻二十)にみえる。明治三十七年(一九〇四)二月刊、後に大正四年(一九一五)訂正単行本として上梓。その訂正本の本文の一部は左の如し。

> Romantik派の所謂青い花は、Novalisの小説を読んで見れば、情の上から其匂《にほひ》を知ることは出来るが、彼派が智の上からそれをどう説いて居たかといふことは、一寸文学史などを覗いて見ても分からない。此頃Friedrich Schlegelの人生哲学を読んで、始てはつきりした印象を得た。Schlegelは人間意識の四大枝といふものを立てゝ居る。

以下、鷗外は図示によってシュレーゲルの分類を紹介する。いわば、彼の覚書《ノート》である。その大要を最小限に述べると、四大枝の一つに「空想」あり、その「空想」は「官能」(Sinne)と「策励」(Triebe)にわかれ、後者「策励」の「善」・「悪」両面のうち、「善」の中の「栄誉」「愛」「正当なる利潤」の、第二に当る「愛」(Liebe)について詳しい紹介を試みる。

> 此中の愛といふものが人生の大事で、これに特別な説明が下してある。……此愛に伴つて来る

ものが感奮 Begeisterung と係恋 Sehnsucht との二つだ。感奮は彼の敵愾心などのやうに、或る思想を把捉して兼て其実行を期するので、(独文省略)係恋は只管《ひたすら》向上の道を践むのだ、理想の影を追ふのだ。そして此係恋の対象が即ち青い花だ、不可思議の碧華だ。(○印筆者)

と述べ、この条は終わる。

なお右の「愛」の系譜をわかりやすくすれば、

空想 ─┬─ 官能
　　　└─ 策励 ── 愛 ─┬─ 感奮
　　　　　　　　　　　└─ 係恋

となろう。

鷗外の訳語「係恋」のみえるもとの作品は、十九世紀の文学者シュレーゲルの『人生哲学』——ロ・ロ・ロ伝記叢書には『生命の哲学』と訳する——、すなわち原名を"*Philosophie des Lebens*"(1828, Wien)という。前述の如く、鷗外は、ドイツ・ロマン派のノヴーリスを中心とする「青い花」の「情」のにおいを「智」の上からどのように説いたかを確かめようとし、そのため『人生哲学』を読んで、明確な印象を得たと語る。しかし原書によってこの鷗外の分析を確認することは、専門の外にあるわたくしには到底不可能なことである。しかも六十年ほど前に京洛の高等学校で学んだドイツ語そのものの語学力はもはや皆無に近い。とはいえ、鷗外の示した「係恋」がドイツ語のSehnsucht に当るとはいっても、まず原書のコピーをめくるだけのことは、やはり老学徒としての務めであろう。幸いにも若い友人芳賀紀雄君(現筑波大学教授)がわたくしに、「サア、やれやれ」とコピー類を準備して下さったことは、感謝に堪えない。

鷗外の紹介した図式のうち、人生の大事である「愛」については、原書の第二講義(Zweite Vorlesung)の三十ページのあたりにあることをやっと突き止めたが、内容はやはりわたくしにはむつかしい。前述の如く、「愛」に伴って来るものは、「感奮」と「係恋」であるが、後者がここでの問題の対象であり、しかもまず「係恋」の語義が急務である。手近にあるポケット版独英辞書『P. O. G. D』の、Sehnsucht を引けば、

longing, yearning, desire.

とみえ、それぞれ日本語の「憧憬」(あこがれ)・「思いこがれること」・「熱望」といった意になろう。なお華英辞典の一つ、H. A. Giles の『C. E. D』(一九一二年刊の修正版)によれば、「係恋 very much attached to.」とみえ、説くところは前述の独英辞書と同じ方向をもつ。鷗外はこれらの意を含む漢語として「係恋」の語を使用したものであろう。この係恋に当る Sehnsucht は、ノヴァーリスの『青い花』(Novalis Schriften)(一九七七年版による)にも出現する。たとえば、第二部の「修道院或

いは前庭」の詩の一部にも、

我は最中《もなか》の聖の泉《くしび》、
其《ここ》よりあらゆる係恋激越《そそ》きいで、
其《ここ》へとあらゆる係恋の、とざまかうさまに
行き廻《た》みつつ、静けくも猶《なほ》し集《つど》ひ合ふ。

とみえ、原文 Sehnsucht が二箇処もみえる。なお右の試訳は、岩波文庫本の小牧健夫訳を参考にしたもの。更に青山隆夫訳も同文庫(一九八九年)にある。わたくしの誤訳などは、脳裏の後退する炎暑熏赫《くんかく》の日々のことゆえ、お許しを乞う。ただし文庫本の「憧憬《あこがれ》」に対して、わざと「係恋」としたのは、鷗外なるがゆえに、といった気持がわたくしをしてこの語を使用させたのである。

「係恋」は、鷗外のもとの初稿には、「景慕」(仰ぎ慕うこと)とあったという。全集本第二十六巻の「後記」参照。シュレーゲルの『人生哲学』が、夫婦愛・母子愛・兄弟姉妹愛といった「家族合同」の愛の問題へとわたるために、向上の道を践み、理想の影を求めるには、漢語「景慕」では律し切れず、鷗外はここにひろく「係恋」という語に改めたかも知れない――なお「景慕」の一例に、『続高僧伝』(唐高僧伝)釈僧旻《そうみん》伝(巻五)の「貴人君子皆景慕焉」がある――。とはいえ、愛に関する鷗外物は『舞姫』その他数篇しか記憶にないわたくしにとって、鷗外が「係恋」と改めた動機、彼のあやごころをこの語へと向かわしめた原因は何であったか、なかなか摑みにくいことである。それを万々承知の上で、ここで多少あらぬ考えを提出してみよう。学《がく》にはためらいは無用である。

鷗外は、自己の読んだ漢籍の中より注意すべき漢語を抄出し、時には自己の作品の中にもその姿をみせる。『塵冢《ちりづか》』(『全集』第三十七巻)にみえる「語彙資料」の語は、その数四百語あまり。それらは正統的な四書五経をなるべく避けて、宋元明以来の俗語小説類戯曲類の語を主として摘出する。とすれば、「景慕」というありきたりの語を捨てて、むしろ一般的でない「係恋」に改めたかも知れぬ。これはわたくしの推測、もしくは予想に過ぎない。しかし予想の実現はむつかしいにしても、まず中国の俗語小説類に眼を注ぐ必要がある。

このような見地に立つとき、やっと知り得たのは、清人《しんひと》蒲松齢の作という長篇の章回小説『醒世姻縁伝』の一例である。しかしこの小説は、わたくしにとってむつかしく、殆んど歯が立たない。早速、中国語学者佐藤晴彦教授の教えを乞う。それは、

那婆娘身子一辺往家走、心裏想道、這劉敏又役个老婆係恋、老子又没点恩義在他身上……(かの後妻の女房帰宅する道中《みちすがら》、心の中に思うことは、「劉敏のやつにはほれた女房がいるわけでもないし、うちの人にだってあの子に情があるというわけでもないし……」)(文責筆者)

の部分にみえる。「係」は、「係念」などと同じく、心にかける、ある方面に心をむける、繫ぐ、結

ぶの意であり、ここでは、「係恋」を「ほれた」(恋慕する)と訳することもできよう。右の例文に続くあとの部分にみえる「恋着」と同じ意になろう。

しかし鷗外が明清小説類をよく披《ひら》いたとはいっても、この『醒世姻縁伝』によったとはいえない。岡野文庫の目録による鷗外の読書範囲から、目ぼしい中国の近世小説をバラバラめくってみたが、なかなか「係恋」の語は出てこない。むなしい日々が続く。

三

『妄人妄語』に数年おくれて、明治四十三年(一九一〇)雑誌『昴《スバル》』に連載しはじめた鷗外の『青年』に、

此部屋に帰つて、此机の前に据《す》わつてからは、何の積極的な感じもない。……尤も幾分かいつもより寂しいやうには思ふ。併しその寂しさはあの根岸の家に引き寄せられる寂しさではない。恋愛もなければ、憧憬もない。(十)

とみえる章がある。周知の如く、『青年』は、彼の青春時代の一端を描いた小説といわれ、主人公はその分身ともいうべき小泉純一。この章は、有楽座で知りあった美しい未亡人坂井夫人を思う純一の日記の断片である。しかし右の「憧憬」が大正二年の単行本に「係恋《あこがれ》」と改められたことは、

前述の『妄人妄語』の「景慕」が「係恋」(訓なし)に改められたのと同様の現象である。なお更に単行本『青年』(十四)に、

純一は内に据わつてゐても、外を歩いてゐても、をりをり空想が其人の俤《おもかげ》を想ひ浮べさせることがある。これまで対象のない係恋《あこがれ》に襲はれたことのあるに比《くら》べて見れば、此空想の戯れは度数も多く光彩も濃いので、純一はこれまで知らなかつた苦痛を感ずるのである。

とみえる。全集本(第六巻)「後記」によれば、右の「係恋」については何らの指摘もないが、数年前に、もとの雑誌『昴』(第十一号第三短歌号「スバル」)一冊を入手するに及んで、そこには「憧憬」とある。これは「後記」の不備というべきであろうか。

「係恋」に「あこがれ」の訓がある以上、たとえもとの雑誌編集者が付訓したとしても、校正の際にはそのまま鷗外が是認した筈である。彼のいう「あこがれ」とは何を意味するであろうか。鷗外が最初に使用した「景慕」や「憧憬」を統一して、それぞれの単行本に「係恋」と改めたのは、「係恋」という語の範囲内に「景慕」と「憧憬」を含むことになる。「憧憬」は、心が落ちつかず、心の定まらぬ意。心の中であちらこちらとさまよい、ボッとした状態をいう。こうした現象をまとめて「係恋」といい、心のうっとりとした状態を代表させると、「係恋《あこがれ》」ともなろう。更にいえば、前述の『青年』の中にみえる、単行本「恋愛もなければ、係恋もない」(十)の文章によれば、恋愛

へ至る道程の中にあるのが「係恋」であり、また対象というあてどもない「係恋」は、人の俤を想い浮べさせる「空想」(十四)にも関係がある。しかもシュレーゲルの『人生哲学』の紹介(『妄人妄語』)にみる如く、理想の影を追い、向上の道へと進むのが「係恋」である。これは当時一般にいう「あこがれ」よりも範囲が広い。

明治の文芸思想家高山樗牛《ちよぎゆう》の『文は人なり』の序文、すなわち友人姉崎正治の序「文は人なり」(『帝国文学』第十八巻第一、明治四十五年一月)の中で、

憧憬といふ新熟字も、この思ひを表はすために、初めは徜(惝)怳として居たのを、僕と二人で憧憬と作り上げたので、この時代の心持を表はしたかったのである。

と述べ、「憧憬」という新熟字を案出したという。もとの「惝怳《しやうくわう》」は、心の安定せず安らかでないこと、うっとりとしてぼんやりした状態をさす。[4] これは新製語の「憧憬《あこがれ》」である。この『文は人なり』を読んだ徳田秋声は、早速左の如くこの語を試みる。[5]

昨夜、高山樗牛の『文は人なり』を一寸読んでみた。たとへば「我が袖の記」なんかは……若い人々の憧憬する文章であらう。(『屋上屋語』)

もちろん鷗外にもこのたぐいの憧憬はある。たとえば、明治四十四年作の、

自分には死の恐怖が無いと同時にマインレンデルの「死《し》の憧憬《しようけい》」も無い。/死を恐れもせず、

死にあこがれもせずに、自分は人生の下り坂を下つて行く。（『妄想』）

さういふのは、却て同情に値する。此中に一種の Romantique《ロマンチツク》 が認められる。憧憬《しようけい》の憧憬《しようけい》たる所以は、此辺に存するかも知れない。（『藤鞆絵』）

などは、その例である（全集本第八巻）。

これは今日通行する意の「憧憬《あこがれ》」である。また詩人北原白秋の詩にもこの「あこがれ」の語がみえる。名高い『邪宗門』「朱の伴奏」の、

かの青き国《くに》のあこがれ、
つねに見る地平《ちへい》のはてに、
大空《おほぞら》の真昼《まひる》の色と、
連《つ》れて弾《ひ》く緑《みどり》ひとつら。（「地平」）

あるいは、『第二邪宗門』「柑子咲く国」の、

後世《ごせ》安楽《あんらく》の願かけて巡《めぐ》る比丘《びく》らが
罪ならず、恋の風流《ふうりう》の遍歴《へんれき》に、
心も空も美しうあこがれいでし
君なればそぞろ涙も薫《かを》るらむ。——（「霊場詣」）

は、それぞれ名詞「あこがれ」と動詞「あこがれいでし」の例である。しかし鷗外の「係恋」は前述の如く、シュレーゲルの『人生哲学』的であり、理想へと向上するより強い「あこがれ」といえよう。一般の「景慕」「憧憬」の語では律し切れないものを、鷗外は「係恋」という漢語で代表させたものと思われる。

ことのついでに鷗外の小説『青年』の構造について、思いつきを述べてみよう。この『青年』に関する、単行本や論文類の二、三を除けば、わたくしは殆んど読んでいない。[6] それらの評価は、一般に不出来の作とみなされている。しかし全集本『青年』の文中に、

己《おれ》に内面からの衝動、本能の策励のあつたのは已《すで》に久しい事である。(十)

をりをり空想が其人の俤を想ひ浮べさせることがある。……身の周囲《まはり》を立ち籠めてゐる霧が、領《えり》や袖や口から潜《もぐ》り込むかと思ふやうな晩であるのに、純一の肌は燃えてゐる。恐ろしい「盲目なる策励」が理性の光を覆うて、純一にこんな事を思はせる。……純一は忽ち肌の粟立つのを感じた。そしてひどく刹那の妄想を慚ぢた。(十四)

などとみえ、「策励《さくれい》」の語が目につく。これは、すでに示した『妄人妄語』にみえる「空想」に属する「策励」であって、そのもとに「愛」が位置する。また『青年』には、「理性」と「意志」(十)、「官能」「空想」(十二)、「悟性」(二十三)などの漢語がみえるが、これらは、すべて『妄人妄語』に

出現するシュレーゲルの述べた語である。すなわち、人間意識の四大枝が「悟性」「意志」「理性」「空想」(この下に「官能」あり)であり、これらが『青年』の構造を織り成す。こうしたシュレーゲルの図式を鷗外はこの『青年』の中に試みようとしたのではなかったか。中野重治が「純一の造型に鷗外のモチーフの弱さがある」といい、石川淳が「一読してどうもこなれが悪いという感じである。まあ、まずいというのに近い」などと評するのは、(7)鷗外がこの図式を実験的に試みたためではないかとわたくしはひそかに思う。この意味において、小堀桂一郎氏の「野心作」との評は、解釈如何によっては首肯できよう。「野心作」とは必ずしも完備された佳作ではない。なお『青年』の中の、

過去の記憶の美しい夢の国に魂を馳せて、Romantiker《ロマンチケル》の青い花にあこがれたつて駄目だ。(二十)

なども、鷗外の『妄人妄語』に紹介するシュレーゲルのことばを適用したものといえる。この「青い花へのあこがれ」が「景慕」であり、「憧憬」である。更にこの「あこがれ」を理想としてその影を追うのが「係恋」である。これらの図式がこの小説の中に応用されているくらいのことなら、鷗外文学の研究家はすでに発言しているかも知れない。ともかくも炎暑余閑の、『青年』の読後感、以上の如し。

四

「係恋」という語が『萬葉集』にみえ、しかも後の俗語小説『醒世姻縁伝』にも残ることは、「ホレタ、ハレタ」の意へと幅を拡げて、民衆語として民衆の口語の中に生き続けたものであろう。しかし鷗外が「景慕」「憧憬」という初案を改めて、用例の必ずしも多からぬ「係恋」を用いたことについては、何によってそうしたのであろうか。その理由の有無を、今まで宿題として残して置いたわけである。ここで突然ではあるが、彼の明治三十七年(一九〇四)の春、日露戦争出征のことを思い出す。そして戦場に携行した『萬葉集』を思い浮べる。

周知の如く、『萬葉集』の手軽なテキストの流布しない明治においては、刊本『萬葉代匠記』『萬葉集略解《りゃくげ》』がよく使用されたが、これらを野戦に携帯するには余りにも大部でかさばる。これに対して、佐佐木信綱より餞別として贈られたのは、手軽な『萬葉集』(『日本歌学全書』本)であった。翌年、奉天のある民屋で写した軍医官鷗外の写真には、漢籍にまじって、この三冊本の姿を見ることができる。出征以前に鷗外が『萬葉集』を披いたことは、岡野氏蔵の文庫目録によっても察知できる。しかし本文の傍に訓読を付し、かつ簡単な頭注をもつ便利なこの三冊本は、戦場の彼の歌ごころを大いに刺激した。その『萬葉集』愛読の成果は、帰還後刊行した明治四十年の『うた日記』にまざまざとみられる。その一例として、戦場からの書信をまとめたという、「あふさきるさ」より任意に五首を抄出しよう。

君《きみ》が住《す》む　春山《はるやま》しなひ　さく花《はな》の　一瓣《ひとよ》一瓣《ひとよ》に　ちとせこもれり
君《きみ》がうゑし　花《はな》にしあるを　うれたきや　醜《しこ》のえみしぞ　ぬきてすてける
八衢《やちまた》の　道《みち》はあれども　橘《たちばな》の　蔭《かげ》をし踏《ふ》まば　まよはざらまし
君《きみ》がゆく　真砂白浜《まなごしらはま》　はま松《まつ》の　下《した》ゆくみちは　たれとゆく道《みち》
ぬば玉《たま》の　夜光《よるひか》るとふ　真白玉《ましらたま》　世《よ》にしらえずて　あにやまめやも

これらの歌は、萬葉愛好者ならば、いかに萬葉語を踏まえているか、どの巻にある歌か、容易に指摘することができよう。『日本近代文学大系』(角川書店)の『森鷗外集I』の頭注に、第一例の「しなひ」について、「生気に満ちて」と注するが、萬葉学徒ならばも少し萬葉語に添って訳するであろう。

前述の如く、出征前に、鷗外はシュレーゲルの“Sehnsucht”を「景慕」と訳したが(『妄人妄語』)、これは一般に使用する語を用いたためであろう。しかも出征中の愛読書の一つは『萬葉集』、その巻十六には「係恋」の語がみえる。これに関連して、『うた日記』の「あこがれ」と題する詩の中に(明治三十八年七月七日於古城堡)、

宣《の》らさく我《あ》こそ　係慕《あこがれ》なれ　ねがふは勝利《しょうり》か　敵《あた》みながら　あさ露《つゆ》と　消《き》えしめん
かうべあぐれば　髪《かみ》ゆらぐ　ををしき相《さう》や　いくさがみ　（第二節）

とみえ、ここには「係慕」の語が現われる。また、

野《の》にさめて　さすかた知《し》らぬ　係慕《あこがれ》に　うつむきたてる　姫百合《ひめゆり》のはな　（七月十七日於古城堡）

の歌にも「係慕」がみえ、更にまた「あふさきるさ」の中にも、

君《きみ》に問《と》ふ　恋《こひ》の偲《しのび》の　係慕《あこがれ》の　くしき薬《くすり》は　いまだなしやと

とみえる。この「係慕」は、「景慕」と萬葉語「係恋」との中間語といえよう。ここに鷗外の方向は「係何」という語に移りつつあったのではなかったか。「恋の偲の係慕」とは、萬葉語の「係恋」とも言い換えできる。この「係慕」は、前述の如く、『佩文韻府』にみえない語であるが、「係」はある一点に心をむける、つなぐ意であり、造語の巧みな鷗外としては、たやすく「係慕」の語も生れて来よう。

しかし鷗外は帰還後しばらくして、大正二年（一九一三）二月、単行本『青年』の中で、もとの「憧憬」を改めて「係恋」とし、また大正四年二月の単行本『妄人妄語』の中で、もとの「景慕」を改めて同じく「係恋」とした。これは恐らく戦場で覚えた『萬葉集』の「係恋」を思い出し、何のためらいもなく改めたものではなかったか。これまで雑誌類に発表した「憧憬」「景慕」「係慕」

などを捨てて、「係恋」に変えたのは、やはり萬葉語「係恋」が彼の脳裏に働いた可能性が大である。わたくしは、鷗外が「係恋」を用いた原因をここに求めたい。前述の如く、中国小説に例の多くないとわたくしには思われる「係恋」を、鷗外が引用したとみるよりも、むしろ『萬葉集』のそれによったとみる方がやはり強いかと思う。要するにこの章では、鷗外語の一つとして、漢語「係恋」の受容過程をあれこれと思いめぐらした次第である。

なおもとの『萬葉集』の「係恋」については、ここでは何ら触れてはいない。萬葉びとのこの語の受容については、萬葉語「係心」と共に論ずる機会もあろう。

(1) 『文選』(巻二十八)陸士衡「呉趨行」(李善注「崔豹古今注曰、呉趨曲ハ呉人以謌二其地一也」、六臣注「良曰、趨ハ歩也。此曲呉人歌二其土風一也」)参照。

(2) 『後漢書』(巻五十四、馬援列伝第十四「馬廖伝」)に、「楚王好二細腰一、宮中多二餓死一」(賢注「墨子曰、楚霊王好二細腰一而国多二餓人一也」)とみえる。

(3) 拙稿「白詩の影——新撰萬葉集下巻の詩の周辺——」(『谷山茂教授退職記念 国語国文学論集』)所収。

(4) 『文選』(巻三十)謝玄暉「郡内登望」の「悵望心已極、惝怳魂屢遷」(六臣注「魂神不レ安之貌」)は、その一例。

(5) 大町桂月編『作例軌範 文章宝鑑』(大正十四年刊)の本文による。

(6) 校正時に読んだものの一例、宇佐川智美「森鷗外『青年』論——その構成と意図について——」(『山口国文』第九号)。

（7） 唐木順三『鷗外の精神』、中野重治『鷗外　その側面』（筑摩書房刊）、石川淳「灰燼まで」など。

第二章 『萬葉集』の「係念」「係恋」をめぐって

一

初冬の冷々たる雨の一日、何十年ぶりかに故山田孝雄博士著『国語の中に於ける漢語の研究』(昭和十五年刊)を披《ひら》く。本書は現在に至るまでも国語学方面の基本図書として名高い。その第六章に、『萬葉集』の歌の中にみえる仏典のことばとして、

塔　布施　力士儛《(りきじまひ)》　餓鬼　法師僧《(法師・僧)》　檀越　波羅門

などを挙げる。『萬葉集』における仏典語の例を挙げるとき、今も必ずこれらが代表の例となる。しかし『萬葉集』は歌のみに限らない。左注、題詞、序などに漢語を含み、散文のそれが主役をなす場合もある。特に巻五の山上憶良の散文になると、世間虚仮《こけ》、人生無情をうたう中に仏教的色彩の濃いことばを多く含む。しかもそれらの漢語の中にどの程度の仏典語を含むのか、日本文学の分野において、一歩も二歩も進んでいるといわれる萬葉学にも拘らず、この方面は端緒についたばか

りといわざるを得ない。

仏教のことばである「仏典語」(「漢訳仏典語」)と簡単にいっても、その認定は甚だむつかしい。特に梵語の漢訳である限り、その訳語に普通一般の漢語を巧みに採用したものもあり、漢語と仏典語との間に共通する場合も多い。また仏教が人間の死生の問題に関係の深いために、人の死に際して弔問の意をあらわす書翰のことば、すなわち「書翰語」(書儀語)の中に仏典語が用いられることも少なくない。今日書儀語を探すとすれば、敦煌・西域など辺境文書類に眼を向ける必要があり、つまるところ仏典語それ自身のみの存在を指摘することは容易ではない。むしろこの章においては、漢訳仏典によく出現する語や、仏家僧侶関係の伝記類にみえる漢語について、いくばくかの幅をもたせつつ、「仏典語」とみなして論を進めることは許されよう。

仏典語は一般の辞典類にその多くは採用されていない。坊間の仏教辞典類をみても、その標出語は必ずしも網羅的ではなく、やはり飽かぬ思いもする。また前述の書翰類は中国本土に残るものは極めて少ない。唐代を含むそれ以前の書翰語を求めるとすれば、いきおい辺境の出土文書、すなわち敦煌・吐魯番《トルファン》など西域文書類の断片もゆるがせにはできない。しかもこのたぐいの資料は年ごとの公表を鷹の眼を以て捜さねばならぬうらみがある。顧みれば、こうした漢語の研究は『萬葉集』研究の中で最も遅れているのも無理はない。しかも遠い将来を待ちつつこの方面の解明へと一歩一歩と牛のあゆみを続けてゆくことは、萬葉学徒諸彦に課せられた学問的辛抱の一つといえよう。但し最近では趙和平氏の『敦煌寫本書儀研究』(民国八十二年〔一九九三〕四月刊)なども出版され、漸次この方面も苦労の度が軽減されつつある。昭和五十一年(一九七六)三月、国内研究員として「東洋文庫」に派遣されたのは、もはや空しい一場の夢の如き学業であったかとも思う。

二

『萬葉集』には、まだ用例の検出しえない漢語がある。それは萬葉びとの案出した和製漢語か——和製にもいろいろある——、それとも真成の漢語か、判別できないことを意味する。その判別が決定できないことは、おのずから漢語のもつそれぞれの語義もよくわからないことにもなろう。若い学生時代の頃の思い出として、一般の漢籍に片寄りの傾向をみせる「凶問」(巻五)を例にしよう。当時屈指の萬葉学者武田祐吉博士、その『増訂萬葉集全註釈』(昭和三十二年)の中で、医学博士にして古典学者の井上通泰氏の説と並んで若いわたくしの名前をあげられ、凶問を「凶事のしらせ」(訃報)と解する説を否定されたのであった。若い学徒本人の名を書物の中にみることは、実におもはゆい。「赤恥もの」とはこうしたことを指すのでもあろうか。しかし幸いにも今日ではわたくしどもの意がかえって定説となっている。この「凶問」という漢語は、人の死に関係し、当然のこととして、仏典類や書儀類に多く例がみえ、晋の書家王羲之の「豈図凶問奄至」(庾雖篤疾帖)、王獻之の「但承ニ此凶問一」(授衣帖)なども、その例である(○印筆者。以下同じ)。また上代律令にも人の死に関して登場する。「賦役令」(『令義解』巻三)に、丁匠の死亡の処置として、「若し家人《いへびと》の来りて取ること無くば、焼け」の「解」に、

謂フナラク、凶問既ニ告ゲ、道路程《てい》有ルトキハ、其ノ迎接ヲ待ツ。限《かぎり》過ギテ来《きた》ラザレバ、即チ当所ニ於《して》焼クナリト。(原文漢文)

とみえる。つまり「凶問既告」とは、死亡という凶事のしらせを告げることであり、「問」は「聞」に同じく、慰問することではない。『萬葉集』がいくら文学といっても律令語を拡大解釈してここに用いたとは思われない。『全註釈』の説は恐らく「凶問」を「凶を問ふ」(凶事を慰問する、見舞う)と日本語風に解したのが誤の原因であろう。それにしても「凶問」には、「令」という歴然たる公的な用例がある。これに対して、用例の検出できない場合はむつかしい。『萬葉集』の漢語にはこうした未解決のものがまだ残されている。「係念」もその一例。

『萬葉集』巻四に、安貴《あき》王が因幡の八上采女《やかみのうねめ》をしたう歌、長歌(五三四)と反歌(五三五)の二首がみえ、後者の歌に、「しきたへの、手枕まかず、間《あひだ》おきて、年ぞ経にける、逢はなく念へば」とみえる。この歌の由来については、左注に、

右、安貴王、因幡《いなはの》八上釆女を娶《めと》る。係念極甚、愛情尤盛。時に勅して不敬の罪に断《さだ》め、本郷《もとつくに》に退却《まか》らしむ。是《ここ》に王が意《こころ》悼怛《いたみかな》しびて、聊《いささ》かに此の歌を作る。(原文漢文)

と注する。八上は今の鳥取県東部の山川に囲まれた八頭《やず》郡、わたくしの郷里でもあり、因幡国府趾の残る岩美郡に隣接する。白兎神話にみえる八上比売の出生地でもある。問題は、漢語「係念」である。この係念については、『萬葉集』の諸注に漢籍の例をあげることがない。この語義に、「思いをかけること」「懸想《けそう》すること」などと注するが、文脈よりみて正しかろう。しかし語の性格の問題より始まって、語義へ進もうとするとき、やはり「係念」が漢語なのか和製の漢語なのか、まず基本を追求すべきである。わたくしどもの小学館本に「係念《おもひ》」と訓むが、何ら説明を加えることもなく、また『佩文韻府』にはこの語を載せない。これをどのように考えるべきか。必ずしもたやすいこととはいえない。但し最近出版された『漢語大詞典』(第一巻、一九八六年刊)に、中国の近世小説の一例をあげることは、(1) 少なくとも宋以来の「俗なる文学」のことばとして存在していることを意味しよう。もしそうとすれば、恐らくこれに溯る語例の存在も一応予想してよい。

わたくしは、このごろ『佩文韻府』などに項目を欠く漢語については、仏典類や敦煌・西域文書類に目を向けることにしている。これは我流の仕方であって他人に勧めるべきことではないが、成功をみる場合も稀にはある。『萬葉集』の「禍故」(巻五)、「馳結」(巻十六)などの未詳語もその一例であって、これらは敦煌・西域文書の書儀書簡類に例が少なくない。[2]「係念」の語についても、まず現在までに発表された敦煌・トルファン出土文書類を捜してみたが、主として書儀類に例が発見できない。いきおい仏典類にこれを求めることになる。ふと披いた『一切経音義』。その中に仏典の出典と音義を示すあまたの「係念」の例を知る。これは「係念」が仏典語であることを意味する。その中の一、二の例を示そう(但し要を取る)。

「係念」―考声、係謂ニ思在レ心不レ忘也。(巻三十三、仏説象頭精舎経)

「係念」―古文継・繫二形同……。説文、係ハ潔(絜)[3]束也、亦相嗣也。(巻四十八、瑜伽師地論)

「係念」―爾雅、係ハ継也。説文、係ハ絜束也。今亦作レ繫、亦連綴也。(巻七十五、五門禅経要用法)

ここに仏典類にみえる「係念」(仏教においては一般にケネンとよむ)の語例の存在を知る。「思いの心に在りて忘れず」が「係」の意であり――仏典でいえば、「思いを念仏や極楽浄土に係《か》けてやまない」の意――、また繫束、結束などに同じく、一点につながることが「係」である。上代人のよく利用した原本系『玉篇』残簡には「係」の字は残らない。しかし前述の第三例にみる如く「絜(束)」「繫」の字に同じく、これらは原本系『玉篇』に残る(要を取る。括弧内の記事は筆者注)。

「絜」―又曰(礼記・大学)、君子有ニ絜矩之道一、鄭玄曰、絜猶レ結也、君子有ニ結法之道一也。

この『礼記』(「大学」)の鄭玄注に対して、宋人朱子は、その『朱子語類』(巻十六)の中でこの注を否定する。

道夫(楊道夫)ガ云フ、古注ニ絜ハ音戸結ノ反、結ヲ云フナリト。曰ク、結ノ字ト作《な》シテ解シテ亦自ラ得。蓋シ荀子荘子ノ注ニ云フ、絜ハ囲ミ束《たばぬ》ル也ト。是レ一物ヲ将《もっ》テ囲束シテ之ガ則ト為ルナリト。又曰ク、某《それがし》十二三歳ノ時、范丈ニ見《まみ》ユ、言フ所此《かく》ノ如シ。他《かれ》甚ダ自ラ喜ビテ先儒ノ未ダ嘗テ到ラザル所ト為スナリト。(訓読は寛文八年〔一六六八〕和訓本にほぼ従う)

古注に反対して自説を提出した朱子の訓は、確かに理はあるが、これは萬葉びとにとって与り知らぬことであった。彼等の「絜」の理解は、『礼記』(「大学」)の鄭玄注「絜猶㆑結也、挈也」、もしくは原本系『玉篇』によるのが一般である。次に「繫」については、

「繫」—周易(上経、随)、拘繫之、乃維従(従維)之。野王案、繫五(亦?)拘束之也……以㆓繫束㆒為㆓係字㆒、在㆓人部㆒。

とみえる。この「繫」の字は、「係」に同じく、現存通行本『周易』には「拘繫」を「拘係」に作る。寛永頃の長沢本刊本には「拘係」を「カ、ヘトラヘテ」と訓み、寛永五年版藤原惺窩点の新注本に「拘《カ、ヘ》係ル」(左傍訓トラワレテ)と訓む。要するに、「係」は「絜」「繫」に同じく、相結ばれる(結ぶ)、つながれる(つなぐ)状態を示す語である。原本系『玉篇』の抄出本ともいうべき空海撰の『篆隷《てんれい》万象名義』に、「束也、繫也」とみえるのは、これである。

『一切経音義』の引用する仏典の原文に当ってみると、『仏説象頭精舎経《ぞうずしょうじゃきょう》』(No. 466)の、文殊が浄光焔天子に説くあたりに、

文殊師利言、天子、菩薩摩訶薩有二四種発心一従レ因得レ果。何等為レ四。一者初発心、二者係念修行……因二初発心一而得二係念一、因レ修二係念一得二不退転一……初発心者猶如三種子種二之良田一、係念修行猶如二苗生一……。

とみえる。「係念修行」の文脈は、「係念」がひたすら思い続けること、仏を念ずる意となろう。なお前述の如く「爾雅、係ハ継ナリ」の訓詁がみえる以上、右の『仏説象頭精舎経』の文に続く(訓読文で示す)、

継念修行猶し合木の如し……発心継念修行不退と善同生と亦復是《またかく》の如し……。

の「継念」も「係念」に同じ。現に『大正新脩大蔵経』の「継念」の脚注に「係念」(元・明本などの四本)の本文の存在を示す。次に、『瑜伽師地論《ゆがしじ》』(No. 1579)の菩提品(巻三十八)の、菩薩の「八種の教授及び略説三処を解く」あたりに、

教授することに略《ほぼ》八種《やくさ》有り……三処とは云何《いかに》。一は住心ならぬ者を住せしめんが為の故に、所縁に於て無倒に係念せしむ……　当レ知是名下未二住心一者為レ令レ住故、於二所縁一無倒係念上……。

とみえるが、この「係念」も『仏説象頭精舎経』の場合に同じ。更にまた『一切経音義』にあげる

『五門禅経要用法』(No. 619) の冒頭に「坐禅の要法に五門有り」の記事がみえ、そこに、

即従レ座起跪、白レ師言、「我房中係念、見レ仏無レ異」。師言、「汝還二本坐一、係念額上一心念仏」。爾時額上有二仏像現一……師復教二係念在レ心。然後観レ仏。即見二諸仏従レ心而出一……。

や、その他の記事に「係念」の語をみる。これらの仏典は専門外にあるわたくしには読みづらいが、心を一点に結ぶ、心にかけることから、ここはひたすら念仏する意となり、以上の諸例と大差はなかろう。なお「係念」の例については、『無量寿経』(巻上、正宗分、法蔵発願、四十八願)に、「係二念我国一、植二諸徳本一」、『正法念処経』(巻二十二、観天品第六之二)に「一心係念」など、仏典語としての例は甚だ多く、これ以上は煩わしく、省略に従う。

前述の『五門禅経要用法』には、「係念」と共に「係心」という仏典語がみえる。

行人雖レ見二白骨一、於二男女一色故、生二愛心一……若観時応二係心額上一、係心不レ久、見下有二明珠於額一而現中在前上……。

この「係心額上」は、前述の「係念額上一心念仏」と同じ文脈であり、共に同じ意をもつ仏典語といえる。なおほかに、

係心像に在りて他念あらざらしむ　　係心仏に在りて他縁せしめず

の例もみえ、心を一点に結ぶ、つなぐ意をもつこと、「係念」に同じ。『一切経音義』に出典を示す、

『仏説象頭精舎経』(隋毘尼多流支訳)・『瑜伽師地論』(唐玄奘訳)・『五門禅経要用法』(宋曇摩蜜多訳)のうち、第一・第三例はともに『大日本古文書』(第一)にその書名をみる。第二例の『瑜伽師地論』はあまたの『瑜伽論』関係の書には同じものはみえないが、『劫婆羅義』(第一)が『瑜伽師地論劫婆羅義章』に同じことからみて、『瑜伽師地論』も舶載されて伝来していたであろう。何れにしても、「係念」の語は仏典語とみなしえよう。

なお仏典語「係心」は、古代の散文語として他の文献にもみえる。『漢書』(成帝紀巻十)の、

至レ今未レ有ニ継嗣一、天下無レ所ニ係心一……禍乱之萌、皆由レ斯焉。(元延四年)

は、その一例。[4] この文が『日本書紀』継体即位前紀の文に直接採用されて、「方今《いまし》絶えて継嗣無し、天下何れの所にか繫心せむ……禍は斯《これ》に由りて起る」(原文漢文)となるが、「係心」すなわち「繫心」は仏典的な意をやや離れて単に心をかける、心をよせる方向をもつ。平安時代の寛平ごろの撰にかかる『新撰萬葉集』の、

よひのまも、はかなくみゆる、夏虫に、迷ひまされる、恋もするかな　(巻上、夏歌)

に対する漢詩として、「好《よ》き女係心夜睡らず、終宵《よもすがら》臥し起きて涙連々……」(前二句)とみえ、女人の閨の場面を想像し、恋人のことが「気にかかり」、よもすがら眠られない美女の様を冒頭の二句に描く――「好女係心夜不レ睡、終宵臥起涙連々」――。これなどは、「係心」が男女という人間関

係に及んだものといえる。『類聚名義抄』(法中)の「係」について、

カヽル　ムスフ　ツラヌク　ツナク

の訓がみえる如く、「係念」も「係心」も、文脈によって多少の動きがあるにしても、基本線には変りがない。

前述の『萬葉集』(巻四)の「係念」に戻ろう。その「係念極甚、愛情尤盛」(「係念極《けいねんきは》まりて甚《はなはだ》しく、愛情尤盛《もともさか》る」)は、「係念」が「愛情」と対をなす。もとの仏典語「係念」という一途に念ずる方向より人間的な一途の愛へと移り、仏典語という意識は薄らぐ。しかも「係」の意は、仏典の場合も『萬葉集』の場合も不動不変である。ただここでは一般の辞典類未収の「係念」が仏典語に存在することを指摘すれば、こと足るであろう。なお念のために、あとで漢和辞典ならぬ国語辞典、小学館刊『日本国語大辞典』を披いてみたところ、「けねん」(懸念・繋念・係心)の項の①・②に「仏語」と明記してある。迂闊といえばまことに迂闊なことではあるが、それはそれとして、「係念」が仏典語であることの指摘は、わたくしにとってひとまずホッとするささやかな事であった。一言付記しよう。

三

『萬葉集』にみえる、語性未詳の「係恋」も実は仏典語である。その巻十六にみえる「夫君《つま》に恋ふる歌」(三八一一〜三八一三)の左注に、

右伝云、時有㆓娘子㆒、姓車持氏也。其夫久逕㆓年序㆒、不㆑作㆓往来㆒。于㆑時娘子係恋傷㆑心、沈㆓臥痾疥㆒(係恋に心を傷《いた》ましめ、痾疥《あちん》に沈み臥《こや》る)。痩羸日異、忽臨㆓泉路㆒。於㆑是遣㆑使喚㆓其夫君㆒来。而乃歔欷流渧、口㆓号斯歌㆒、登時《すなはち》逝歿也。

とあって、ここに「係恋《けいれん》」の語がみえる。これは、長年にわたって来ない夫を慕うあわれな女人の話。「係恋傷心」のため病気にかかり、やがて逝こうとするときの口号歌の由縁を語る。また同類の別の歌の、

飯《いひ》はめど、うまくもあらず、行きゆけど、やすくもあらず、あかねさす、君が情《こころ》し、忘れかねつも　(三八五七)

の左注に、佐為《さい》王の婢《はしため》の話を伝える。彼女は宿直勤めが続いて夫に逢えない、そこで、「感情馳結、係恋実深」の状態であった、当直の夜の夢に夫に逢ってかき抱きはしたものの、それははかない夢の中、彼女は泣きじゃくり、大声でこの歌を吟詠する、やがて王は哀れに思って宿直を免除したと

いう話である。文体などよりみて、二つの左注の筆者は同一人であろう。その中にみえる「係恋」を、長らくその用例を指摘した注釈書はなく、『佩文韻府』にもみえないこと、前章第二節に述べたところである。しかし何としても漢語の例が欲しいのは、語義を探求する者にとって当然のことである。『萬葉集』の注や論文は、今や微に入り細をうがつほどであるが、漢語に対する姿勢は、予想外になまぬるい。おおよその意味がわかればそれでよいといった安直な風潮がないでもない。小学館本の『日本古典文学全集』や、『完訳日本の古典 萬葉集』(六冊本)などにおいても、この「係恋」についてのわたくしどもの注が不十分であったのは、まず語例を探す努力を怠ったためである。「いずれそのうちきっと……」といった安易な気持が少なくともわたくしの頭の中のどこかにあったことは、いなめない。

さて小学館本の前述二書の訓に、

係恋《おもひ》に心を傷ましめ(第一書)　係恋《けいれん》実に深し(第二書)

などと不統一をきたすのは、誤りとはいえないまでも安直な訓というべきである。前書の頭注に、

「係念」(五三五左注)に同じ。『一切経音義』巻二十二の「係念」の項に、「係」と「繋」とが義通であることをいっている。あるいは和製語か。

と述べたのは、前半はかろうじて合格《パサブル》であろうが、後半の「あるいは和製語か」といったのは、合

格取消しということになろう。

ゆくりなくも披いた漢籍、それは、長安西明寺沙門釈道宣撰『続高僧伝』(唐高僧伝)であった。本書は『大日本古文書』(七)にもその書名をみる。この高僧伝の中で、記事が詳細ですぐれたあやの記事をもつ「京(唐京師)大慈恩寺釈玄奘《げんじょう》伝」(巻四)がある。印度への途中、トルファンの高昌国に立ち寄った彼は、その国王などに鄭重な待遇を受け、去るに臨んで、

道俗係恋し、並《みな》長く留まらんことを願ふ　(原文漢文)

とみえる。ここに「係恋」の語がみえるが、仏家も俗人も共に玄奘を係恋する、したう意であろう。更に溯ると、『大日本古文書』(七)に書名のみえる梁楊都建初寺釈僧祐撰『弘明《ぐみょう》集』の「釈三破論」(巻八)にも、

論云、胡人不レ信二虚無一、老子入レ関、故作二形像之化一也。釈曰、原夫形像始立、非レ為二教本之意一。当由二滅度之後、係恋罔レ已、栴檀香像、亦有二明文一。且仲尼既卒、三千之徒、永言興レ慕……。(釈僧順)

とみえる。右の文は、形像を作る場合についての「釈」の部分である。その中の「係恋已《や》むこと罔《な》し」は、下の文の「永く言《ここ》に慕を興す」に当る。以上の「係恋」の例は、高僧、聖人などを深く慕う意であり、仏典関係の書物にかなりみられる漢語といえる。

なおわたくしにはほかの仏典類の例がほしい。そのうち、今は東の友人佐竹昭廣氏(京都大学名誉教授)の示された例に、『大日本古文書』(九)にその名をみる『正法念処経《しょうほうねんじょ》』(大正新脩大蔵経第十七巻、No. 721)巻四(生死品之二)の偈《げ》の中に、

若し人の妻子を捨てて、寂静《じやくじやう》の林に依《よ》るも、猶し係恋の意有りて、吐くこと已《をは》りて還《また》食むが如し。

がある。(5)『国訳一切経』に、「係恋の意有りて」を「恋ふ意を係《ひ》くこと有りて」と訓むが、わたくしは右のように訓みたい。この偈は、修行者が妻子を捨てて妄念のない寂静の林に寄りつく場合にも、やはり妻子を係恋《した》う心があり、それは食物を吐き終って懲りもなくまた食べるようなものだ、の意であろう。また同じく『正法念処経』(巻三十九、観天品六之十八)にも、

婦女は是《かく》の如く恩を捨てて念はず。婦女の性は係恋する所無し。唯《た》だ物に因りての故に愛念する所有り。或は須《もち》ゐる所有れば、是の故に男に近づく。

とみえ、この婦女子の「係恋」はそのままその「愛念」と大差はなかろう。これらの「係恋」は、前述の『続高僧伝』や『弘明集』にみる如く、仏や高僧などを崇め慕うというよりは、人間的な愛情の方向に傾くが、その基本は同じく、また前述の「係念」とも同じ方向をもつ。もとはともに仏典語ではあるが、八世紀当時の通行語であることを知らぬためにわたくしは右往左往する。『佩文

韻府』にみえないために、「和製漢語か」などと途方もないことを発言したのであった。辞典類にたよる恐ろしさ、辞典類との「馴れ合い」は実に恐ろしい。もちろん、萬葉びとは「仏典語」だなどといった意識はなかったのであろう。そしてもとの精神的な景慕的の意より更に転じて愛恋の意の方面にこの語を使用しはじめたのであった。なお『萬葉集』のほかに、上代文献をあげると、藤原仲麻呂撰『家伝』(『鎌足伝』)の、

　仰ぎて聖徳を望み、伏して係恋を深くす―「仰望二聖徳一、伏深二係恋一」―(書陵部伏見宮家本)

も、それである。これは、藤原鎌足の死を悼む勅を使者に伝えた文であって、「地に伏して鎌足《きみ》を深く係恋《した》う」意。『萬葉集』の例よりも、むしろ仏典の例に近いともみられるが、「係恋」が一般化して、ほかの上代文献に姿をみせるようになったあかしといえよう。

さて「係恋」の「係」の語義については、「係念」の場合に説いた通りである。その訓詁の一つに、「係」と「継《けい》」「繋《けい》」の同じ意のことを述べたが、「係恋」とある以上、「継恋」「繋恋」の語の存在も予想される。現に唐釈道宣撰の『広弘明集』(No. 2103・巻二十七)にも、

　智人は眷属《けんぞく》是れ繋縛の本なるを以て、之を放つこと讎《あた》の如し。而も愚人は継恋して以て勝適と為す。[6] (南斉文宣公「浄住子浄行法門」断絶疑惑門第十六)

とみえる。しかもこの「継恋」(高麗本)に対して、「繋恋」(宋・元・明本など)ともみえ、要するに、

「係恋」は「繫恋」とも「継恋」ともいうことになる。なお「係」と「繫」との通用は、明治物の一例として、久松定弘『独逸劇曲太意』の「緒言」に、「政治法律ノ如キ国家ニ至大ノ関繫アルモノハ勿論……」とみえ、この「関繫」は「関係」に同じ。

「係恋」の「恋」について一言しよう。この「恋」の字は、原本系『玉篇』に残らぬため、『篆隷万象名義』を代用すれば、「恋」について、「係也、病也」とみえ(「孌」—慕也、戀字—)、更に『類聚名義抄』(法中)の「恋」に、

コフ　オモフ　係也　病也　慕也　(取レ要)

とみえることは、「恋」は「係」に同じく、ともに「慕う、あこがれる」ことになる。「係」すなわち「恋」、つまり重言としての「係恋」が生まれよう。また「係レ恋」の場合には、「係」がものに結ばれ繫がっていることは、一つの点に集中すること、結ばれていることになり、やがて「慕う」ことになり、更に「恋する」意ともなろう。「係＝恋」とするか、「係レ恋」とするかは、人によって違うことであろうが、何れも可能な成り立ちといえよう。「係念」の場合もこれに同じ。

戦後の昭和二十一年(一九四六)、歌人斎藤茂吉の「鴨」十首中の最後にみえる、

たたかひにやぶれしのちにながらへてこの係恋《けいれん》は何に本づく　偶成(『白き山』)

の「係恋」は、わたくしに大きな宿題を与える。仏典類によるのか、それとも萬葉集によるのか、

しばらく目をつぶろう。

これまでながながと述べてきたが、読者には迷惑なことでもあろう。とはいえ、一般辞書の穴をねらうのはわたくしの「漢語あそび」の一つである。そのため未詳の漢語、『萬葉集』の気にかかる「係念」「係恋」を仏典語によってまず指摘しようとしたのである。漢訳仏典といえば、漢語のなかの特殊語に近いが、元来は必ずしもそうではない。中国の訳経者はもとの梵語をどのように他人に理解させようと訳語に苦心したか、また天竺の仏家が漢訳に際して如何に不得意な漢語を理解させようと努力したか、それは『高僧伝』『続高僧伝』など高僧伝のたぐいの記事にみられる。布教のためには、当時の俗語(口語)をも加えて、民衆に教義を理解させようと苦心したわけである。「都…無」(都《す》べて無し)、「将非…」(将《はた》…にあらずや、左様デハゴザラヌカ)、「好去」(サョウナラ、ゴブジデネ)など、俗語を挟んだ仏典も少なくない。俗語を含むといえば、敦煌・トルファン文書類によくその姿をみるが、仏典語と俗語はある一面では結ばれることもあり、仏典語や辺境文書類は、漢語採取のゆたかな資材ともいえる。

以上、漢語の一部を『萬葉集』の中に求めた次第。「ああ例がない、辞典にない」などといった弱気を吐く前に、それ相当の道をあちらこちらと「逍遥《さまよ》って」みる必要もあろう。「ああ辞典」の「ああ!」の背後には、感謝と不信の念が共存する。

（1）許志行『師弟』を引用する。

（2）「禍故」（『吉凶書儀』P. 3442）、「馳結」（『新集吉凶書儀』P. 2646）など。

（3）『一切経音義』（巻七十二）に引く「係在」には、「説文、係結束也、相継嗣也」（法勝阿毗曇心論）とみえる。
なお『説文解字』は「絜束者、囲而束之」と述べる。

（4）『漢書評林』に、「係心」を「繫心」に作り、「繫《ル》レ心《ヲ》」と訓む。

（5）「会《あ》に合はぬ花」（『完訳日本の古典』月報52）参照。

（6）四部備要本「甚適」に作る。

第三章 「経紀の人」
——山上憶良・淡海三船から中村正直へ——

一

老懶のきざしをすでに越えてしまったわたくしは、狭隘な小世界に遊ぶよりほかはない。春にうそぶくどころか、春にそむかねばならぬ者には、為すべき学業は四角な標《しめ》の中にきびしく限定されている。嘗つて病臥悪夢の内に見た、白い四角の天井より吊された白蚊帳の中に、雁字《がんじ》搦《がら》めにされた老いたる書生のもがき、これを肌で知るのは唯われのみ。春も闌のこのごろ、最近覚えた「春人」(シュンジン)という一つの漢語がある。この語は『大漢和辞典』や修訂本『辞海』などに、春に遊ぶ人の意という。

「春人」という漢語は、この二つの辞典に、ひとしく北周庾信の「望二美人山一銘」の、

禁苑斜めに通じ、春人常に聚《つど》ふ(『辞海』は、「春人」について、「春天的遊人」と注する)

を一例あげる――なおこの銘は、『藝文類聚』(巻七、山部)所収の、陳徐陵「後堂望二美人山一銘」にほぼ同じ。但し「高唐」を「高堂」に、「舟」を「洲」に作る――。この銘が、

　高唐雨を凝《さいぎ》り、洛浦舟無し。何処か相望まんに、山辺に一楼あり。峯は五婦に因り、石は是れ三侯なり……。

云々とみえる以上、『文選』の情賦群の高唐賦や洛神賦の神女を思わせる。まず想像上の美人が主役であろう。更にこの銘は、険岨な山の宮殿の様を描き、歌い舞う「春人」たちの様を述べる(「禁苑斜通、春人恒聚、樹裏聞レ歌、枝中見レ舞」)。前述の修訂本『辞海』の「春天的遊人」の意では、やはりわかりにくく、この「春天に遊ぶ人」はむしろ「春に遊ぶ女人」とでも解すべきであろう。なおこの「春人」については、中国人にとっては自明のことでもあろうか、箋註本(『庾開府集』・『庾開府全集』巻七)にも、四部備要本(『庾子山集注』巻十二)にも注はみえない。しかし両辞典の引用例一つでは実にわびしく、ことはなかなか進捗しない。『駢字類編』(巻二十三)にも、庾信の同じ銘一つのみを例にあげるのは、あまりにも安易なことであり、まずほかに諸例を探す必要がある。

そのうちで、最も名高い詩の例は、「春」(chūn)の語を各句に使用した梁元帝の「春日」の詩である。

　春還春節美、春日春風過……春意春已繁、春人春不レ見、不レ見懐二春人一……欲レ道二春園趣一、復

憶春時人、春人竟何在、空爽上春期……。

右の詩の「春人」は△印の「春時の人」の意であることがわかり、「人」とは女性をさすとみてよかろう。また前述の庾信には、ほかに「行雨山銘」(四部備要本)もあり、

山の名は行雨、地は陽台に異る。佳人無数、神女羞《すすめ》来る。翠幔朝に開き、新粧旦《あした》に起く……。

とみえる。『藝文類聚』(巻七、山部)には、周庾信「梁東宮行雨山銘」とみえ、「佳人無数」に対して、「春人無数」の本文をもつ。すなわち「佳人」が「春人」に置き換えられることになる。「佳人《よきひと》」の語は、男女ともに用いられるが、銘の文脈よりみて「佳人《よきおんな》」の意となろう。やはりこれらの例にみる「春人」は、すべて春の美人を意味する漢語といえる。

実はこの「春人」の語は、嵯峨天皇御製の「早春」に奉和する滋野貞主《しげののさだぬし》の詩にもみられる。この詩は弘仁末(八二三年)を降らない頃の作、『経国集』(巻十一・88)にみえる。その尾聯に、

春人旧き服《ころも》を釈《ぬ》き、何れの処か新粧せざらむ(第七・八句)

とみえ、ここに平安初期に「春人」の語をみる。『大漢和辞典』の「春に遊ぶ人」の意をこれに当ててみても、詩意が明らかにはならない。この詩句を含む五言詩の全体をやや意訳に近くわたくしなりに試みるならば、

やはらぐ春の来《きた》ること早く、短き日の影やうやくに長くならむとす(首聯)

繁茂《もくしげ》るは禁垣《みかき》のしだり柳、恩光《ひかり》を仰ぐは古き田の薄穂《すすきのほ》(頷聯)

北へ帰る雁は寒き節《せち》を示さず、南の鶯はこれぞ暖かき時をかたる(頸聯)

春の女人《をみな》ら古き衣を脱きすて、誰しの人《をみな》も新《あら》しき化粧《けしやう》を試みる(尾聯)

とでもなろうか。やはり貞主も「春人」を美人佳人である宮女たちの意に解したものと思われ、前述の辞典類の解のままでは不十分と言わざるをえない。この「春人」の一例でもわかるように、辞典の注を鵜呑みにしてはならない。なお中国の『漢語大詞典』に、前述の「遊春的人」のほかに、「懐レ春的人。春ハ男女ノ情欲ヲ指ス」とみえるのは、確かに進歩といえよう。

辞典類で最も恐ろしいのは、注もさることながら、標出語、つまりその用例を誤っていることである。『大漢和辞典』に対して、全面的に信頼を置きがたいのは人の作製する辞典のもつ運命であり、致し方のないことといえる。しかもその基本になった『佩文韻府』にさえも標出語を誤っている例が稀にみられることは、ますます慎重な態度を取らざるをえない。最近平城《へいぜい》天皇の御製五言詩「詠二庭梅一」の詩(『経国集』)を読んでいたところ、その結びに、

可レ惜春風下、苑花一乱飛　(巻十一・85)

に出逢う。わたくしにとっては「苑花」はかなり珍しい漢語といえる。『佩文韻府』に数例を示すが、それらのうち平城御製よりも古い例は、盛唐王維の一例である。王維の詩題は、「奉レ和下聖製

『従二蓬莱一向二興慶一閣道中留春雨中春望之作』上応制」、その第三・四句の頷聯に、

鑾輿迥《ハルカニ》出《ツ》仙門柳、閣道廻《メグリテ》看《ル》上苑花。

とみえ、『佩文韻府』に「苑花」の例としてあげる。しかしこれは「仙門の柳」に対する語であって、「苑花《そののはな》」ならぬ「上苑《じやうゑん》の花」(禁苑の花の意)と続くところである。すなわち平城御製の「苑花」の例にはあてはまらない。『佩文韻府』の「苑花」の例を捨てて、御製以前に当る唐詩にこれを求めると、

苑花斉二玉樹一、池水作二銀河一 (初唐蘇頲「奉レ和二聖製『人日清暉閣宴群臣遇レ雪』応制」)

苑花落二池水一、天語聞二松音一 (盛唐儲光羲「石甕寺」)

などがみえる。それにしても「苑花」はそう多くは検出しえない。

わたくしは『佩文韻府』の標出語の誤の例として「苑花」をあげたが、平城御製の「苑花」はことのついでであった。なお同じゴタゴタをも少し続けてゆくと、あまり例の多くみえない「苑花」が御製にみえることは、平安初期としてやはり一抹の不安や疑問がないでもない。実は御製の「苑花」は、群書類従本の本文であって、また諸本のうち「苑」に当る文字の草体が伝写のうちに変化して訓めないようになり、三手文庫本系の諸本は左傍に「落カ」とある。しかも神宮文庫本・蓬左文庫本などは「落」に作る。「苑」も「落」もこの句では平仄《ひようそく》に無関係であっていずれも同じこと

であるが、やはり御製は例の多くない「苑花」よりも、一般の「落花」を用いたとみるべきであろう。とすれば、平城御製には「苑花」の文字は元来なかったといえる。それはそれとして『佩文韻府』の示す用例も、もとに戻って検討しつつ使用すべきことがわかる。辞典類に如何に権威があろうとも、その引用例、その語義などに多少の疑いをいだくことを一つの態度とするわが身には、「漢語あそび」のうちに得た反省の結果である。以上は「まくら」の部分。以下主題に入ろう。

二

故澤瀉《おもだか》久孝先生の、朝日賞受賞の『萬葉集注釈』(二十二冊本)、その巻二の附録の「はさみこみ」の中に書いたわたくしの雑文に、「『天平の甍』と萬葉語」がある。昭和三十三年(一九五八)のころといえば、厚顔のことながらわが中国学者の何万分の一にでも追いつこうと、わからぬままに中国文献の「俗語」をひとりで勉強中であったかと思う。『唐大和上東征伝《だいわじょうとうせいでん》』、いわゆる「鑑真《がんじん》東征伝」にかなり多くの俗語を含むとにらんだわたくしは、東征伝を素材とした井上靖氏の小説『天平の甍』にどの程度それがうまく採用されているのか、この点に興味の中心があった。前述の小論類の中にみえる「萬葉語」といっても、実は主として「俗語」的な部分に目を向けたのは、そのためである。

嘗つて南方の異国の海で海難に逢ったわたくしには、海難に関する小説類などの描写がいつも頭の中につきまとう――後の昭和五十五年、拙作「鑑真和上東征賦」の組曲の詩(章末参照)が演奏会の音《おと》となって京都、あるいは奈良の唐招提寺鑑真像の御前で発表された原因は、このあたりにある――。布教のために日本へむけて出航した鑑真一行が荒れ狂う海に苦しみつつ、やっと陸に上がったあたりを描いて、この小説はいう。

暦はいつか十一月になつてゐた。十一月と言へば冬の寒さがきびしくなる頃であつたが、冬の気配は全くなかつた。島には見慣れぬ果実が実り、花も開き、筍も生えてゐた。冬といふより夏の姿であつた。

十四日間、船はその島の岸近くに留まつてゐて、漸く船を繋ぐことのできる海岸を探し、全員そこから上陸した。そして手分けして人の住む部落を探すことにした。幸ひ四人の唐人と会つた。彼等は口々に、この辺の住民は人間を捕へて食ふから、早く立ちのいた方が安全だと教へてくれた。

全員直ぐ船に戻つて、船を他の安全さうな入江に入れた。が、その夜、刀を持つた土人が船へやつて来た。乗員はみな震へ上がつたが、食物を与へると、土人は黙つて去つて行つた。物騒だつたので、その夜のうちに、船は入江を出て再び海上に漂ひ、昼間唐人から聞いた海南島

を目指すことにした……。（三章）

作者は筆をおさえにおさえて淡々と描いてゆく。これを原文の東征伝に照らすと、

是時冬十一月、花蘂開敷、樹実竹笋、不レ辨ニ於夏一。凡在ニ海中一、経ニ十四日一、方得ニ著岸一。遣ニ人求レ浦。乃有ニ四経紀人一、便引レ道去。四人口云、大和尚大果報、遇ニ於弟子一。不レ然合レ死。此間人物喫レ人、火急去来。便引レ舟去入レ浦。晩見ニ一人被髪帯レ刀。諸人大怖、与レ食便去。夜発、経ニ三日一、乃到ニ振州江口一泊レ舟。其経紀人往報レ郡……。（底本は戒壇院刊本）

このあたりが、『天平の甍』の素材の一部になっていることは疑がない。

ここで問題とすべき点は、俗語を含む文章である。着岸したところ、そこで出会った四人の人たちのことばとして、

此間人物喫レ人、火急去来（ここの人らは人を食らふが故に、速《すむ》やけく去りね）

とみえるが（観智院本によれば、「人物」を「人惣」に作る。「惣」はスベテ、ミナの意）、作者井上靖氏は○印の俗語に対して、「この辺の住民は人間を捕へて食ふから、早く立ちのいた方が安全だ……」と、巧みにアレンジする。これらの俗語を含む文章の詳細については、今は省略に従うが、このアレンジの文章は正しい。

しかしなお四人のことばに先立って、「四経紀人」という「四人の『経紀の人』」が前述の文中に

みえる。作者は、「四人の唐人」と訳するが、どうしてそうなったのであろうか。もとに戻って、「経紀人」とはどんな語義をもつのか、わたくしにはすぐにはわからない。それは「経紀」という漢語が「経書語」として使用されるために、わたくしはこれをそのまま「経紀人」に当てはめようとしたためであった。具体的にいえば、萬葉歌人山上憶良の七言詩の中の第一・二句に、

俗道変化猶二撃目一、人事経紀如二申臂一　(『萬葉集』巻五)

とみえる「経紀」を、この「経紀の人」に当てはめようとしたための誤解であった。しかも憶良の「経紀」が経書のことばであるとしても、「人事の経紀」の意は下に続く「申臂《しんぴ》の如し」とうまく続かない。つまり「経紀人」を理解する以前の、「経紀」の語がわたくしにはまだ不十分であったわけである。とつおいつして、最近これについて、漸くわたくしなりに解決を終えたようにも思う。詳しくは雑誌『萬葉』の拙稿(第百三十号、「憶良の『経紀』再々考」)参照。この「経紀」は、糸を織り成して収めること、綜《す》べ理《おさ》める正しい筋道、常理の意となる。それによれば、前述の憶良の詩の二句は、

傍目《あからめ》する間《ま》よ！　世間《よのなか》の変移《うつろひ》、臂伸《ひちの》ぶる間よ！　生き死《しに》の人の常理《みち》。

とでも解しえようか。とはいえ、この「経紀」が東征伝の「経紀(の人)」にそのままあてはまるかどうかは問題であろう。やはり「古代語」である「経紀」の意がその原義を保ちつつ多少ゆれてゆ

くことに早く気付かなかったのは、わたくしの幼稚性でもあり、歯がゆさでもあった。東征伝の「経紀の人」の例は、やはり俗語的なものではないかとの考えは、そのまま唐代以後の俗語小説類にみえる「経紀」へとわたくしを向わしめたのである。

三

俗語小説類にみえる「俗語」を眺めようとするとき、まずわが近世の人々に読まれた中国の雑説類に目を向けることが便利で且つ効果的である。たとえば、

『輟耕録《てつこう》』(『輟畊録』とも。元人陶宗儀撰)『常談考誤』(明人周啓明撰)『通俗篇』(清人翟灝《てきこう》撰)

『證俗文』(清人郝懿《かくい》行《こう》)

などには、「経紀」の語について例をあげつつ説明を加える。時代的にみて古い『輟耕録』の例を取り上げ、その和訓本(巻十九)を参考にしながら「経紀」の項の訓読文を示すならば、左の如くなろう。(1)

今人善《よ》く「営生を能くする者」を以て、「経紀」と為す。唐の滕王元嬰《げんえい》と蔣王と皆聚斂を好む。太宗嘗て諸王に帛を賜ふ。勅して曰はく「滕叔・蔣兄自ら能《よ》く経紀す。物を賜ふべからず」と。韓昌黎「柳子厚が墓誌」を作りて云ふ、「舅弟《きうてい》盧遵、又将《まさ》に其家を経紀すると云ふ」と。則ち

唐より已《すで》に此の言有り。

これらの例は、前述の『常談考誤』『通俗篇』『證俗文』などにも同じくみえ、そこに中国書にみる孫引き的な態度、よくいえば伝統的な態度がみられる。「経紀」について、『輟耕録』にいう「能二営生一者」とは、生計をよく営む者の意。明代の『古今類書纂要』(璩崑玉・朝聘甫編)の「営生諸業部」にも、

経紀　善ク営生スルノ之人　(巻十二、和訓本)

とみえる。なお「営生」については、「営生　做レス買一売ヲ」といい、また長沢本『俗語解』には、「善営生之人」を「此方ニテアキナイノヿ也」ともみえる。また前述の諸書にも、

蓋経紀本唐人語、称下人之善能二営生一者上也　(『常談考誤』巻三)

称下善能二営生一者上、曰二経紀一　(『證俗文』巻十七)

などとみえる。これらはよく生計を営む者を称して、「経紀」というが、日本語でいえば、「経紀する人、経紀する者」に当る。

但し「経紀」は、生計(なりわい)を基本とはするものの、多少の意味のひろがりのあることは、当然のことである。『常談考誤』に、

世俗牙行を以て、経紀と為すは、甚だ謂《いはれ》無し。(巻三)

と述べるのは、「牙行」説を否定するものの、世俗では「牙行」(後述)の意もひろく通行することを示す。また類似のことが『證俗文』にも、

　案ずるに、事は張鷟の『朝野僉載《せんさい》』に見ゆ。(1) 今駔儈《さうくわい》を経紀と曰ふは此に本づく。(巻十七)

とみえ、「駔儈」が「経紀」に等しいことを説く。この語と前述の「牙行」については、『古今類書纂要』(巻十二)に、

　牙郎　酌二量市価一之人。又曰二牙行一。　牙儈　会二合市人一酌二量市価一之人、即牙郎也。　駔儈　即牙儈也。駔者其首率也。

とみえ、「駔儈」も「牙行」も同じ方向をもつ俗語であって、(2) これらは仲介人、手数料を取る者、わが近世語の「すあひ」などに当ることばといえる——なおこの種のことばに明治の森鷗外は興味を覚えたらしく、「語彙材料」(『全集』第三十七巻)に、『輟耕録』の中から「牙儈」の語を抄出する——。更にいえば、『通俗篇』(巻二十一)にみえる「経紀」の「按」に、「経紀、乃幹運之謂。故世謂二商販一曰レ作二経紀一」とみえ、商売をする意にもなる。またすでに『輟耕録』の例に引用した如く、韓昌黎(韓愈)の「柳子厚墓誌」(『韓昌黎文集』巻三十二「柳子厚墓誌銘」)の、「又将レ経二紀其家一」は、柳宗元の一家の「世話」をしようとする、の意で、その間に多少の逕庭がある。とはいえ、やはり「経紀」がよく生計を営む意が基本であることには変りがない。

　敦煌変文を例にしてみても同じことがいえる。「舜子変」(S. 4654)にみえる、舜子の父(瞽叟)が舜

子を呼びよせて語ることばの中に、

今年大好経記(紀)、沿路覓㆓些些宜利㆒。

とみえるが、これは商売《あきない》上の「経紀」であり、この文脈は景気のすごくよいことが「大好経紀」であろう。また「父母恩重経講経文」(P. 2418)において、婚約後の男女が父母の孝養を忘れるあたりに、うまく訓めないにしても、「不㆓然与㆑本、教㆓経紀㆒」とみえるが、これは生計を営む道、商売の道の意であろう。[3] またトルファン出土文書の書翰(アスターナ第二十四号墓文書)の「唐貞観二十年(六四六)趙義深自㆓洛州㆒致㆓西州阿婆㆒家書」の中にみえる、家へのたより、すなわち、

雖㆑然此処経紀微薄、亦得㆓衣食㆒。阿婆・大兄不㆑須㆓愁慮㆒。奉拝未㆑期、唯増㆓涕結㆒……。

の中の「経紀微薄」は世すぎの貧弱な状態をいうのであろう。

このように、俗語「経紀」は、唐代前後の雑説類にみる如く、生計を営むこと、営む人の意から派生して種々の意をもつようになるが、基本線をそれてはいない。しかも中国古代語の「経紀」が前述の如く、糸を織り成してすべ理《おさ》めること、常のすじ道などの意をもつ以上、多少の移りを経て、生計をよく営むことにもつらなる。時を異にして意味が派生するにしても、古代語の「経紀」という漢語の土台は必ずしも崩れてはいない。総じて漢語というものはこのような性格をもつものであろうか。

四

周知の如く、わが近世の人々は中国俗語小説を愛読した。俗語小説類を読むための翻訳は、原文の表現を生かしつつ傍訓によって訓読の跡を示し、読みやすい形式を採る。たとえば、『通俗繡像《しゅうぞう》新裁綺史《しんさいきし》』（静嘉堂文庫「寛政十一年（一七九九）謄写畢」）を例にすれば、油売商人が金をためて高名の妓女と結婚する話を描くが、油売が主人公であるために、おのずから「経紀」の語もみえる。その例をあげてみよう（傍訓は必要な部分のみ。清濁、句読点は筆者）。

サテモ天地間ニ此マウナル痴人モアレバアルモノ、ワヅカ小経紀《コグラシ》ノ本銭《モトデ》、八三両ヲ得タルノミニテ、却テ十両ノ銀子ヲ出シ那《カ》ノ名妓ヲ嫖《アゲ》ントハ。コレゾ春夢ノアトカタチナキニハアラザル可《ベキ》ヤ。（第四回）

這《コノ》十両ノ銀子、你ハ経紀《アキナイ》ノ人、積攢《モウケタメル》モ易カルマジ。（第五回）

他又你ハ是做経紀《アキナイヲナス》的秦小官ナルヿヲ認得《ミシラ》ザランヤ。（同）

美娘云、你ハ経紀《カセギ》ヲ做的人《ナスヒト》。些《コノ》銀両ヲ積下《タクワヘ》テ何ゾ家《カナイ》ヲ養ハザル。（第六回）

などは、その例である。訳者が「経紀」を「クラシ・アキナイ・カセギ」などと訓みわけているのは、その場に即した訓で、心にくい。なお「小経紀《コグラシ》」に関して、名も高いいわゆる「小説三言」の

一つ『小説粋言』に、

却不レ想下小経紀《コアキビト》若シ折ニ了分文一、一家不上得レ喫ニ飽飯一。我貪ニ此些須小便宜一、亦有ニ何益一。（巻一。岡白駒・沢田一斎施訓）

とみえ、「小経紀」を「コアキビト」（小商人）と訓む。更にいえば、『小説奇言』の中にも、

銭興日逐做ニ些《スコシノ》小経紀《アキナイ》一、供ニ給家主一、毎年不レ敷。（巻四）

とみえ、「経紀」をアキナイ（商売）と訓む。また『小説精言』（巻一）には、「那人也《マタ》要做ニ経紀一的人、就与レ他商量一会、可レ知ニ是好一」の「経紀」にスギハイの訓をあてるが、これは「活計」「生意」の訓に同じ。これらの訓は何れも正しく、同じ漢語も文脈によって適切な訓を与えようとするのが、江戸語学者の態度であった。(4) 白話小説『照世盃』の施訓者清田《せいた》儋叟《たんそう》の「読俗文三条」の中に、

俗文ノ書ヲ訳スルハ句ヲ逐テ訳ヲ施ス。訳ニ定訓正義有テ無シ。是ヲ訳ノ大本領トス。譬バ「斯文」ハキヤシヤトカ風流トカ訳スレドモ、所ニヨツテハ行義ナド訳ス。「喜得」ハ能《よく》シレタル字ニテ訳スレバ、ウレシガルトカ、ウレシクトカ訳スレドモ、所ニヨツテハマダシモト訳ス。マタ義ハカハラネドモ文勢ニテ訳ヲカユルヿモアリ。「感激」ヲ有難シトモ辱ナシトモ訳シ、「央」ヲタノムトモヤトフトモ訳シ、「老実」ヲジツテイトモ、ヲトナシクトモ訳ス。二三ヲ挙テ千万ヲ推テ知ルベシ。必板定ノ訳ヲナシ字訓ニ拘レバ、本義ヲ失フヿ多シ。（句読など筆

者)

と述べるのは、施訓の方法に対する本質を鋭く突く。古点本、古辞書類の訓を少しもそれないように、無理をしながら利用する現代流のやり方があるが、学問的にみえて却って当らぬ場合もあろう。古辞書類の価値は内容如何によるものであり、骨董的な部分の古さによるのではない。

五

「経紀」の訓のゆれは、原文を訓読する者すなわち施訓者に原因のあること、前述の如し。これは施訓を多くほどこした明治初期の文学においても同様である。しかも自らの作品に対して、作者自身がその漢語について施訓する例も少なくない。それは自作の漢語を説明するために筆者自身が付訓者となったのである。明治の学者、中村正直の『西国立志編』(原名『自助論』)を例にしよう。初版は通説の一年前の明治三年(一八七〇)の初冬に溯るという英文学者森一氏の説もある——なおほかに、雑誌『學鐙』(第九十三巻十二号)五十七ページにもくわしい書誌を載せる——。わたくしの所持するものは遥か後の明治二十年刊に過ぎないが、嘗つて必要な部分は十年版と校合しているので、一応これで間に合う。その「経紀」「経紀人」の例については、

力加徳《リカード》ハ売買ノヿヲ経紀《セワ》スル人ニテ、ソノ事務ニ忙《イソガハ》シキ間ニソノ好ムトコロノ邦国経済学ニ従

事シ、大ニ発明スル所アルヲ得タリ……倍礼《ベイレイ》ハ有名ノ天学者ナリシガ、マタ売買ノコヲ経紀《セワ》スル人ナリ。（第九編〔三二〕）

抑モ富商大賈或ハ銀舗《リヨウガヘヤ》ニテ、毎日許多《アマタ》ノ金銭貨財ヲ店人経紀《セワ》人書辨《ニンカキヤク》等ノ僅ニ衣食ヲ営《イトナメ》ル如キモノニ托《アツク》スルニ……（同編〔二十九〕）

自己《ジブン》ノ費用ヲ以テ諸方ヨリ羊八百ヲ踰入シ、畜牧《カヒヤシナフ》ノ事ヲ経紀《セワヲスル》セリ。（第十二編〔二十〕）

とみえ（句読など筆者）、セワ（世話）をする方向の訓を付する。但し同じ世話をするにしても、第一・二例は仲介人の意であり、第三例との間にやや意味のちがいがある。また同じ「経紀」にしても、

人ソノ分限ヲ守リ、規矩ノ外ニ出ザランコヲ欲セバ、常ニ金銭出入簿《テチヨウ》ヲ眼中ニ存シ、家務ヲ経紀《トリアツカフ》スベシ。（第十篇〔十一〕）

の如き訓が作者自身によって生まれるのも当然である。従って、菊池三溪著、依田学海評点の『本朝虞初新誌』（明治十六年刊）にみえる、毒婦高橋男《お》伝《でん》（お伝）を描いた「臙脂《えんし》虎《こ》伝《でん》」の、「勘左再娶㆓某氏㆒、以経㆓紀家事㆒」の無訓「経紀」に対しては、セワヲスル、トリアツカフなど多くの訓を与えても誤ではない。阿多俊介訳注には、「一家のことをやつて行くことにする」と見える。明の俗語小説『剪燈《せんとう》餘話』を例にしてみても、

責二其族人一為二之経紀一(之が経紀を為して)、使レ不レ失レ所　(巻一、両川都轄院志)

も、前述の二つの訓を与えてもよかろう。しかし中国小説の最高といわれる清朝長篇小説『紅楼夢』の百万の身代をかかえた若主人の話のなかに、

雖二是皇商一、一応経紀世事、全然不レ知　(第四回)

とみえ、幸田露伴・平岡龍城共訳(『国訳紅楼夢』)に、「皇帝と云ふものの、一応《すべて》の経紀世事《しやうばいのこと》などは、全然《まる》で知らず」とみえる。この「経紀世事」は、やはり『紅楼夢』の専家伊藤漱平教授訳の「商売から世事にいたるまで」に従うべきものであろう。このように口語訳においては、「経紀」は、商売する、商人、世話をするなど種々の意をもつが、何れもよく理《おさ》めることから出発し、行動の方向がこまかく分派したものにほかならない。

ただ「経紀」の例で、やや例外的にみえるものがある。それは『淮南子』(巻一、原道訓)にみえる、

抱二羊角《つむじかぜ》一而上、経二紀山川一……淪二天門一。

であり、馮夷《ふうい》と大丙《たいへい》の両者が雷の車に乗って出かける描写である。この「経紀」は、高誘注に「経ハ行也、紀ハ通也」とみえる如く、行き通るの意で、具体的にいえば山を越え川を渡る意であろう。『大漢和辞典』に、この『淮南子』の例について、「すぢみちを立てて阻碍のないやうにする、通じ治める」の意とするが、ここの文脈ではもっと簡単に解してよかろう。とはいっても、これを嘗

つて「通行通過」(pass の意)の意に解してみたことがあるが、原本系『玉篇』にみえる「紀」の訓詁「野王案、紀極猶㆓終極㆒」からみて、ものの終極、ものの極みまで行き尽すことになろう。単に通過の意ではない。明治四十四年刊『和譯淮南子』(田岡嶺雲訳注)に、「行キ通ズル也」と注する。また漢語を使用するための入門書ともいうべき近世享保のころの人、井沢長秀撰『授幼難字訓』に、

「経紀《カチデアリク》」―抱璞簡記曰、古人不㆑騎㆑馬、皆経紀。此説ニヨレバ歩行ノコト見ヘタリ……。

とみえる。『抱璞簡記』(『続説郛』巻十九)は、現在五条のみ残るが、右の記事は、その一つ「騎戦之始」にみえる記事である。[5] 但し『授幼難字訓』の撰者は、右の記事に続いて、「牙人」「牙儈」をあげ、これらに等しい「経紀」とどのような関係にあるとみるべきか、「字同ク事異ナリ、未㆑知㆓何是㆒」という。この「歩行」説には撰者も疑問をもつ以上、直ちに従うことはできないが、或いは『淮南子』の例の「行キ通ズ」説に近い意かも知れない。後考を俟ちたい。

六

長い廻り道を辿って来た小考は、ここらあたりで本題に戻らねばならぬ。それは、『唐大和上東征伝』にみえる、「四経紀人」は、すなわち四人の「経紀」「経紀人」の意である。わたくしがかなり長い間難渋して来たのは、一つには、『淮南子』の「山川を経紀す」の高誘注を安易に解して、

「通過する人」と解したためである。しかしこれは『東征伝』の文脈にはそのままでは適用できない。むしろ唐代を含むそれ以後の商売上の俗語と解するならばことは簡単である。「経紀」もしくは「経紀人」は、前述の如く、あきないをする人、商人の意で、時には仲介人の意ともなろう。ここに『水滸伝』(第二十四回)の「一個養家経紀人」について、岡白駒の講説『水滸伝訳解』に「トセイカタノヨキアキヒト」と注し、また陶山冕の『忠義水滸伝解』に、「小本経紀人」について、「小本手ノ商人」(第十六回)と注する。漸くわたくしの見解はかたまりつつあった。

昭和六十三年(一九八八)の秋の十月二十一日は正倉院展招待の日である。たまたま出逢った人々はすべて古代史学者、東の青木和夫・早川庄八両氏、西の東道役の東野治之君。青木氏とは、近ごろ新聞紙上を賑わしている長屋王邸の発掘のこと、早川氏とは、『続日本紀』のヨミのこと、いずれもほんの短時間ではあるが、史学畑の方の発言はみな鋭い。東野君(現大阪大学教授)には『東征伝』にみえる「経紀の人」についてのわたくしの見解を聞いてもらったが、なお多少の不安もあり、誰かこの見解に近い説はなかろうかと、何げなく洩らす。数日後に送られて来た数枚のコピー、それは浅井虎夫著『支那日本通商史』(明治三十九年刊、金港堂)の一部であった。珍しい明治末期の書物であるため、煩わしさを顧みず、少し引用しよう。

経紀なる者も、亦唐の時ありき、牙人と同じく宋明清の時亦あり、経紀は商人にして有福なる生計を営めるものゝ称なり、経紀又経紀人ともいへり……経紀は牙人にして仲買なるが如しと雖、これ単に仲買のみを指せるにあらず、有福なる生計を営める商人は、悉く之を経紀と云べし、唐大和上東征伝に、天宝七年十一月鑑真和尚漂流して南海の一島嶼に着岸せしに、四経紀人ありて嚮導し、三日をへて振州江口に至り、経紀人其事を郡に報ぜし事あり、又唐の太宗の時(以下、前述の『輟耕録』の記事を示すため省略す)……これ等は皆働《(動)》詞に用ひられて、必しも特種の商人を名つくるにあらずと雖、経紀の称は実に此等より来りしなり。(第二編第三章第四節)

とみえ、また「有福なる生計を営める商人の総称なり、唐以来亦之あり」(第三編第四節)ともみえ、「小経紀」(「中等の生活を営める者」)の職業を詳しく述べる。

浅井説にみる如く、「小経紀」に対する「経紀」を「有福な生計を営む商人」と解することは、専門外のわたくしには理解することは無理であろう。せいぜい「商人《あきうど》、商売人」で十分としなければならない。浅井説は出典書名をなるべくあげない方針を採るが、わたくしがすでにあげた同類の資料群によるらしく、その出典がよくわかる。もし然らざれば、この書の理解にかなり苦しんだことであろう。

『東征伝』の作者真人《まひと》元開、すなわち淡海《おうみの》真人三船《みふね》は、石上宅嗣と共に奈良朝末を代表する「文人之首」であった(『続日本紀』天応元年六月、宅嗣薨伝)。唐代の商業語ともいうべき「経紀」「経紀之人」を、三船がどこで学んだか、よくわからない。『東征伝』のもとになった渡唐僧思託の撰した三巻本『広伝』[6]（『大和尚伝』）にそのままよったとみることは、可能性があろう。病によって渡唐が果されなかった三船としては、果して「経紀人」という珍しい俗語の意味を知っていたか否か、疑いがないでもない。それにしても『大漢和辞典』が、「さやとり。仲買人」（「経紀人」）とのみあるのは、中国の現地語にみえる以上それはよいとしても、『東征伝』の成立が少なくとも中唐初期に当ることは、やはり漢和辞典としてこの用例をあげて置くべきであろう。

それはそれとして、もし『支那日本通商史』を早くより読んでいたならば、わたくしは『東征伝』にみえる「経紀人」の語義に何らの不審もいだかず、また試行錯誤的にあれこれと中国の諸文献を繙くこともなかったであろう。しかし無駄な多くの時間を費したなどといったむなしさは、今やわたくしには秋毫も存在しない。

（1）『輟耕録』の「唐王嬰」云々は『朝野僉載』引用の部分である。但し「唐人説薈本」の本文とかなりの異同がある。

（2）『通俗篇』（巻二十一）にみえる「牙郎」については、「劉貢父詩話」を引用して、「今人以駔儈為牙郎。本謂之互郎、謂主互市事也」という。なお明人陸嘘雪編『世事通考』（商賈類）の中にも「経紀」「牙人」などの語がみえる。

（3）閻崇璩編著『敦煌変文詞語匯釈《わいしゃく》』（プリント版）が、「做買売去」と注する。

（4） 官吏執務心得を述べた清人黄六鴻撰『福恵全書』（巻八雑課部）の「経紀」について左傍訓「バントウ」を付訓するが（小畑行簡点）、これは「伴頭」（仲間の番頭《かしら》）の意か。

（5）『続説郛』（巻十九）に、「経紀」を「経記」に作る。

（6） 蔵中進『唐大和上東征伝の研究』（第八章）参照。

（参考） 鑑真和上東征賦

作詞 小島憲之
作曲 青山政雄

目癈《し》ひたる鑑真和上の御像《みかたち》
一九七七年花奢る巴里《パリ》に渡らす
嘗《か》つて来日せし文化使節
女神ミロのビーナス
代りてここに和上応《こた》へたまふ
御仏の静黙にして且つ沈厚なる極み
異国《あたしくに》の紳士淑女《よきひとよきめ》ら
いたくしのばざらめや　（朗読）
…………

序　章

マロニエの花　にほひたつ
白きパリの　八《や》十巷《そちまた》
初夏風の　袖に触る
和上の瞼《まなぶた》　沈もりて
久遠《くをん》の光　幽深《おぎろな》し
おん目のくもり　ぬぐはばや
おん目の涙《なみた》　ぬぐはばや

第一章　決　意

（やまと人の願ひ）
山川は　国異なれど
天日《あまひ》照る　同じ大地《たいち》よ
青き海　国距《へだ》つれど
同じ光よ　流るる月は
いざや来たれ　いざわ
日出る国は　ま秀《ほ》ろばの国
（答へ）

仏のみ法《のり》　東《ひんがし》に
やまとの国に　興りなむ
うつせみの身　何か惜しまむ
不惜身命《ふじやくしんみやう》　不惜身命
いざや伝へむ　いざわ
日の本つ国　そのま秀《ほ》らまへ

第二章　飛　雪

底なき谷に　水はふれ
疲るる足の　膝に漬く
幾重なるかも　山なみに
ぬばたまのとばり　迫り来ぬ
夜目を迷《まと》はす　崖《きし》の雪
わき出《づ》る涙《なみた》に　飛び散らふ
飛ぶ雪　ひひ
降る雪　しんしん

第三章　大海遭難

㈠

岩山海に　押し迫り
空の果《はたて》に　落つる日よ
黄昏渚《たそかれなぎさ》の　船待《ふなまち》に
出て立つ心　しづめつつ
磯べに暗し　鳥の群
浦洲に細し　草の色

㈡

船脚迅《はや》し　わたつ海
遠さかりゆく　大き陸《くが》
忽ちとどろく　雷《いかづち》に
滝《たぎ》つ潮《うしほ》は　墨の如
湧く波怒れば　高き山
波の穂なだれば　深き谷
生死《しやうじ》の内に　唱ふ声
有何所惜《いうかしよじやく》　有何所惜

㈢

波のまにまに　五日六日《むか》
斑《まだら》の蛇《へみ》と　飛魚と
人食らはむと　集ひ来る
船重ければ　沈みなむ
逆巻く波に　すさぶ風
飲水食物《をしみづいひ》なき　波まくら
狂ふ海中《わたなか》　寂然《じやくねん》と
ひとり静けし　大和上

第四章　南の島

今し南の　島の冬
百花《ももはな》乱れ　咲き誇る
鳥囀りて　木伝《こづた》へば
香《か》ぐの木の実の　濃《こま》だつる
熱き風吹く　椰子檳榔《やしびんろ》
青くまばゆし　白き空
甘露求むる　かたはらに
優曇華《うどんげ》の花　ひとつ咲く

優曇鉢樹《うどんばつじゅ》の 花は咲く

第五章 海東大和へ

露霜冷ゆる ぬばたまの
夜の静寂《しじま》の 四つの船
幾山河を 押しなべて
円く落ちたり 白き光《かげ》
星を占《うら》へて 海の上
遠き日に就く 大和島
行くてを祝ふ 雉群《きぎしむら》
波浪怒濤も 何のその
潮波《しほなみ》荒るる 船の日々
面《おもわ》にきびし 冬の風
目癈《しひ》に沈む 目交《まなかひ》に
蒼生済度《さいど》の 念はげし
水天に見ゆ 青《せい》一髪
阿児奈波《あこなは》 益救島《やく》 秋妻屋《あきめや》の浦
遠の御門の 筑紫国

終章

(一)

草むら雪を とどめつつ
法衣に坐《ま》して やすらけし
やはらぐ春に 風ふけば
花雨《はなざめ》自然《じねん》に 降りそそく
戒院静けし 青き松
禅院沈む 靄の中
華《あや》に迷《まと》へる 塵の世に
癈《し》ひたる目《まなこ》 燃えさかる
ほとけは広く 人を度《ど》す
われは学びて 人を度す

(二)

やまひに暮るる 春の日に
山鳥ひとり 来つつ鳴く
梁《うつはり》 裂くと 夢《いめ》のうち
結跏趺坐《けつかふざ》成し 逝きたまふ
香気《かをり》漂ふ 西つ方
永遠《とは》の光の 満ちわたる
戒壇高く 月照らひ
庭の白砂に 流れゆく
残れる春よ
おん目のくもり ぬぐはばや
若葉して
おん目の雫 ぬぐはばや

第四章　中江兆民の漢語

第一節　「這回」に見る近世漢語の伝統

一

『日本近代思想大系』(4)「軍隊　兵士」(岩波書店刊)といえば、今すぐ思い出すことが二つある。その一つは、明治・大正の操觚界に活躍した小泉三申の、明治二十七年(一八九四)十月、『自由新聞』の中に書いた「猛虎道人夢譚」にみえる夢の中のおどろおどろの兵営物語の条。他の一つは明治三十一年刊行の『歩兵操典』の一冊である。後者の操典は、姫路第十聯隊の「一年志願兵」峰谷斉所有のものが、何かの縁で京都は丹後中郡五箇村の安田茂の手に入り、更に三十六年四月の埼玉県地方における聯合演習に参加した射撃の名手、同じ村の安田安之助に譲られ、昭和に入って摂津尼ヶ崎(尼崎市)の某古書肆を経て、現在わたくしの許にある。ふとここで真福寺本『古事記』の奥書のことを思い出す。それは、誰から誰へとその書写経過の奥書を難渋しながら辿って行ったわたくしの青春時代のことである。この小型本の操典には、時と人を異にする筆と鉛筆書きのつたない文字の書入れがある。それらを辿るうちに、そこに登場する明治の兵士たちを想像し、一種のしたしさを覚えずにはおられない。真福寺本の書写伝来に関する奥書が貴重であることはいうまでもない。しかも何らの暖かさも感じさせないのは、古文献という重みのゆえであろうか。幾たびかの雨や流れ出る汗に濡れて色あせてしまったままの操典の赤に染まった表紙は、当時の演習の激しさと軍務服役のつらさを物語る。彼らの書入れは蘇生して現われ、わたくしの心に絶えず迫ってくる。

この一冊の『歩兵操典』の裏に墨書した「一年志願兵」とは、大正生れのわたくしにはよくわからない。しかし、「軍隊　兵士」篇を繙くうちに、はからずも「改正徴兵令」(明治二十二年〔一八八九〕一月二十一日)の「徴兵令第二章『服役』」の中にその規定を発見する。

第十一条　満十七歳以上満二十六歳以下ニシテ、官立学校(帝国大学撰科及小学科ヲ除ク)・府県立師範学校・中学校…若クハ陸軍試験委員ノ試験ニ及第シ、服役中食料・被服・装具等ノ費用ヲ自弁スル者ハ、志願ニ由リ一箇年間陸軍現役ニ服スルコトヲ得…。

前項ノ一年志願兵ハ、特別ノ教育ヲ授ケ、現役満期ノ後、二箇年間予備役ニ、五箇年間後備役ニ服セシム。

「服役」という語は、昭和末期平成初期の現代人にとっては、別のニュアンスをもつ語ではある。

とはいえ、国民皆兵の過去においては、「服役」の語は堂々と表通りを闊歩したのであった。服役という名をもつとはいえ、一年志願兵の制度は、羨ましいほどの短期間であり、好待遇であるといえよう。大正の初期においては、一つの郡に属する各村の中等学校入学者は一般に毎年数名以下であった。その中等学校以上の教育を受け、その服役期間中の食費・被服などを一切自弁し得る者は、かなり裕福な家庭の壮丁であり、一種の優遇措置といえよう。そういえば、一生就職のことを考える必要もなく、「腰弁《こしべん》」(これは明治語の一つ)を冷笑した、明治生れの田舎の長兄が一年志願兵に服し、「軍隊ハトテモ楽ナ処ダ」と、たびたび言っていたことを思い出す。これを思えば、ずぼらな一年志願兵がほかにも多数あったことであろう。ここで、「服役中のやすらぎ」とでもいうならば、明治・大正生れの軍務服役者には、納得のできる新造語といえようか。これがその二つ。

本大系の「軍隊　兵士」篇は、

Ⅰ「近代軍隊構想」　Ⅱ「徴兵令」　Ⅲ「軍紀　風紀」　Ⅳ「幹部養成」　Ⅴ「軍編制・軍事思想」　Ⅵ「軍制改革と統帥権独立」

に大別され、近代軍隊出現をめぐる構想とその実態を逐った本格的な史料集である。なおいえば、明治初期の建軍構想、徴兵制の問題、統帥権独立と天皇の軍隊のことなど、種々の内容の問題を読み取ることができる。これらの資料群はそれぞれ各人にとって、さまざまの感想を懐かせる。徴兵制の問題を例にとれば、そこに徴兵忌避も当然起る。民間に「徴兵よけの神仏信仰」が各村落で堂々と行なわれていたこと、大正十年ごろまで児童であったわたくしにも、思い当るふしがある。「宮参り」とは、武運長久の祈願というよりは、実は甲種合格者のための「籤逃《くじのが》れ」の祈願であった。民衆の知恵は恐ろしい。それはひそかなる抵抗の一つでもあった。なお黒田俊雄編『村と戦争』(桂書房)にみる、富山県庄下村兵事係の告白は、「赤紙《あかがみ》」の見本と共に、実に悲痛きわまりなき貴重な資料といえよう。

二

本大系を粗読し、編集者の指向するところを一応知ったとはいえ、わたくしの「読むこと」の重点は、「漢語あそび」の方向であることはいうまでもない。本書にみえる漢語といっても、四書五経のことば、たとえば、「啓行・張弛・顚沛・櫛風沐雨」などになると、一般通行の漢和辞典を引きさえすれば、すぐわかる漢語である。しかし辞典類には内容がおろそかであって、解決に時間のかかりそうな気になる語もままみえる。まず「漢語あそび」はこの方面のことばに目を向けようとする。

前述のII「徴兵令」の中にみえる「民間の兵制論」に、明治の思想家中江兆民の「土著兵論」を収める。それは、「解題」に説く如く、国際社会の許では軍事力の必要を否定し得ないとし、常備軍を廃し、完全な民兵制を採用すべきことを主張する。大阪の「東雲新聞《しののめ》」(明治二十一年五月)所収。その一部に、

俄《にはか》に吾等の口より兵制の論を発《はっ》するに於ては、…一口《ひとくち》に冷笑《れいせう》せられんことを慮かり絶へて発すること無く、一片の素志《そし》は空しく脳裡に埋《うづ》まりて世に出でざりし。然《しか》るを這回某将軍の言説《げんせつ》する所を聞くに、一雑報の言ふ所にして未だ遽《にはか》に信拠《しんきょ》するに足らず、…万一にも軍旅事《ぐんりよじ》業《げう》の黒人《くろおと》たる某将軍にして是言《このこと》有りとせば、吾等に於て豈愉《ゆ》快極《かいきは》まると称《せう》せざるを得ん哉。(五月十六日)

這回某将軍が土著兵《どちやくへい》の利を説話《せつわ》したる旨趣《ししゅ》は、正に吾等が夙《つと》に挟持《けうぢ》せる兵制論と吻合《ふんごう》せしを以て、昨日一昨日両日の社説《しやせつ》に於て更に土著兵制の平民の主義に適《てき》し経済の旨趣に合《がっ》して、啻《ただ》に強兵の上に利益《りえき》有るのみならざることを論ぜり。(五月十八日)

などとみえ、日を異にして「這回」の語が出現する(○印筆者)。この「這回」について、本書の注に、「這回　その」とみえる。これに従って付訓するならば、「這回《その》某将軍」となろう。しかしこの「東雲新聞」には「這回」に付訓がない。また中国近世語に疎かったわたくしの記憶裡にない語でもある。何と訓むべきか、その語義は如何。梅雨どきのいらいらが起る。

「這―」を冠らせる語がむしろ中国の俗語的用法であることは、この方面を知らぬわたくしもお

ぼろげながら察していた。しかし「這回」となるとわたくしの専門範囲を越える。本書の編集者にとって、「這回《その》」は、当処の文脈に合うかの如き思いを懐かせたものであろうか。確かに「這」は時間場所事物などを指すために、「ソノ」の訓は必ずしも誤りとはいえまい。しかし「這回」が「ソノ」だけでは何としても都合がわるい。ことばの語義未詳のときは、まず多くの用例を収集すべきこと、夙に先師先輩たちより教えられてきたところ、わたくしはこの仕方を今もかたくなに墨守し続ける。このたびのその用例は特に兆民の周辺より求めてゆくことが得策であるが、かなり大部の『中江兆民全集』(全18巻、岩波書店版)を手当り次第にひらくうちに、ほかにもかなりの例をみることは、勿怪《もつけ》の幸いである。その二、三の例を(○印筆者)。

本月一日ノ貴社新紙欄外ノ報ニ由リテ這回大隈伯が伊藤伯ニ代ハリテ外務大臣ノ職ニ登リ再ビ入リテ現内閣ニ列シタルコトヲ承知シ…江湖俊士ノ教ヲ乞ハント欲ス。(「東雲新聞」明治二十一年二月五日(本月一日ノ貴社新紙ノ報ニ由リテ…」)、『全集』14)

這回貴社の一新報を創設《そうせつ》したるを聞き…(『東雲新聞』明治二十一年二月十四日「新民世界」、『全集』11)

這回政論の日刊《にっかん》と成りたるより余の不肖を以て時々之に加功《かこう》することと成れり。(『政論』明治二十二年七月十日「政論の発刊に就て」、『全集』12)

これらの文は、『全集』が厳密な校訂を経ていると思われるだけに——但し校訂者諸子によって、不必要な付訓がある。たとえば、無訓の『一年有半』の如きは、その一例——、もともと「這回」には付訓はなかったとみてよい。新聞紙類に訓のないことは、まず当時の読者はたやすく読めることばであったとみなしてよかろう。とはいえ、やはり「這回」に訓を付したものもまま存在する。たとえば、

小生這回徳島より海岸に循《したが》ふて奥浦に赴《おもむ》き夫れより郷里《けうり》に還《かへ》らんと欲す。（「東雲新聞」明治二十一年八月二十三・二十四日「阿土紀游」、『全集』11）

において、「這回《こんかい》」の訓をみる。また、

要《よう》するに這回の事の如き之を薄《うす》きに失《しっ》せずして之を厚《あつ》きに失《しっ》せり。（「東雲新聞」明治二十三年一月三日「大阪大会《たいかい》に就ての悪《にく》まれ口《ぐち》」、『全集』12）

の「這回」も同じく「這回《こんかい》」とみえる。「這回《こんかい》」は別の語でいえば、「這回《こたび》」でもある。

這回代議士より進入して内閣の首座を占めり。（『国会論』明治二十一年十一月刊、『全集』10）

旧自由党の三派と九州同志会との合同にて止まるならば這回の政党業も大不出来にて天下後世《こうせい》識者《しきしゃ》の笑《わらひ》を免れずと迄に考へり。（「郵便報知新聞」明治二十三年九月七日「旧自由党の三派と九州同志会との合同…」、『全集』12）

の例になると、ともに「こたび」と付訓する。つまり本書にみえる前述の問題の「這回」は、「その」ではなく、「こんかい」(正しくは「こんくわい」)もしくは「こたび」(「このたび」)と訓むべきであったといえる。「回」は、度数回数の意で日本語の「たび」(度)に当る。本書の問題の「這回」の訓義はこれによって解決できる。

このように、「這回」が新聞紙にかなりみえる語であるとしても、この語の出自、その語性などを考えてみることはそれほど簡単ではない。中国語の「這」(zhè)は、一般に「コノ」の意に当る。「今回《こんくわい》」の語が、兆民の、

今回金港堂より発刊《はっかん》せし文覚上人の勧進帳《かんじんてう》は依田川尻両先生の著《ちよ》に係《か》る院本なり。(「東雲新聞」明治二十一年十月十四日「今回金港堂より発刊せし文覚上人の…」、『全集』14)

にみえることは、「今《こん》」を「這《こん》」(コノ)に変えて、ややいかめしく「這回」としたかともまず思われもする。しかし何としてもこの語の出自は文献に溯ることを要する。

「這回」については、近世京都五山の学僧釈大典の『文語解』(明和九年(一七七二)刊)に、

這《コレ》　俗語ナリ…マタ這箇・這辺・這回・這般ト用ユ　(巻四)

とみえ、同じ年に刊行した彼の編輯による『学語編』にも、

今次《コノタビ》　今般　今段　今番　這次　這回　這遭　(巻上、雑語類)

とみえ、何れも「コノタビ」の例である。更に晩年の著『詩家推敲《すいかう》』(寛政十一年〔一七九九〕刊)に、

這ノ度ヒ自知顔色ノ重ヿヲ 白氏俗語、ナヲ這回・今般・今番等ノ語アリ、詩ニ用タルハ未《イマダ》ミズ (下巻「這度」)

とみえる。この「這回」は「這ノ度ヒ」に等しく、和読してコタビ(コノタビ)、音読してコンカイ(コンクワイ)と訓むべきこと、諸例によって正しい。しかし『文語解』・『詩語解』(宝暦十三年〔一七六三〕刊)の説の精粋《エキス》をまとめあげた『詩家推敲』の、「這回」などを「詩ニ用タルハ未ミズ」という発言は果して信ずべきかどうか。まず詩という韻文の面から進もう。語性を追求するためには、韻文・散文を大別し、混同しないことが必要である。

『詩家推敲』に引用する如く、「這度《このたび》」の例が「白氏」すなわち『白氏文集《ブンジュウ》』にみえる以上、同じたぐいの「這回」の例も詩の世界に生きているかも知れぬ。あちらこちらとめくる内に、果して「商山路駅桐樹、昔与二微之一前後題レ名処」(巻十八、1183)に、

笑問中庭老桐樹、這回帰去免レ来無(這回《このたび》帰り去りて来《きた》ること免《まぬか》るるや無《いな》や)

の例をみる。「微之」は、白居易の友人元稹《げんじん》に当る。「今回都へ帰ったら二度と再びこの桐の樹のあたりを通ることはないかどうか」、と桐の樹に笑いながら尋ねる、の意。白詩に例がみえることは、同じ文学集団に属する元稹にも「這回」の例があろう。探し得た元稹の例として、「過二東野一別二楽

天二首」(第二首、1052)の、

自識君来三度別、這回白尽老髭鬚(這回《このたび》白きもの尽《ことごと》く老髭鬚《ろうししゅ》)

が見出されたのであった。元稹のこの詩は、『唐詩紀事』(巻三十七)によれば、死に近いときの詩——「未レ幾死二于鄂一」——、太和三年(八二九)の作。すなわち少なくとも俗語的な「這回」という語は、釈大典のいう如く、「詩ニ用タルハ未ミズ」ではなく、早いところでは、元白文学集団の詩語の一つであったともいえよう。中唐といえば、同じころの詩人盧仝《ろどう》の詩「送三好約法師帰二江南一」にも、

為報江南三二日、這回応レ見雪中人

とみえ、この語は中唐ごろの詩に漸くみえ始めた語ではなかったか。

中唐詩人白居易の『白氏文集』(諸本あり)を愛好するわが中古の承和前後以来——その元年は八三四年に当る——、しかもその中古を頂点として、白詩愛好者は中世・近世にも及ぶ。近世初期の朱子学者藤原惺窩《せいか》(元和五年〔一六一九〕没)も、その一人である。『惺窩先生文集』(序)にみえる、林道春謹状の「惺窩先生行状」によれば、

道円(那波道円)新シク白氏文集ヲ鋟《しん》ス。先生一二巻ノ板《はん》成ル毎ニ、全部ヲ待タズ、先ヅ取リテ之ヲ見テ曰ク、我香山《かうざん》詩文(白香山詩文)ヲ読ミ、其ノ風流ヲ愛ス。偶爾《たまたま》是レ目下ヲ慰悦スベシ

ト……　(原文漢文、括弧内筆者)

とみえ、これについては、「与二道円一」の惺窩の手簡[1]もある。また白詩を愛読することの切《せつ》なる例として、林道春あての手簡(慶長十年〔一六〇五〕)、

白氏新楽府齎来、嘉恵鄭重。蓋楽府而已而止乎。又白氏文全部有レ之乎、復誰某氏筆也哉、次巻竢《マツ》二他日一　(『惺窩先生文集』巻十一)

新楽府一巻、還レ之而以竢二次之冊一、何如　(同)

なども残る。白詩をよく学んだ彼の詩には、「非A非B(非C)」など白詩語とみなし得る語も少なくない。「這回」の例として、

這回何用更拈レ筆、文思詩情付二往還一　(『惺窩先生文集』巻六「子猷尋レ戴図」)

の詩がみえることは、白詩を愛好した一つのあかしかも知れぬ。この詩は、王子猷が興に乗じて夜の小舟で戴安道(戴逵《たいき》)を訪ねてゆき、門前まで来て逢わないで引き返した、『世説新語』(任誕篇)の故事を描いた画に寄せた詩、「這回」は、尋ねて行った今回《このたび》の意を示す。

この「這回」は、以後の近世の詩にも時を異にして現われる。たとえば、京都洛北一乗寺の詩仙堂を新築した近世前期の詩人石川丈山の『覆醤《ふしょう》集』(寛文十一年〔一六七一〕刊。覆醤は、醤油瓶のふたになる意、謙遜語)にも、「訪三木梁上人住二持正法山一」の詩に、

税《ヲロシ》レ駕敲レ門謁二浄筵一、這回邂逅旧因縁　（巻上）

とみえる。また後期の一例をあげると、常陸の人大窪詩仏の『詩聖堂詩集』（天保五年〔一八三四〕刊など）に、「東叡山観レ桜五首」（第一首）に、「這回須レ作二看レ花始一、日日来看到二落時一」（巻四）とみえる。この刊本の訓に「這回《ノ》」と付訓するのは、「這回《この(たび)》」とよませたものであろう。近世の詩に関する用例の追加は、ここらで打切りとする。

前述の如く、「這回」という中唐ごろにみえ始める俗語が、わが国においてすべて白詩のそれによるというだけではない。藤原惺窩の場合は除くとしても、この語が散文の面にも出現し、わが国の中世近世の人士の目につきやすい語であるならば、漠然と何とはなしに記憶されたものともいえる。一語についてのここぞという出典の指摘は文化科学においても正確にはゆかないことが多い。

三

「這回」に関する散文の方面は如何。前述の如く、釈大典は散文のみにみえるというが、唐代を溯る六朝ごろの例はあげず、わたくしも未だ検出していない。しかし「這—」系の語は、唐代を過ぎて宋代に入ると次第に多くの例をみる。特に口語的俗語的文体をもつ『朱子語類』には、朱子の口吻が残り、「這—」の例は随処にみられる。「這箇」（これ、この）、「這裏」（ここ）、「這般」（かくの如き)などは、その一例に過ぎない。『朱子語類』は、弟子たちに対して朱子の言い放った言葉をそのまま当時の俗語に書き留めた問答録といわれ、「這──」系の語は少なくとも宋代という近世語の口語系の語であるといえよう。しかし『朱子語類』の中に、ここで目的とする「這回」の例をすぐには見出し得なかったのは、わたくしの不備、怠慢によるものであろうか。とはいえ、宋代の例として、宋人趙令畤撰『侯鯖録《こうせい》』にその例のみえること、『大漢和辞典』は指摘する。この『侯鯖録』は、子部雑家類に属する書、雑説を収集するために当時の口吻を残す部分が多い。「這回」は宋の真宗と隠者楊朴をめぐる笑話(巻六)の中に現われる。すなわち、楊朴が詩に巧みな者というわけで召されることになり、都に上るに際してその妻の示した詩をあげる。この部分は、『説郛』に未見、『知不足斎叢書』(巻二十二)にみえる。その戯れの詩は、

更休㆔落魄貪㆓杯酒㆒、亦莫㆔猖狂愛㆓詠詩㆒。
今日捉㆓将官裏㆒去、這回断㆓送老頭皮㆒。

である。このたぐいの詩について学力不足のわたくしの恥をさらせば、次の如き意にでもなろうか。「落魄《おちぶ》れて酒を貪《やら》かしたり、猖狂《きちがい》じみて詩作りを愛《やら》かしたりせぬぞ。今日官裏《おかみ》に捉将《つかま》って出立《しゅったつ》するわけなのだが、這回《こたび》は拙者《おれ》という老頭皮《じじいのやつ》を断送《おくりとど》けてやるぞ」と。この詩を知った真宗は笑って彼を山に還したという。但しこれは散文の文中にみえる詩であって、厳密な意味での散文ではない。や

はり散文といえば、宋代の禅宗語録類があり、わが国に盛行をみること周知の如し。続いてこの方面に眼を向けるべきであろう。

禅宗関係の述作は甚だ多い。中でも雪竇《せっちょう》(九八〇―一〇五二)の評唱を門弟が編集した『碧巌録』(『仏果圜悟禅師碧巌録』)は、わが中世室町期に刊行、今日最も流布する本は寛永十七年(一六四〇)刊の「瑞龍寺版」という。門下の筆記した編輯物といえば、前述の『朱子語類』と同じく、当時の口語の頻出することは、十分に予想し得る――明和六年(一七六九)の序をもつ服部天游撰『碧巌録方語解』があるのは、『碧巌録』の性格を物語る――。すなわち「這―」系をもつ多くの語を含むことは、おおまかにいって、「這《しゃ》(zhè)の述作物」といえよう。近世の享保の時代に名をほしいままにした江戸の学者荻生徂徠、その『訓訳示蒙』(巻三)に、「這」について、

　這字ゲンノ音ナレドモコノトヨムトキハ、シヤノ音ナリ、者字ニ同ジ。(○印筆者)

という。「這《しゃ》の述作物」は、宋代に多い。『碧巌録』の例を旧版岩波文庫の訓によって示せば、

　他又人の這裏に執在せんことを怕《おそ》れ、再び方便を著けて高声に云く、這裏還つて祖師有り麼《や》。自ら云く、有りと。雲竇這裏に到つて、妨げず人の為に赤心片片たることを。(巻一、第一則)

　天下の衲僧這般の計較を作す。(巻三、第三十則)

　人皆這箇は是れ極則《ごくそく》の語と道《い》ふことを知つて、卻つて畢竟して極則の処を知らず。(同)

など、「這裏《シャリ》」「這般《シャハン》」「這箇《シャコ》」の例は実に多く、また「這僧《この》」「這田地《この》」「這境界《この》」など、独立して指示する「この」の例も多い。このように「這—」系の語が多いにしても、「這回」の例は必ずしも多くない。やっと見出したのが、

是れ這回のみにあらず、蹉過《すれちが》い了れり、塊《つちくれ》を逐《お》つて什麼《なに》か作《せ》ん……儞《なんち》は這《こ》の僧と同参なり。

（巻五、第四十三則「洞山寒暑廻避」）

であった(新版岩波文庫)。この「不㆓是這回《しやくわい》㆒」の「這回」は、「このたび」(今回)の意にほかならない。因みに『臨済録』の「這—」の例は、『碧巌録』ほど多くはみえない。また『無門関』は、「這」に対して「者《しゃ》」を用いることが多く、「這僧《この》」に対して「者僧《この》」を用いるなど、それぞれ差がある。とはいえ、禅宗関係の語には「這—」系の語が多く、しかも「這回」の例の多くないのは、内容的にみて、「このたび」に当る文脈が比較的少ないためであろう。このような関係からみて、宋・元の禅宗の偈《げ》を集めた『江湖風月集』に、閩中《ビンチユウ》南叟茂和尚の、

頭面に這回都《すべ》て換却す、鳥觜を将《もち》て魚腮と作すこと莫れ　（「化鵬」）

がみえることは、珍しい現象ではない。前の句は、「這回頭《このたび》も面もすべて金色《こんじき》の羽毛に換《かわ》った以上は」、の意。また禅語を修めた越後の僧良寛が文政十一年(一八二八)十二月郷里一帯に起った地震をよんだ詩「地震後詩」に、

凡そ物は微《びょ》自り顕《けん》に至ること亦《また》尋常、這回の災禍猶し遅きに似たり（「這回災禍猶似レ遅」）。

とみえるのも、良寛禅師としてあり得る表現といえよう。

この語は、更に中国白話小説へとつながる。清朝の白話小説『照世盃』を例にすれば、越前の藩儒清田《せいた》儋叟《たんそう》の訳訓本（宝暦三年〔一七五三〕）の、その第一回「七松園弄レ仮成レ真」の条に、

看官們聴二在下這回小説一……（看官們、在下《ワレラ》這回小説《ハナシ》ヲ聴カバ……）

とみえ、「這ノ回ノ」の「回」の左傍訓に「ダン」とみえ、「這回《このだん》」（此の段の意）と訓ませている。訳者清田が「読俗文三条」の中で、

俗文ノ書ヲ訳スルハ句ヲ逐テ訳ヲ施ス。訳ニ定訓正義有テ無シ。

という如く（前述、第三章「経紀の人」参照）、この「這回」は、右の小説では「這回《このだん》」がふさわしかったためにそう訓じたわけである。

更に一例をあげると、浄瑠璃の『仮名手本忠臣蔵』を鴻濛陳人なる者が白話的スタイルで漢訳した『海外奇談』（三冊本、文化十三年〔一八一六〕刊）がある。但しこれは日本人の作とみる説が正しかろう。(2) すなわちわが唐話学者の偽作ということになる。その中に、

這回《コノタビ》奉シテレ命ヲ、就テ二這庫内ニ一拝納セン。（第一回）

這ノ回塩冶判官管待的事、全ク靠ル二我カ指点ニ一、端正ニ這ノ箇《コナタ》在テレ此ニ、款款《オリイツテ》互要ス二判官ノ事事停当《トリキマリ》ヲ一……。

(同)

の如く、「這回」の例をみる(引用は原文のまま)。更にまた白話翻訳小説の一例を示せば、『通俗隋煬帝外史』(宝暦十年(一七六〇))に、

煬帝已ニ駕ヲ回《カヘ》シ、這回《コノタビ》ハ、又薊州《ケイシウ》ノ大道ヲ往《ユカ》ズ。(第八回)
這回《コノタビ》遼東ノ平定セバ、卿《ケイ》ガ功小《スコ》シキニアラズ。(第二十六回)

とみえる。

この「這―」系の語は、俗語小説類のほかに、戯曲類にも出現する。北曲の傑作といわれる『西廂記《せいしょうき》』にも、また南曲の代表作『琵琶記』にも、這系の語は甚だ多く、これも「這《シャ》の述作物」「這《シャ》の文学」と名付けることもできよう。『琵琶記』の「這回」の例を示すと、

〔合《がふ》〕這回好箇風流壻、偏称洞房花燭　(拙訳「這回《こたび》好箇《よき》風流《だて》壻《むこどの》、偏《ひと》へに称《かな》ふ洞房《ふかきねや》の花燭《はなすともしび》に」――J. Mulligan 訳 "His name the golden list; Flowered candles fill the bridal chamber."〔"The Lute"〕――)

という語句が三回繰り返され(第十九齣)、また〔貼《てふ》〕の部分にも一回繰り返される。この「這回」は、「這番《このたび》」(第十七齣)、「這段《このたび》」(第十八齣)などに等しい意をもつが、これらに比べて、やはりそれほど例は多くない。しかしこの「這回」は、戯曲の世界にも生きる。なお鷗外も『琵琶記』の語を抄出

したこと、その『塵冢』(『全集』第三十七巻)にみられる。

以上、詩をめぐる韻文、更に禅の語録、白話小説類、戯曲など散文的なものなどに関して、「這一」系の語の一つである「這回」の語について、かなり多くの例をあげ、その語性その語義などを述べて来た。これ以上の用例は、屋上に屋を架することになるが、なお近世の辞書類について一言しよう。それは、松井河楽撰『語助訳解』(享保四年〔一七一九〕刊)の、

者回《コノタビ》　這回《コノタビ》　此二ツ皆コノタビトヨムナリ。

の如き簡単なものから、延享年間(元年は一七四四年に当る)に成立したという唐語学者、留守友信撰『語録訳義』の、

凡称二此箇一為二者箇一、此回為《ヲ》二者回一。今俗多改用二這字一…祖庭事苑、一曰這当レ作レ者、別レ事之辞、禅録多作レ這…這ハ雅文ノ此字ノ意、箇ハ雅文ノ等ノ字ノ場ニ使フ也　(「這箇」)

の如く、本原に溯って詳しく説く論にも及ぶ。なお右の説をよく読むことによって、「這回」の義は判明するが、更に千手興成の増補の部分に、「這回　コノタビ」(長沢本)とみえる。また江戸末期某人撰『怯里《きより》馬赤《まち》』にも「這回(コノタビ)」(「し」の部)――なお「今回」「今次」(「こ」の部)を「コノタビ」とよむ――とみえ、金内雪窓撰『徒《と》杠字《こうじ》彙《い》』(安政七年〔一八六〇〕刊)にも、

這《ノ》次(コノタビ)　這《ノ》回(上同)　(国会図書館本)

とみえる。但しこれらの唐語的辞書類は、学人として個人的に語彙を収集しようとする傾向が強く、必ずしも民衆一般の便宜その閲読をはかったものとはいえまい。しかしこの語が辞書類に収集されていることは、近世ごろにはかなり一般的な語となっていることを示すであろう。

四

このあたりで、中江兆民の「這回」に戻ろう。彼の使用した「這回」が「このたび」の意であり、『日本近代思想大系』の指摘する「その」の意の当らないことは明白である。しかもなお考察を加うべきことは、この語を兆民がどのようにして知ったのか、これはなかなか興味のあることである。彼が洋学はもちろん、漢学の豊かな学識をもつこと、その諸作品のはしばしにみられる。特に余命一年有半という制限された死の宣告を受けながらも、筆力衰えず、その遺著『一年有半』(明治三十四年九月刊)にも、友人より借用した漢籍類を読み、漢詩文を語る記事が少なくない。当時の「読売新聞評」(九月八日)に、漢詩による書評、

読み来り読み去り幾たびか歎息す、虫声四壁秋風吹く。(原文漢文)

がみえるが、特に残生のわたくしには胸をうつ点が少なくない。兆民の読書は一個人一派の作品に限らず、現代の学識者とちがって実に幅が広く、悪くいえば雑学的な面も多少はある。そこに「這

回」という漢語をどの漢籍によって知ったか、指摘することはむつかしい。むしろ近世の伝統を追う幕末明治の通行語として考えるべきであろう。このように考えると、明治十五年出版の、宮崎夢柳の政治小説『自由の凱歌《かちどき》』の中にも、「這般《こたび》」のほかに、

> 翌朝疾く起き出でて…程遠からぬ土地に住するを尋ね訪ひ、這回《こたび》云々の訳に因りてピトウを連れ参りたれば…　（第四回）

の如き「這回」の語をみる。また幕末明治の粋人、成島柳北（明治十七年没）の文に、

> 然レドモ遊趣ノ清妙ナル、未ダ這回ノ如キハ有ラザルナリ。（「百花園観二秋草一記」）
>
> 雷同ノ二字ハ俗子婦女ノ通癖ナリ、一人島原ノ劇ヲ観ル、曰ク這回ノ演技巧ナリト。（「詰二澀上遊客一文」）
>
> 漁氏西京ニ遊バザル玆ニ五年、這回ノ客中曾遊ヲ回思シ、又細ニ今日ノ情況ヲ観察スレバ、大ニ前日ニ異ナル者有ルナリ。（「ねみだれ髪」、明治十四年作）

など、ここにも「這回」の例をみる。これは筆による明治の通用語となっていたことを意味する。当時においては、この「這回」は、新聞紙などの読者ならば、たやすく理解できる語であったわけである。前述の兆民の兵制論『土著兵論』（明治二十一年）の「這回」もその例に洩れないとみるべきであろう。この小稿は、兆民の「這回」のヨミを正しく知るのが目的であるが、なお「這―」系の

中国語史的なものにも少し触れつつ、この系の語の一つである「這回」のわが国への流入の姿をわたくしなりに考えてみた次第である。いたらぬ点は専門家のご示教によるほかはない。「這──」系の語の使用は、昭和・平成の世にはすでに消滅。禅僧や近世・明治物《もの》の読者のみがこの「這《シャ》」を懐しむのみ。

（1）「道円」は那波道円をさす。「今又新刊白氏文集、巻巻毎ㇾ終㆓上板㆒寄来、誦ㇾ之尤適㆓老懐㆒、何賜加ㇾ之、以謝焉」(『惺窩先生文集』巻十二)

（2） 香坂順一「『海外奇談』の訳者──唐話の性格──」(『白話語彙の研究』所収)参照。

第二節 「除非」のあとさきと

一

わたくしが明治の思想家中江兆民の名高い『三酔人経綸問答《さんすいじんけいりんもんどう》』(明治二十年〔一八八七〕)を始めて読んだのは、やっと昭和五十八年(一九八三)の頃であった。それはスマートな岩波クラシックス版によってであるが、ありがたや、原文に句読点、訓読を付し、親切極まる口語訳、注を加える(桑原武夫・島田虔次　訳・校注)。この作は、現実主義の代表者南海先生、理想主義の代表者洋学紳士、国権主義の代表者豪傑君、この三酔人をめぐる国家の経綸問答である。三人を登場させて論じあう手法は、「解説」にも説く如く、『文選』の「両都賦」(長安・洛陽の賦)や空海の『三教指帰《さんごうしいき》』を想起させる。しかも必ずしもこれらに限定できないことは、『大正新脩大蔵経』(史伝部)にみえる問答体の諸論、たとえば、『弘明集《ぐみょう》』の「牟子理惑《ぼうし》」「釈駁論」、『広弘明集』の「通極論」「二教論」などもその例といえよう。手近なところでいえば、当時洛陽の紙価を貴からしめたという、服部撫松の『東京新繁昌記』(明治七年〔一八七四〕刊)の「学校」の章にも、牛肉屋に逢会した洋学生・漢学生・

国学生の三者が学問について、それぞれの見解を述べる条もある。また、愛媛県平民（京都在住）の松岡彦二編輯の『京都明治新誌』（明治十年〔一八七七〕刊）の「学校取締所」の章に、翁・象胥《ツウジ》（通事）・余（作者）の三者が泰西文明の問題から、牛肉食の論へと移る痛快な記事も、その一例である。このたぐいの討論の方法は、中国には勿論、それを享けたわが国にもみられ、明治びと兆民にとって、親しみやすく便利な技法であったといえよう。

この兆民の採った手法はともかくとして、「漢語あそび」をしようとするわたくしにとっては、原文のみあれば十分楽しめる。そのうち、最も気になった漢語、それは「除非《ジョヒ》」という語であった（ページ数は前述の岩波版）。

(1) 阿非利加《あふりか》夷蛮の民を除非して、余《よ》は皆然らざる莫し（一三九ページ）――アフリカの野蛮な人民をのぞいて、あとはみな同じです（三二ページ）

(2) 君主拠有する所の二三特権を除非する時は、其民主国の大統領に異なる所は唯《ただ》、世々《よよ》相承くるの一事有るのみ（一四六ページ）――君主がにぎっている二、三の特権をのぞくと、民主国の大統領とのちがいは、ただ世襲制という点だけです（四〇ページ）

などは、「除非」の例であって（○印筆者）、「除非」に当るところは、すべて「のぞく（除）」の意に解している――(2)の「唯、」は「、唯」の誤か――。兆民はほかの作品にも「除非」の語を使用す

る。『欧米政典集誌』(明治二十年一月八日刊)所収の、「民主国ノ道徳」の中にも、

ジャンジャックノ書中、其抑揚太過ナル処ヲ除非スルトキハ、極テ採取ス可キ者多シ(「所謂教育ノ解」)

の如く、「除非」という語を用いる。また死期の近いことを覚悟した晩年の作『一年有半』の「附録」にも、

政党とは、上等の瀛車瀛船なり、此等を除非して、一物有ること無し(「善忘国民に告ぐ」)

とみえる。この漢語「除非」は、彼の筆中につねに宿っていたことばといえよう。

「除非」については、以前から中国の詩文などによって、わたくしなりに多少は齧っていた。前述の岩波版に、「除非」を「除く」と注したのは正しい。しかし巻末の「注」の部分に、

「除非」という語を兆民はよく用いるが(本書ではまた一四六頁)、まったくの白話の言葉。兆民の用法は、ふつうの中国語のそれと多少ずれている。(一三九ページの「除非」の注)

とみえるのは、やや気になる点である。普通の中国語の用法と「多少ずれている」とは、どのような意をもつのであろうか。「除非」の「普通の用法」とは何か、兆民の使用法が「多少ずれている」とは、彼独特の意をもつということであるのか、すなわち彼がこの語を誤解して間違った用法をしているのか、など、右の注は疑問を惹起させる。「除非」についての多少の資料ぐらいなら、わた

くしの仕事場の片隅の小さい紙箱に塵をかぶって鎮座まします。やはり兆民の「除非」に先立って、改めてこの箱を開く必要があろう。ここで、右の注を確かめるために、前に後に何かと考えながら進んでゆこうと思う次第。

二

漢語「除非」が兆民の例の如く、「除く」の意であるにしても、わたくしなど素人には、「除」の下に否定のことばかと思われる「非」が加わることはやはり邪魔になる。中国学者はこれを如何に解しているのであろうか。「除非」に関しては、すでに波多野太郎氏撰『諸録俗語解提要』(「横浜市立大学紀要」一二三)が極めて詳細であり、もはやこれ以上は望むべくもない。ただ国文学徒として、多少学び得たことを加えることから出発してみよう。

荻生徂徠の『訳文筌蹄《せんてい》』(初篇。正徳五年(一七一五))は、当時の蘐園《けんえん》学派を代表する訓詁の書である。但し中国側の「俗語」の訓詁に関しては、説くところが少なく、この点においてはあまり参考にならない。しかも経学に対して、一般読者層は俗の世界を好む。中国俗語小説類を愛読することは、わが近世の流行であった。こうした機運を反映してか、備前岡山の学者松井河楽(良直)の著『語助訳辞』(享保四年(一七一九))に、かなり俗語を集めるのは、注意すべきことである。その中に、

除非《タダ》　除非ノ二字ツヅキテ只《タダ》トヨムナリ、即チ只ノ字ノ意ナリ。宋朝諸儒ノ語録ニ往往有レ之、此ノ時代ノ語助ノ類ナリ。（巻下「附餘」）

と述べる。この記事の「宋朝諸儒ノ語録」云々には、まず「除非」の語の在処《ありど》を示してくれる。宋の儒者といえば、一大哲学者朱熹《しゅき》の口吻をそのまま伝える『朱子語類』を想起する――因みに本書については、三浦国雄教授（故吉川幸次郎博士との共著）の甚だすぐれた『朱子集』（昭和五十一年）があり、またほかに宋明研究会による「朱子語類訳注」、『中国文学報』にみる「訳注」も続行中である――。寛文八年版（一六六八）の和訓本を例にすれば、

学者若有二糸毫気在一、必須レ進レ力、除《タ》レ非《ダ》無レ了二此気一、只口不レ会二説話一、方可レ休也。（巻八「総論二為レ学之方一」力行）

今人所三以読レ書苟簡一者、縁下書皆有二印本一多上了。[1] 如二古人一皆用二竹簡一。除《タ》レ非《ダ》大段有レ力底人方做得…蓋古人無レ本、除レ非首尾熟背得、方得（巻十「読レ書法」銖）

の如く、「除非」（タダ）がみえる。但し、これは前述の『語助訳辞』に同じく、訓の生れる根拠はわたくしには依然としてわからない。

寛文版『朱子語類』に少し遅れて出版された書に、徳川吉宗時代より家斉時代まで生存した京都五山相国寺の学僧釈大典（一七一九―一八〇一）の助字に関する諸作、前節に述べた『文語解』（明和九

年刊)、『詩語解』(宝暦十三年刊)、『詩家推敲』(寛政十一年刊)がある。終戦の翌年、昭和二十一年初秋の某日、国文学の研究生として、今は逝《な》き吉川幸次郎先生のいます洛北は北白川、東方文化研究所の経学文学研究室を訪れる。小心臆々のわが青春の身。「助字」の問題に及ぶや、「大典禅師の三書をよく読め」と厳かにのたもう。この間の消息については、『漢語文典叢書』(第一巻)解題参照。釈大典の書は国文学徒にとっては、確かに有益な基本書である。「除非」の項もこの三書にみえる。

その中で「除」の項に、「除非」の例をも説いて、

字彙、除ハ去也…郢調除二非ス和客知一。言下除二去之一則更没上有也。(『詩語解』巻下。「之ヲ除去スルトキハ、則チ更ニ有ルコト没《ナ》キヲ言フナリ」)

という。また『詩家推敲』には、これを訓じて、「除ハ去也ト訓ス…コレヲ除去テハ外ニ何モナキヲ言ナリ」(巻下)と述べる。すなわち「某を除(のぞいては)非(ほかに何もなし)」と解したことになる。これは「除」プラス「非」といった構成であり、つまり「ただそれだけ」「ただ」の意になろう。

また三宅橘園『助語審象』(文化十四年(一八一七)刊)に、

除非《タダ》　非字反語ニナリテ、タダ云々ニ非ランヤノ意ニテ、二字ニテタダト訓ズルナリ　(巻下)

とみえる。これは「非」の意を明らかにしようとして、反語に解する。釈大典の否定辞、橘園の反語は、構成上は必ずしも一致はしていないが、「タダ」(ただそれだけ)の方向は同じ。なお更に橘園

は「除《タダ》　ゼヒトモト訳ス」ともいい、これは文脈の呼吸を示したものといえよう。

しかし「非」については、他の説もある。十九世紀に近い頃の作という前述『諸録俗語解提要』(波多野本)には、あまたの中国の俗語を収める。その中にみえる「除非《タダ》」(下巻)には、多くの用例を加え、「非」についても論じる。その中で、

除非ト除ト同義也。「非」ノ字穏(カ)ナラズ。且ク彼ノ「亦有・尓空」等ヲ双照ノ句ト云云、「非有・非空」等ノ《(ヲ)》双非句ト云ガ如キ、「照」ノ字ニ対スレバ、「非」字ニ払ヒノケル意アリ。故ニ「非」モ「除ク」ノ義ナラン。(句読点、形式など筆者)

と述べる。この「非」に「払いのける」、つまり「除」の義を含むと説くのは、説得力のある説とはいえない。前述の釈大典の「コレヲ除去《(のぞき)》テハ(「除」)、外ニ何モナキ(「非」)」の方が「非」の意がわかりやすい。京都の学僧六如《りくにょ》上人(釈慈周)の講説を編集した『葛原詩話』(後編、文化元年(一八〇四)刊。一四五ページ参照)に、

…ヲ除クノ外ハ知ルモノナシト云義、僧ニ求ムルヲ除テ外ニテハ求メ難シト云意ナリ。除非ヲ「タダ」ト訓ズルㇷ詩語解ニ見ユ。(「除是」。○印原文)

とみえるのも、釈大典説に同じ。しかし「『除《のぞ》』いて外に『非《あら》』ず」は、これは日本人的発想か否か、別の方面より眺めてみなければならない。

前述の如く、『朱子語類』の中の一、二の例をあげたが、「非」については、論じられていない。しかし朱子を敬尊する後人たちは、「除非」の「非」について、論じ合ったことであろう。その一人は、朝鮮の朱子学者李退渓(一五〇一―一五七〇)、その時代はわが中世足利時代に溯る。(2) また李退渓の学説を崇んだのは近世初期の山崎闇斎(嘉右衛門。元和四年〔一六一八〕―天和二年〔一六八二〕)及びその一派である。闇斎は天和三年刊『文会筆録』(巻三)に、退渓の「除非」説をあげる。

退渓集二十…「除非」ハ初メヨリ是レ「只是」ノ意ニアラズ。惟レ其ノ語勢再ビ倒ニシテ、終ニ「只是」ノ意ニ帰ス。松堂看テ「只是」ト作《な》ス。意ヲ文字蹊逕ノ外ニ得タリト謂フベシ。韓・申二友ガ説ク所、亦頗ル此《これ》ニ近シ。然レドモ文ニ沿ヒテ義ヲ求メ、皆未ダ鶻突《こつとつ》ヲ免レズ。其ノ意蓋シ謂フ、那《かの》人工夫ヲ做《な》スコト、大段《おほいに》迫切ニシテ、然シテ後、他ニ迫ルコト勿レト勤ムルハ、則チ可ナリ。此《かく》ノ如キノ人ニ非ザレバ、則チ之ヲ除キテ可也（除ハ他ニ迫ルコト勿レト勧ムルコトヲ除クヲ謂フ） 来論ニ「除是」ト一般ト謂フハ、恐ラク未ダ然ラザル也。(原文漢文、傍訓筆者)

この質問に答えた退渓の説くところは、さすが朱子学者であるだけに、「大段」「鶻突」など朱子語を用いる。但しわたくしの訓みは不十分であるが、「除非」は初めより「只是《ただ》」の意ではなく――「除非初不㆓是只是之意㆒」――、朴松堂の説とはその過程の違うことを述べている。更に「除非」の「非」については否定辞「勿《ナカレ》」の意に解する。しかし退渓の学説をよく採用した山崎闇斎は、

「除非」については、見解を異にする。

嘉按ズルニ、「除」ハ惟也、「非」ハ助辞…近思十三巻ニ載スル程子ノ語中ニ「除是」ノ字有リ。「是」モ亦助辞。朱子語録ニモ亦間々《まま》「除是」「除非」ノ字有リ、唐人ノ詩文自《よ》リ之有リ。

(『文会筆録』巻三、原文漢文)

とみえ、闇斎編『敬斎箴《けいさいのしん》』(付録)にも、「除非」について、「除非那《タダ》人做㆓工夫㆒大段厳迫ニシテ、然後勧㆔他勿レト㆓迫切ナルコト㆒……」云々に続いて、『除』ハ惟也、『非』ハ助辞」と注する。しかし退渓の如き「除非」の語の過程については述べず、結果を示すのみ。

今まであげた例は、「非」に「除」の意のあることを述べる説(『諸録俗語解提要』)は別として、

(1)「除㆑非」(「…勿㆑」ヲ勧ムルコトヲ除ク)

(2)「除キテハ(除)、何モナキ(非)」

に大別できようか。(1)は李退渓の説、(2)はわが釈大典などの説に当る。しかし「除非」の語は中国の出自である。とすれば、むしろこれを学んだ朝鮮の李退渓の(1)の如く「除㆑非」を考えるべきではなかろうか。中国語学者太田辰夫氏の『中国語歴史文法』(昭和三十三年〔一九五八〕刊)によれば、

がんらい二語で、〈…に非ざるものを除き〉という意味から〈…だけ〉と限定することになったらしい。(「連詞」)

と説く見解がある。これによれば、むしろ(1)に近く、「除レ非二……一」となり、漢文法よりみて、この方に従うべきものと思われる。すなわち「除非」に続く語を干支甲乙丙丁の「甲」の符号で代表すれば、「除レ非レ甲」は、甲に非ざるもの(「非レ甲」)を除く(「除」)ことになる。つまり「非レ甲」を更に否定することになり、二重否定となって「甲」のみが残る。やがては「除非」はタダ(only)の訓ともなろう。すでに示した和訓本『朱子語類』の「除非《タダ》」も、このような路を辿った結果でもあろうか。

なお「文学革命」を唱道した一人のうちに、民国の学者胡適[3](一八九一―一九六三)にも、「除非」についての論がある。『胡適文存』(第三集、巻七「除非」)参照。この論は済南における講演「中学国文的教学」の中の「除非」の話であり、これまで中国学者の間で論争のテーマでもあったと見受けられる。この論文は素人のわたくしにはよく理解できぬ。その中に、胡適の友人徐一士の説を紹介した部分がある。すなわち胡適説について、徐氏は、

胡君所以認『除非』是否定的連詞的由来、大約是由於英文的 unless 一字。unless 的意思、可以訳作『除非』…。

と述べ、胡適の説をおおよそ摑む。とはいえ、徐氏の結論は、「除非」を「一個肯定的連詞、unless 是一個否定的連詞」とみなす。しかしやはり胡適は、「『除非』是『否定的連詞』」を主張す

る。そのため、「除非」について、第一式より第四式まで四つに分類し、主として『水滸伝』の例をあてはめて説き、「総之、『除非』是用来否決一件事実的連詞」と述べる。これによれば、もとは「除非」の「非」は、助字ではなくて、「生きた」否定辞ということになろうか。もし然りとすれば、文脈に沿ってゆけば、闇の中にいるわたくし自身に向かって、何かのほのかな燭火の導きがあるかも知れぬ。「除非」がタダと訓める場合があるにしても、「非」とは何を意味するか、これはかなり長文の胡適の「除非説」を読んだわたくしの感想であった。

三

「除非」の語構成の決定的なことは、やはりわたくしの如き者には決定できぬ。しかし中国語である以上、日本的な語序の「某を除いては(ほかに)非《な》し」よりも、「某非《な》らぬものを除いて」の方がよかろう。文脈によっては、前者も後者も「タダソレダケ」の意ともなる。要は出現する「除非」がどのような意をもつのか、その場に応じて考えるべきであろう。唐代ごろの俗語といえば、まず思い浮べられるのは、『白氏文集《ブンジユウ》』である。白詩には二例をみる。その一つは、「朝帰《てうきして》 書寄ニ元八ニ」(0266)に、

除三非奉二朝謁一、此外無二別牽一(朝謁《てうえつ》に奉ずることを除非《ちよひ》して、此外《このほか》別に牽《ひ》かるること無し)

とみえる。朝謁を奉ずるにあらぬことを除いて、すなわち朝謁だけを除いて、そのほかのことは別に束縛するものはない、の意。つまり「此外」は「除非」を説明するのに役立つ。「非」の性格がもと否定を示すことがわかれば、ただ朝謁以外の意となり、むしろここは「ただ除いて」と簡単に考えてよかろう。他の一例に、「感㆑春」(1158)の詩がある。白居易は巫峡を中心とする巴州の春に感じて歌う。その結びに、

除㆓非一杯酒㆒、何物更関㆑身(一杯の酒を除非して、何物か更に身に関せん)

とみえる。一杯の酒を除いて、そのほかは何物《なに》もわが身には無関係——ただ一杯の酒だけが我に関係がある——、の意となろう。なお白居易といえば、友人元稹《げんじん》が思い出される。果して元稹の「相憶涙」(0583)第五句に、「除㆓非入㆑海無㆑由㆑住」(「海に入るを除非しては住むに由《よし》なし」と訓むべきか)とみえ、この「除非」は、元・白文学集団にみえる語ともいえる。もちろん彼等のみに限らない。たとえば、最近日・中間問題となっている王梵志(隋人)の詩にも例がある。彼の詩がすべて同人の作か否かは、説の分れるところ。しかし全体として唐代の詩とみなしても大したあやまちを犯すことにはなるまい。その詩「身如㆓破皮袋㆒」にも、

除非寒食節、子孫塚傍泣　(p. 3211, S. 5641. 詩校注 061)

の例がある。これは寒食の日に先祖の墓に詣でる隋唐ごろの風習を詠む(『三餘偶筆』巻十六「寒食上

レ墓」)。寒食の節ならぬ節を除いては――ただ寒食の節のみは――、子孫は墓塚の傍に詣でて泣く、の意。いずれにしても、文献による限りでは、隋末より中唐頃にはかなりみえる語である。初唐中宗のとき女官昭容となった上官昭容、彼女の詩「遊二長寧公主流杯池一二十五首」にも、「除二非物外者一、誰就レ此経過」(第十首)とみえる。これは、浮世を離れた者を除いては、誰がこの池を通ろうか、物外者除非《のみ》がここに遊ぶ、の意。

わが国の官人が、「除非」をいつ頃から使用し始めたか。律令類に、

除二子孫一之外……(『令集解』巻三六「公式令」)　夫除二不堪佃一之外、別有二常荒田一　(『類聚三代格』巻八「太政官符」農桑事)　除二公田一外、皆悉禁遏、無二復令一レ営　(同)

など、「除…外」(「除いてほかには」「除いては」)の例はあるが、「除非」の例はみえない。なお僧空海の『文鏡秘府論』(北巻)「論二対属一」に、「除レ此以外、並須二以レ類対一レ之」とみえ、この部分は、初唐の詩論を引用したものであるが――小西甚一氏の『文鏡秘府論考』(攷文篇)に、『筆札華梁』もしくは『文筆式』かと説く――、ここにも「除非」はみえない。

わたくしの知る限りでは、元・白詩集伝来以後のころ、当時の官人詩人島田忠臣《ただおみ》の『田氏《でんし》家集』にその例をみる。それは、121「大相《だいしゃう》が『立秋の日に、涼風至るを感ずる詩』に和し奉る」の詩である。「大相」は太政大臣藤原基経、「涼風至」は、『礼記』(「月令」)の「孟秋之月…涼風至」による。

昔も今も変らぬ空より秋立つ日の初秋風が吹き始める、だが、秋の末になると、あの呉江の鱸魚《すずき》(故青木正児博士の説にナマズの一種という)を懐しむ人は少ない、嘗つて秋風の吹くと共に故郷呉江の鱸魚のなますの味を思い出して、はでな官服をかなぐり捨てて、故郷に帰った張歩兵張翰(『世説新語』識鑑篇)だけを除いては——ただ彼のみは別として——、その外のものは紛々として煩わしい俗世間の事にかかずらわされているままだ、の詩の結びに、

除三非鮮服随二鱸膾一、自外紛紛俗納牽　(結句)

という。すなわち「除非」の意を更に次の句の「自外」が充足する。前述の如く、白詩の「除三非奉二朝謁一、此外無二別牽一」は、忠臣の詩句への導入関係を物語るかも知れぬ。

なお「除非」と同じ方向をもつ語に「除却」がある。その一例に、『白氏文集』「山居」(0983)がある。結びの、「除二却青衫在一、其餘便是僧」は、青色の上衣を着た下級官吏らしいことを「除却《のぞけば》」、「其餘《そのほか》」は僧侶そのものだ、の意。忠臣にも、この呼吸を学んだ127「吟二白舎人詩一」があり、

坐吟臥詠翫二詩媒一、除二却白家一餘不レ能　(第一・二句)

とみえる。白居易を除けば、そのほかはとてもとても、の意。なお拙著『古今集以前』(一八九ページ)に、「白家を除却《のぞ》けば餘ることあたはず」と訓んだのは、呼吸を知らぬ当時のわたくしの未熟さを露呈する。ここに謹んで訂正する。

四

平安以降の「除非」の使用はどのようであったか。実は冒頭に述べた中江兆民の「除非」が一般のそれと「多少ずれている」という説を問題とする以上、近世・幕末明治へと急ぐ必要があろう。中世ごろの「除非」の有無については、後生の諸子へ一任しよう。

「除非」は前述の如く、「非《あら》ざる事を除けば」の意に解したい。同時にそこに残るのは、「それのみ」ということにもなり、タダという訓はそこに生れる。たとえば、大田南畝の十八歳の仕業という『明詩擢材《みんしてきざい》』(明和三年〔一七六六〕)は、明代古文辞派の詩の常用語彙を配列した作詩手引書。その巻五に、「除非。郢調タダ」とみえることは、その一例である(『大田南畝全集』第六巻、岩波書店刊)。その『南畝集』(第三巻)の、

(730) 遺草除非風月事、更無㆔封禅似㆓相如㆒　(「南条山人以㆓九日㆒逝…」其八)

(2850) 泥乾豈有㆓窮途哭㆒、天霽除非弱柳垂　(「城南閑歩」第五巻)

の「除非」も、後者は文脈からみて「除非《ただ》弱柳垂る」である。前者は「遺草は風月の事に非《あら》ざる事を除いて、更に…」と訓めるが、これも「遺草は除非《ただ》風月の事」と訓めば、『明詩擢材』の如く、タダを適用すればわかりやすい。また南畝と交際のあった備後(広島県)の菅茶山《かんちゃざん》の『黄葉夕陽林舎

詩遺稿』(天保三年〔一八三二〕刊)の「臨終訣㆓妹姪㆒」の詩にも、

　目下除非《タダ》存㆓妹姪《ヲ》㆒、奈何《セン》歓笑永《ク》参差《スルヲ》　(訓は原文のまま)

とみえる。

幕末の詩を例にしよう。手近なところでは、現在わたくしの住む摂津高槻(高槻市)に、名高い詩人藤井竹外があり、その『竹外二十八字詩』(嘉永七年〔一八五四〕四月刊、以下改版)は、今も賞翫する人が多い——当地の漢学者北村学氏の『竹外二十八字詩評釈』もある——。

　真個東山如㆓罨画《あんが》㆒、除㆓非《スレバ》楼閣《ヲ》㆒是桜花　(巻下「結城氏別業望㆓東山㆒作」)

は、その一例。『評釈』は、「除非《ただ》楼閣是れ桜花」と訓み、「(見渡すかぎり)ただ、たかどのであり、桜花である」と注する。しかしこれは「除非」の本意を誤った注ではなかろうか。やはりその袖珍本『竹外二十八字詩』に、「楼閣ヲ除非スレバ是レ桜花」(下)とみえる如く、「楼閣を除外すれば(楼閣を除けば)これぞ桜花のみ」の意に解したい。また「詠㆑竹、為㆓太田子声㆒」[4]の詩にも、「除㆓非散髪挟琴客㆒、独許清風闌入来」の例がみえる。これは、髪を散らし琴をわきばさむ風流人を除いては、ただ清風が自由に入って来るのを許すのみ、の意であろう。但し風流の客のみが許されて、次の句は否定されるのが「除非」一般の用法。しかし下句の清風も「独許」されているのは、むしろもとの「除非」の用法を誤まったもの、或いは和習的に用いたものといえよう。清人《しんひと》胡震は言う、「除非二字欠レ妥、病在二非字一」と。森春濤の評語に「一結妙甚」とは、「除非」の意が和習化された点に立っての評であろうか。

この「除非」は難点をかかえている。やはり「非」の字の問題であり、むしろ「除却」(却は助字)に変えると、意は簡単である。竹外の、

除二却山僧林鹿一外、許レ吾赤脚踏二青苔一 (「中沢生寒巌居」)

除二却有文君子一外、世間無三物比二漪漪《いい》一 (「哭レ竹並引」其三)

は、それぞれ、山僧と林の鹿、優雅な学徳の人(竹をさす)を除くほかはの意で、「外」の有無に拘らず意味の誤解は起らない。また「除二却酒銭詩巻一外、嚢中唯有二落花塵一」(「三月十七日…東山賞花…得二八絶句一」其八)も、「酒銭と詩巻を除いては、ふくろの中には落花の塵があるのみ」、といった意で、問題はない。

しかし竹外の詩には、「除却…外」を「除非…外」とした例もある。

除二非蘿《ら》蔔《ふく》蔓《まん》菁《せい》一外、唯有二吹沙三寸魚一 (「中村興業…至二其家一、家在二比良村一四首」其三)

これはその例であって、大根やかぶらのほかは、ただ砂を吹く三寸の魚のハゼがあるだけだ、の意で、これは「除却…外」も「除非…外」も同じものとみなした句法といえる。このように進むと「除非」の「非」が何であるか、問う必要もあるまい。これは竹外の例のみに限らない。『明治百

二十家絶句』(明治十六年〔一八八三〕刊)にみえる、「籬菊花開、偶賦」(岡本黄石)の、

除二非隠逸此花一外、何物向レ我顔色佳(隠逸者陶潜の愛した此花《きくのはな》を除いてほかには、菊の花だけが……)

もその例である。「除非…外」は「除却…外」と同じ意に使用され、もとの「除レ非」の否定詞「非」のことはすでに忘れられている。

資料を変えて、中国白話小説類の和刻本訓訳の二、三を眺めてみよう。その一つに、前節に述べた、清田《せいた》儋叟《たんそう》施訓の『照世盃』がある。その巻三「走二安南一玉馬換二猩絨一」は、安南との交易地広西の市に安撫使となった杜景山を中心とした異国趣味の話である。その中に、

杜客長你若要二収買一、除非《タダ》預先到二捕儺人家一定了…。

とみえる。「猩絨《しょうじゅう》」は、猩々の血の色のように赤い絨緞ではなく、猩々の毛皮の絨緞をさすかと思われる。右の一句は、「杜客どの、あなたがもしそれを買いしめようと思うなら、除非《ただ》あらかじめまず捕獲人の処に行って約束して置かれよ」の意であろうか。「除非」はそれ以外の何ものでもない意から、ただそれのみの「タダ」と訓んだものであろう。「除非」の訓は一つではないが、ここで「タダ」と訓んだのは、本文の文脈によく合っているためであった。従って他の訓も時によっては変わる。所謂『小説三言』の一つ、岡白駒訳『小説精言』(寛保三年〔一七四三〕序)の中にも(巻二)、

孫寡婦又想了一想《シテ》道《ク》、除非《ホカナシ》《ナリ》明日教《シメ》二張六嫂依レ此去説《イハ》一…。　若要レ不レ知、除《ホカナシ》二非莫レ為。（訓の採用は必要の部分のみ）

の「除非」について、「除非ナリ、ホカナシ」と訓む。更に「訳義」の項に、

除レ非二如レ此如レ此外、無二復可レ為ト云。起頭ノ二字ヲ切タル辞也。故ニホカナシト訳ス。又ドフシテモト看テ通ズル所アリ。義ハ一也　（巻二）

と述べるのもこれに同じ。

森鷗外など当時の書生らの青春の血を沸かせた『肉蒲団』（宝永二年〔一七〇五〕序）にも「除非」の例は少なくない。和訓本に近接しつつ一、二訓読文によって示そう（不必要な訓は省略）。

(a)　若し套を脱せんと要せば、除非《ゼツヒ》姦淫せざれば則ち已《や》まん　（巻一、第二回）

只一着有り、除非《ゼヒトモ》女児を把りて、交託して他《かれ》に与へよ　（巻一、第三回）

(b)　千方百計他が淫心を引動するに除《ヨリハ》レ非《セバアラザルヲ》、又要《つまり》他が丈夫の在らざるを伺候《うかが》ひて、方纔《そこでそろそろ》に以て手を下すべし　（巻二、第六回）

の如き例をみる。(b)の「除レ非」の左傍訓に「ヨリハ」とも訓む（「方纔」は二五〇ページ参照）。また すでに第三章に引用した白話小説翻訳本の一つ『通俗繡像新裁綺史』を例にすれば、その第三回に、開花した娘を売ろうとするくだり、

(c)　ワレ《(王美)》ニ客ヲ会《アハ》サント要《ヲモヒ》玉ハバ、除《タダ》ワガ親生爹媽《ウミノチチハハ》ニ見《マミヘ》…九媽《(王九媽)》這　主《コノイッカト(ノ)》ノ大財《ヲヲカネ》ヲ得《ウル》ヿナレバ、
心中ニ一ツノ計《ハカリコト》ヲ生《ナ》シ、金二員外ト商　議《シメシアハセ》、モシ他《カレ》ヲ成就《テニイレ》ント要《ヲモヒ》玉ハバ、除非《タダタダ》如此々々《カヨウカヨウ》ニ
ナシタマヘトカノコトワケヲ語《カタ(リ)》ケレバ…　(句読点、括弧内筆者)

にみえる「除」「除非」は唯一を意味する「タダ」の意。また(b)に近い一例として、幕末明治の流行作家服部撫松『新編東京繁昌記』がある。(5) その中の「鹿鳴館　附舞踏会」の章に、そこを通りかかった田舎者の寒士と車夫とのやりとりの一部に、

車夫相顧《テ》笑道《ヒ(い)フ》、此非《ハズ》二私邸《ニ》一。貴賤共同、開《ク》二宴会《ヲ》一処也。寒士道《フ》、果　然《シテ》則《ラバ》冀《チクハ》　僕亦《モ》与焉《(あづ)カラン》。
車夫道《フ》、勿《レ》吐《ク》二胡言《ヲ》一《バカヲイウナ》。建二築《スル》　此館《ノヲ》一者《ハ》、朝野《ノ》紳士也。除《ヨリハ》レ非《ル》レ有《スルニ》二　紳士《ノ》資格《ヲ》一、不レ許レ入《ルヲ》二此館《ノニ》一。吐《(し)ッ》
去《レ》々々…。

とみえる。「除非」云々をもとの訓点に従って訓めば、「紳士の資格を有するに非《あらざ》る除《より》は」となるが、紳士の資格のある者だけ(者のみ)の意となり、(a)・(b)・(c)の訓も結局は同じことになる。更にいえば、幕末明治の詩人森春濤の「読二詩話雑著一触レ緒成レ篇三十首」の中に、

除二非《シテ》　執拗《ノ》王安石《ヲ》一、不レ見吟人作《ノ(な)ルヲ》二　大官《ト》一。

とみえるのは、「王安石を除いては、除いてほかには、ただ王安石のみは」の意が「除非シテ」の意であり、簡単にいえば、「除非」は「除却」「除外」の意ともなる。方面を変えて、禅の語録『景

徳傳燈録』（宋景徳元年〔一〇〇四〕成立）を例にすれば、その巻十二「前福州雙峯和尚法嗣」の条に、

除非知レ有、莫二能知一レ之　（『国訳一切経』―「除非《ただ》有ることを知れば、能く之を知ること莫し」）

とみえる。これは巻十四「潮州大顚和尚」の条に多くみえる、「除レ此外…」「除却」と異なる点はない――なお平成三年に出版された『禅語辞典』に、「除非」をめぐる「除非是」「除是」「只除是」「除却」などについて、詳しい説明がある――。以上の煩わしい諸例によって、最初に疑問を提示した中江兆民の「除非」の用法に対する注者の見解の判断、すなわち「ふつうの中国語のそれと多少ずれている」の当否が次第に明らかになってくるであろう。

五

幕末明治の文献にみえることばの中に、もと漢語であったものが飜読されて新しい流行語となる場合が多い。しかし同時にその飜読は作家一人のみに止まる場合もある。その一端は拙稿「詩文の習気」（「文学史研究」32、及び本書第二部第四章「日本文学における和習」）参照。「除非」をめぐる一類として出現した「除クノ外」もその一例。濹上漁史成島柳北は、周知の如く幕末明治の粋客。依田学海の『柳北全集序』の冒頭に、「亡友成島柳北奇二於才一、而艶二於文一者也」という。柳北主幹の雑誌『花月新誌』が当時の若人たちの文学ごころを如何に煽り立てたか、鷗外の『雁《がん》』に登場する書生

らの愛読誌の一つであったことによっても知られるであろう。その第十一号所載「詰二濹上遊客一文」に、

我ガ濹上桜花ヲ除クノ外、猶遊客ヲ延《ヒ》クノ花卉有リ、曰ク蠡実《ハナアヤメ》ナリ、曰ク胡枝《ハギ》ナリ（明治十年五月二十九日）

の如く、「除クノ外」の例がみえる。この文は、隅田川のほとりの桜を俗子婦女が雷同して見物に行くことをなじる文章であるが、「除クノ外」は、除外する意。但しわれわれの現在の言語感覚をやや外れる。

また福沢諭吉の文にも、

山水の風景を除くの外、口を放て外人に誇る可きものは特《ひと》り此日光芝の建築あるのみと云ふも可なり（明治十一年刊『福沢文集』「日光、芝、上野の事」）

とみえる。彼の『福翁自伝』には、これを崩して、

返す〴〵も愧かしい事であるが、酒の事を除て其外になれば、私は少年の時から宜い加減な摂生家と云ても宜しい（明治三十二年刊「老餘の半生」）

と述べる。これは、「除くの外」をやや口語的にしたものであり、また「之に達せんとして勉強するの外、妙案なるが如し」（明治三十年刊『福翁百話』）には、「除いて」は省略しているが、「除くの

外」をやさしくした形といえよう。これを逆にいえば、「除くの外」にはやはり「固さ」がある。これは同時に文語文にふさわしい。

こうした固い語が生れたのは、当時の学者たちにも責任があろう。慶応四年(一八六八)刊『英文熟語集』の序文にみえる、

方今英書ヲ読ムモノ日一日ヨリ多シ。然ルニ世字典ニ欠乏ス。英和対訳袖珍辞書ナルモノハ、世人ノ能ク知ル所ニシテ、初学必要ノ書ナリ。此ヲ除クノ外ハ、絶テ捜字ニ供スルモノナケレバ、英書ヲ読ムモノ所謂前詞付キノ働辞、組立ノ副辞等ナルモノニ至テ頗ル困苦ス。(小幡篤次郎・同甚三郎纂輯。句読点筆者)

は、その一例。また中村正直訳『西国立志編』に、

礼氏《レイノルツ》ノ理論予レヲシテ深ク自《ミ》ラ脩ムルノ心志ヲ激勧セシメタリ。倍根《ベイコン》文集ヲ除クノ外コレニ及ブ者ナシト云ヘリ。(第十二編(十七))

とみえるのも、その例である。中村正直と共に明六社の同人であった津田眞道の「廃娼論」にみる「過ル所ノ宿駅数十逆旅数百千、而シテ埼玉県下ヲ除クノ外、逆旅大抵娼家ニ非ルハナシ」も、同じ口吻である(「明六雑誌」第四十二号、明治八年十月)。また『西国立志編』と同じたぐいの書に、千石華洲訳述『米国富豪伝』(一名『事業家立志編』、明治二十九年刊)にも、

今や僅々三名を除くの外は、皆悉く悪疫に感染せざれば則ち避遁せり。（第一章）

とみえる。

この句法は、なお一般雑誌、小説類にも及ぶ。わたくしの家にはわずか二十数冊しか残らないが、雑誌『風俗畫報』がある。最近複製本が刊行されたという。江戸の錦絵風の色刷り表紙に口絵もあり、論説より始まって、人事門・言語門・飲食門・服飾門・動植門・遊芸門・歌謡門・地理門・災異門などがあり、号によっては、土木門・器財門なども加わり、諸国の景況にはことかかぬ。明治風俗の芬々《ふんぷん》たる香はこの画報に漲る。その中に論説「都の錦」がみえ、

以上叙述したる所は、東京を装飾せる一種の錦繡なり。此の如きの錦繡は桜花楊柳を除くの外、果して十分に誇るに足るべきか。（三六二号、明治四十年四月発行）

と述べる。また明治開花期小説の一つ、少年教師と少女の恋を述べた『惨風悲雨世路日記』（菊亭香水、明治二十年刊）にも、例がみえる。

卿ヲ除クノ他、本校豈亦タ斯《カク》ノ如ク出精夙ニ上校スルノ生徒アランヤ。真ニ卿ガ平素ノ勉励、遠ク衆生徒ノ及ブ所ニアラザルコトハ、予ノ深ク信ジテ疑ハザル所ナリ。（第一回。句読点筆者）

固ヨリ妾ガ事《ツカヘ》ヲ以テ、一生ヲ共ニセント願フモノハ、特《(ひと)》リ師ノ有ルノミナリ。師ヲ除クノ他ハ、五大洲中全地球又一人ノ有ルニ非ラザルナリ。（第八回）

やはり文語体なるがゆえに、このやや堅い「除くの外」「除クノ他」が流行したものと思う。堅いといえば、法令規制類にもみえる。明治四年の青森県の禁令の一部に、

已来郷村社祭事ヲ除クノ外、市村ニ於テ右様之儀無レ之様可レ致候事　（「八月十三日、虫逐ヲ禁止候事」。『日本近代思想大系』20「家と村」）

とみえ、「旧民法草案人事編理由書」（第四章婚姻）の中にも、

第四十二条。夫ノ失踪ニ原由スル離婚ノ場合ヲ除クノ外、女子ハ前婚解離ノ後四个《か》月内ニハ再婚ヲ為スコトヲ得ズ。

第六十五条。婚姻ノ故障書ニハ、故障者ノ身分ト、尊属親ヲ除クノ外故障ヲ為ス法律上ノ原由トヲ明記シ、…之ニ違フトキハ其故障ハ無効トス。

など、その他の例をみる。また中江兆民の「民主国ノ道徳」（明治二十年一月八日発刊、雑誌『欧米政典集誌』所収）に、

苟モ一時邪慾ノ為メニ惑乱セラルルノ時ヲ除クノ外、中心ニ職分ノ当ニ尽スベキト責任ノ当ニ履《ふ》ムベキトヲ知ラザル莫《な》シ。是レ他無シ、夫ノ理義ノ念有ルガ故ナリ。（第一章、第十二号。『中江兆民全集』8）

とみえるのは、内容にふさわしい文体をもつためである。法令といい、雑誌類、小説類といい、

「除くの外」は、富士山に月見草の如く、この種の明治の文語体によく似合う句であったといえよう。

文体はやさしい方向へと進むのが一般である。中江兆民の語り草を綴った幸徳秋水著『兆民先生』(明治三十五年刊)の一文を原文のままで示すと、

○支那の文人詩家、唯だ杜甫のみ真に困窮せり、彼七歌の如き、人をして酸鼻せしむ、然れども其他甚だ苦しめる者なし、彼の窮を愬ふること彼が如きの韓愈すらも、猶ほ妾を蓄ふるの余裕を有せしにあらずや、……　(第四章「議員と商人」)

の例がみえる。この文章には何の変哲もなく、そのまま読める。しかしこの『兆民先生』のもとの種本といわれる『兆民先生行状記』になると(明治二十六年の項)、前述の一文は、「文人詩家、杜甫を除くの外は…」とみえるが、『兆民先生』に於ては、この「除くの外は」をやさしく改めて、「唯だ杜甫のみ真に困窮せり」とする。尤も『兆民先生』に、「予は既に商人たり、詐偽と盗賊を除くの外は、為さゞるなけん」「先生は真に商人たらんとする者なりき、詐偽と盗賊を除くの外は、為さゞるなきを希ひたりき」(第四章)とみえることは、前述の「唯だ杜甫のみ真に困窮せり…」の文が一つの試み、いわば兆民・秋水らのいう「漢文崩し」の試みをねらった一例とみてもよかろう——「漢文崩し」に関しては、第二部第四章「日本文学における和習」参照——。

「除くの外」をやさしい表現にしようとすれば、いろいろな表現が可能である。前述の福沢諭吉の「老餘の半生」もその一例であるが、宗教家綱島梁川の『病間録』にみえる、

此くの如き感情を外にしては、自然に生命ありや否やの問題は、つひに解き得らるまじきなり。(明治三十五年一月「宗教的真理の性質」)

さはれ彼れの所謂神は、是くの如き義務の与法者として、若しくは道徳成立の一要件としての存在以外に、如何程の意義をか有する。(明治三十七年四月「禅思録―心情の宗教―」)

なども、「除くの外」などに比してわかりやすい。

森鷗外は、「除くの外」の代りに、やさしく「除く外」を使用する。その『澀江抽斎』(大正五年〔一九一六〕、『全集』第十六巻)の中の、

路の行手の東北地方は、秋田の一藩を除く外、悉く敵地である。(その八十一)

数学を除く外、一切の科目を温習せずに、只英文のみを読んでゐる。(その九十七)

などはその例である。また『北條霞亭』(大正六年、『全集』第十八巻)にみえる、

此羽生《はにふ》の遊《いう》を除く外、わたくしは事の此年に繫《か》くべきものを見ない。(その十四)

も、その一例。『伊澤蘭軒』(大正六年九月了、十二年刊、『全集』第十七巻)の「その百四十三」にみえる、霞亭『渉筆』を引用した項に、「幽僻荒涼、除読書外無二一事一」とあるが、鷗外は、「読書を除

く外…」と暗に訓んだものかと思われる。明治九年の『朝野新聞』の投書に、

而シテ其中才識学術有ルノ人無キニ非ズト雖ドモ、之ヲ除ク外多クハ愚人ニ非ズンバ則チ不正人ナリ。（「宗教論ノ続」。九月三十日、十月一日）

とみえるのもその例であるが、時代的な差はない。しかも「漢文崩し」が行なわれると共に、「除くの外」よりも「除く外」が勢力を占め、明治・大正と元号が変るにつれ、「除くの外」は古い文体とみなされるようになったものと思われる。しかし現在では「除く外」も、漸時姿を消し、

純一な望郷心と日常の慾望を充足すること以外には、なんの想い煩ろうこともないようにみえる。（高杉一郎『極光のかげに』「密林の旅」）

休む時以外は、風景も樹木もなにも見ず、ひたすら見るものは、ひと足先を行く、引いてくれる人の脚だった。（幸田文『木』「杉」）

など、「以外には」「以外は」が──前者は平成三年（一九九一）、後者は平成四年刊──一般化する。

六

同じようなことを繰り返して結びとしよう。近世の「除…外」の古い一例として、林羅山の師藤原惺窩《せいか》の『惺窩先生文集』（巻四）に、

満庭芍薬絶二比倫一、白白紅紅相映新。無頼国家賢宰相、除二斯花一外更何人。（「太守浅氏庭前芍薬」）

とみえる。これは紀州侯浅野幸長邸に咲き誇る紅白の芍薬の花を詠じた詩、慶長十一年（一六〇六）の作であること、林羅山の「惺窩先生行状」による。この無遠慮な藩主賢君よ、この芍薬だけは君のもの、それ以外には誰も自由に賞美し得るものはないの意。この「除…外」は「除却…外」の場合も同様である。たとえば、菊池五山の『五山堂詩話』（文化四年〔一八〇七〕刊）の散文の部分に、「桐生詩人除ノ二淡斎ヲ一外、有二井文房字穎父一、号二雨亭一」（巻四）とみえ、同じく「近読二如亭《(柏木)》貧居一云、貧居除二却スルノ吟哦一外、一淪《(いちやく)》清泉学二老盧一…」（同）の例もあるが、「除…外」「除却…外」ともに同じ。これを簡単にすれば、前述六如《りくによ》上人の詩集『六如遺編』（文政六年〔一八二三〕刊）に、

唯除二林表孤峯色一テ、二百年来事々新　（巻上「春日雑詠」十首中の第七首）

箇是太平豊楽図、此楽除二却シテ田家一無　（巻中「農夫詞」）

とみえ、「除」も「除却」も、同じことになる。即ち「除…外」「除…之外」の一類である。更にむつかしくいえば、「除非…(外)」に同じ。「除非」はもちろん中国語(chú fēi)である。「除非A」はAに非ざるものを除く、Aのみは除外されない、ただ残るのはAのみということになる。ただ訓読の場合は、次の句との関係上、どちらがふさわしいかは作者各人の自由である。晩唐詩人陸亀蒙の

詩を例にすれば、

除非浄晴日、不レ見二蒼崖巓一　（「引レ泉」）

は、わたくしならば、晴れた日を除非《のぞ》いては、蒼い山はみえない、と訓むであろう。また、

除非紫水脈、即是金沙源　（「以二亀公泉一献二大諌清河公一」）

の場合は、紫水脈のみが即ち金沙源だ、の意に訓もう。

更に一例をあげよう。幕末の粋人寺門静軒の『江戸繁昌記』が以後の繁昌記物のさきがけをなしたことは周知の如し。その中に、日蓮宗を尊信する妓女、浄土真宗の相手方を拒否するくだりに、

妓道、去々々、勿レ為。除非要レ収、君須レ改二宗旨一。（第五篇「千住」）

とみえるが、「東洋文庫本」（平凡社刊）には「除非」についての何らの訓注もない。これについて、「原本現代訳本」（教育社刊）に、「もし、受け取ってくれないというなら、宗旨を改めて下さい」と訳するのは、全く「除非」の意を誤解する。『新日本古典文学大系100』（岩波書店刊）に至って、「除《た》非《だ》」と訓んだのは、始めて正しい訓みが生れたといえよう。この「タダ」は、前述の『肉蒲団』の和訓本に従って、「ゼッヒ」（是非）と訓んでもよかろう。訓は文章の解釈でもある。

ながながと続いた「除非」の考、冒頭の『三酔人経綸問答』に戻ろう。既に示した、

(1) 夷蛮の民を除非して、余は皆然らざる莫し。

(2) 二三特権を除非する時は…。

にみる「除非」は「除外する」意。「校注本」に「のぞく」と口訳する。しかしその末尾の「注」に、再三述べた如く、「ふつうの中国語のそれと多少ずれている」とあるのは必ずしも万全とはいえまい。ここに「ふつうの用法」とは何か、これをわたくしなりに追求しようとして「逍遥」し、かなりゆらゆらとゆらぎ廻ったのである。注者の「ふつうの用法」とは「除非」をタダの意と思いこんだのであろうか。「除非」が「除ク」「タダ…ノミ」と同じ意になることは、幾度となく例を示したわけである。中江兆民は「ふつうの用法と多少ずれている」のではなくて、「ふつうの用法」の一つに従ったまでであり、少しも変った用法とはいえないことになろう。一つの注に不審を懐き、これにこだわり、更に「非」をも問題にしつつ、「除非」関係のことばをあれこれと考えてみた「翁の繰り言」、このあたりで結びとしよう。(6)

(1) 「縁下書皆有中印本多了上」とする方がよかろう。
(2) 阿部吉雄『日本朱子学と朝鮮』に詳しい。
(3) 胡適の「文学革命」については、故増田渉氏の『中国文学史研究——「文学革命」と前夜の人々——』(昭和四十二年七月刊、岩波書店)参照。
(4) 友人太田子声《しせい》のために作った「詠レ竹」の詩。
(5) 山敷和男氏紹介の自筆稿本による。『論考服部撫松』、「『新編東京繁昌記』と自筆草稿」(『中国古典研究』

第二十五号）参照。

（6） 幕末明治関係の資料、雑然たるわが仕事場の中に現在探し得ないものもあり、引用文の誤記のあらんことを危惧する。

第二部　漢語の受容と展開

第一章　上代詩歌に見る漢語的表現

第一節 「残」を中心として

一

最近、漠然と、近世漢学者達の詩話詩論を読むうちに、漢語特に詩語の字義に関して注目すべき説を含むことを知る。それらを試みに検討するうちに、採るべき点が多々あり、萬葉研究もあまたの『萬葉集』注釈書の類のみに限らぬ、といったことを遅蒔きながら覚る。今般は「残《ざん》」(cán) という語を中心として、あれこれと述べてみたい。

六日。雨やみ日うらゝかなり。上野に遊び残花をみる。根岸におもむき中根香亭を問ふ。香亭の庭にいと大きなる桜あり。花は末なれども風に散りかゝる姿また一際の風味あり。(『学海日録』明治二十三年四月)

長らく太陽見ませんが、各地の皆さんいかがです？　残りの雪と梅が香の列島いまが春寒だ。

(平成二年二月二十七日『朝日新聞』夕刊「素粒子」)

前者は明治の粋人にして漢学者、依田学海の日記の中の「残花《ざんか》」、後者は軽い新聞記事の「残《のこ》りの雪」の例、共に「残」を頭にいただくことばである。学海の「残花」は、風に散る春の末の花を指すが、そこには桜見物という気晴しがあり、現代人のいう単なる「残る花」「残りの花」ということになろう。翌七日の彼の日記にも、墨水《すみだがわ》の風景として、「酔舞の狂影掃つて迹《あと》無く、満園の新緑に残花を見る」(第三・四句)と詠み、また九段坂を上った付属地あたりの桜について、「こゝには一重桜の残れるありて、風にはら〳〵散るはいとよし」とみえるのも、残る桜の風情を玩ぶのが中心であり、残る花のあわれさについては述べてはいまい。後者の文は文章としては締りがないが、それはそれとして、「残りの雪」の背後に詩語「残雪」を意識したものではなかろう。すなわち今のわれわれがもつ「残」の語のイメージと一般《おなじ》。しかし日本の古典、特に上代以来の漢詩関係の古典を抜《ひら》くとき、「残」が単に現代語の「ノコル」の意のままでは解しきれないものを含む。これについては、やはり近世学人たちの説がわたくしの心を深く引き付ける。しかもそれまでにはかなり長い過程を経なければならない。「牛の涎《よだれ》」と自称する長談義。お許しあれ。

二

「残」という字は、上代びとのよく利用した原本系『玉篇』、まずこの字書を繙く必要がある。しかし遺憾ながら現存残巻にこの字を欠くため、その抄出本である空海撰『篆隷《てんれい》萬象名義』を借用すれば、

(a)「残」――在安反。悪、(也)[歹+月]字、(也)（参考『玉篇』の佚文『浄土三部経音義集』巻二「悪也、或作レ[歹+内]」）

(b)「[歹+月]」――在安反。賤字、(也)禽獣所レ食餘、(也)多殄(殄)字古文、(也)絶、(也)盡(、)(也)

となる――、印は「也」に当る。括弧内は筆者。なお「絶、盡」は「絶、(也)盡、(也)」に同じ――。このうち注意すべき訓詁は、後者(b)にみえる「禽獣ノ食スル所ノ餘ナリ」である。これは原本系『玉篇』が「説文」を引用した部分と推定されるが、残肉(餘《あま》り肉)の意。すなわち「残ること」は「餘ること」でもあり、そのまま現代語にも通じる――なお現代語にみる両者の差については、「ノコルとアマル」(『平凡社選書47 ことばの意味』)参照――。試みに原本系『玉篇』にみえる「餘」の訓詁を引用すれば、

与居反……爾雅、列(烈)ハ餘也。方言、晋・衛之間、謂レ餘曰レ列(烈)、郭璞曰、謂二残餘一也……王逸曰、餘ハ他也。説文、餘ハ饒也……（原文漢文）

とみえる。「餘」は「残餘」でもあり、「饒」(ゆたかなこと)でもある――原本系『玉篇』に、「饒」について、「野王案、広雅、饒ハ多也、謂二豊厚一也……説文、饒ハ飽也。広雅、饒ハ益也……」と

記す――。ものがノコルことはアマルことでもある。しかし両者の本来の意義は必ずしもそうではなかった筈である。ここで平安字訓字書である『類聚名義抄』(観智院本)を例にすれば、それぞれ、

「残」(法下)――ソコナフ　アマル　ホロフ　ノコル　ノコス　ノコリ　(取レ要)

「餘」(僧上)――アマル　アマス　ノコル　ノコリ　(取レ要)

とみえる。「残」に「ソコナフ」を第一にあげ、「餘」が「アマル」を第一にあげることは、それぞれ第一義を示すものであり、しかも末尾に「ノコル」系の語を両者が配列することは、「残」すなわち「餘」も成立することを示す。『大漢和辞典』は「餘春」について、「晩春をいふ。残春」と注する。「餘春」が「残春」となり得ることもあろうが、然らぬ場合もある。これは当然のことであり、このあたりに生きた「漢語表現」のもつ面白さが存在する。かりに『大漢和辞典』の述べる如く、「餘春」が「晩春」「残春」に置き換えられるにしても、「残」と「餘」の間には基本的な問題が横たわる。こうした問題は、やはり近世びとの説く処を聴くべきである。

京洛の伊藤仁斎と「学」を東西に二分したという江戸の荻生徂徠、その『訳文筌蹄』に、

「残」――ソコナフナリ。人ヲ殺シ人ヲ刑シ人ヲ傷クルヲ云フ。国残《ソコナハル》ト云フハ半《はん》ツブレニナリタルコトナリ。残賊凶残ナドハ大悪人ヲ云フ。(巻三。句読点筆者)

「残」――ノコルトヨミテ餘剰ノ字ト連用スレドモ、アマリテノコル意ニ非ズ。モトソコナハ

ル、ト云フ字ナリ。残欠残敗ノアマリノ僅カニノコルコトナリ……又和語ノノコリ多キ残念ナドハ皆恨字ナリ。(巻三、同)

とみえ、「損《そこな》ふ、損はる」が本義という。これに対して、「餘」については、

「餘」――ミチアマルニモ残ノ義ニモ餘外他餘ノ義ニモ用ユ。ヒロキ字ナリ。閏ハ月日ノアマリナルノユヘ、閏ノコトヲ閏餘ト云フ……又緒餘ハモノ、ハシ、ハヅレノコトナリ……　(巻三、同)

と述べる。これらの説によれば、「残」は、「餘って残る」よりも、むしろ損なわれて残る、残敗、残欠、残衰などの状態が本義に近いといえよう。

この「残」について述べたものに、六如上人《りくによ》(釈慈周)の『葛原詩話』がある。これは周知の如く、「葛原」は入洛後住んでいたことのある洛東祇園社の南にある真葛原《まくずがはら》を意味し、詩語のノートとして名高い詩話の書である。天明七年(一七八七)刊。「残」(巻三)について、

「百花残《ス》」「春已《ニ》残《ス》」、残傷ノ義ナリ。又餘ノ義トナス。杜詩ニ「猶残《ス》数行《ノ》涙、忍《テ》対《ス》百花叢」……元ノ趙雍ガ詩ニ「芳艸萋々春寂々、東風吹《キ》堕《ス》落残《ノ》花」、ヲチノコル花ナリ　(○印、形式など筆者。以下同じ)

と述べ、加えて「餘」についても触れる。更にその『葛原詩話後編』(文化元年(一八〇四)刊)に於て、

蕉中師云《ノク》、残ハ残傷ノ義ニテ、ノコルト訓ズルハ傍義ナリ。和俗「ノコル」を正訓トシテ、残傷ノ本義ヲ不《ル》レ知モノアリト、此不《レ》レ可レ不レ知《ンバアルラ》……（巻一「嬾残」）

と述べ、「本義を知らぬやからがいる、これこそ知らねばならぬことだ」と、かなりきびしく発言する。近世の如き漢学流行の時代に、かかる注意を喚起しなければならなかったことを想起すれば、現代人が「残」の訓詁を知らぬといっても大した恥にもなるまい。しかし古典文学を日々の「生理《たづき》」とする者にとっては、六如上人の説く訓戒はやはり耳に強くひびく。

前述の如く、六如上人は「残」といえば、常に「餘」をも顧みる。既述の「嬾残」（巻一）の結びのあたりにも、

　余按ズルニ、陶淵明ノ詩、「井竈有二遺処一、桑竹残二朽株一」ノ語アレバ、晋時ヨリ、既ニ餘ノ義ニ用ユ。

とみえ、唐詩に先立って「残」の中にも「餘」の意をもつ例を認める。陶淵明の詩句は、「帰二園田居一」（巻二）の中の、

　井竈《せいそう》有二遺処一、桑竹残二朽株一……薪者向レ我言、死没無二復餘一（其四）

のあたりにみえるが、ノコル系の漢語「遺・残・餘」をつらねた点に、作者淵明の多少の「ねらい」があったかも知れぬ。現代の諸注（釈清潭、鈴木、斯波、大矢根、一海注、松枝・和田両注など）は、

これらの三語を「ノコル・アマス」と解する。今日比較的入手しがたい故斯波六郎博士の『陶淵明詩訳注』(昭和二十六年、東門書房)を例にすれば、

井と竈と遺《なごり》の処《あと》を有《とど》め、桑と竹と朽ちたる株を残せり……薪する者　我に向ひて言ふ、死没《みまか》りて復《もはや》に餘《のこ》れるものなしと、一世にして朝市異る、此の語　真に虚《あだ》ならず、人の生《いのち》は幻化《まぼろし》にも似たり、終に当に空無に帰すべし。

と訳する。六如の説く如く、「残」の中に、六朝晋のころ「餘」の意をもつという前述の説は正しい。ただ「桑竹残㆓朽株㆒」は、諸注の如く「のこる」意であることは間違いなかろうが、この詩の場面を考えるとき、「残」には本義の残傷の状態を示すものと思われてならない。このあたりに多少のコメントを加えるべきか。

すでに挙げた『葛原詩話後編』(巻一「嬾残」)の中に、「蕉中師ノ云ク」云々とみえるが、「蕉中師」(蕉中先生)とは、釈大典の号名、『文語解』『詩語解』『詩家推敲』その他の著者として名高い京都相国寺の学僧である。享和元年(一八〇一)没(一一〇ページ参照)。その著述の一つに『唐詩解頤《かいい》』がある。これは、各詩体に分類し精選した唐詩を、漢文によって実に巧みに解釈する(寛政十二年刊の補遺本による)。そのうち「残」を中心とした一、二の例を示そう。

城池百戦後 禄山起㆑乱、自㆓漁陽㆒ 耆 六十曰㆑耆 旧 猶㆑言㆓父老㆒ 幾家残《カル》 餘也 (巻三、劉長卿「穆陵関北逢㆔人帰㆓漁陽㆒」)

の「幾家か残る」については、「残は餘なり」と注する。しかし「残」は「餘」に限らない。その巻七(七絶)に、唐人崔敏童「宴₂城東荘₁」に和した、弟の崔恵童「奉レ和₂同前₁」の詩の、

眼看春色如₂流水₁、今日残ノ《凋》花ハ昨日開ク　(「前首言₂人寿之易レ移而発₂奥花前₁。此首更説₂花前昨今之換《ルコヲ》₁、其意更切《ナリ》」。形式を改める)

をあげる。この中の「残花」は、「餘」とは異なり、衰えて凋み残る花の意。「残」の左傍訓に「スガル」(末枯る)と注するのは、「残花」の意をよく捉える。更に一例をあげると、その巻五(七律)に、盛唐王維「勅賜₂百官桜桃ニ₁」がみえ、その中に、

纔是寝園春薦後、非レ関《ヨラ》₂御苑鳥銜《てうかん》残₁　(第三・四句)

の句がある。これは、「御苑の鳥が食べ残したなどといった品のものではない」の意であるが、単に「残す」だけではなく、桜桃《ゆすらうめ》が鳥に食べられたあとの状態をさし、この点、釈大典が「残《アラス》」(荒らす)と付訓するのは、残傷の意を含めた注といえよう。

「残」は、花草の類と結ばれることが多く、しかも残損、残傷の意を示す場合が少なくない。思いつく一例に、晩唐李商隠「過₂伊僕射旧宅₁」がある(「過」はヨキル、立ち寄ること)。その中に、

幽涙欲レ乾残菊露、餘香猶入敗荷風　(頸聯)

とみえる。この二句について、『李商隠詩歌集解』(劉学鍇・余恕誠共著)に、「二句状深秋凋残景象」

と述べ、溯って『李義山詩解』(清人陸崑曾)に、「五六言残菊敗荷、皆増二悽愴一」と述べるのは、「残」は「敗」に同じく、単に「残る」意ではないことを物語る。また宋代の代表詩人蘇軾(東坡)の「贈二劉景文一」の、「荷尽已無二擎レ雨蓋一、菊残猶有二傲レ霜枝一」(第一・二句)も同様である。雨にさす蓋《かさ》もないほど枯れ尽きた蓮の葉に対して、霜にも負けぬ一枝があるとはいえ、残傷して衰えた菊を点出して、その様を「菊残《ざん》す」と表現する。

なお少々くどいが、唐詩の例を『三体詩』に採ろう。『三体詩』は、南宋の周弼編『唐賢三体詩法』(『唐詩三体家法』)、中唐・晩唐の詩を多く収め、初唐・盛唐詩を主とする『唐詩選』と異なる点をもつ。「残」をもつ例は二十例に近く、やはり「残花」関係の語が数例を越える。そのうちの二、三を示そう。

薄暮毀垣春雨裏、残花猶発万年枝　(七絶、竇庠《とうしょう》「上陽宮」)

について、『素隠抄』に、

廃《ヤブ》レタ、築地ノ隅ニ、春雨ニシボヌレテ、何ヤラウ残タ花ガ、アルハト思テ、見タレバ、万年枝デ、アルヨト云ナリ。(底本は寛永十四年版影印本、巻一)

とみえ(清濁筆者)、全体の注の雰囲気よりみて、この詩句の「残花」に、衰えうらぶれた花の意を読み取ることができよう。釈清潭「訳並講」(『国訳三体詩』)の、「暮春なれば残華なり」では、わたくしにとって、不満である。また王建「宮詞」(七絶)の「樹頭樹底覔二残花一、一片西飛一片東」にしても、『素隠抄』に、「言ハ春色已デニ、衰ヘテ、ハヤ残紅トナツテ、東西ニ散ジテ、……サテ宮人色衰ヘテ、寵ヲ失スルハ……君ノトガニハ、アラズ」(巻三)と注するのは、「残紅」に色あせ衰えた紅の花、すなわち宮女のそれの意を匂わせたものであろう。釈清潭が「残紅は色の衰へしなり」と述べるのは、正しい。また『素隠抄』七言律詩の、

啼鳥歇時山寂寂、野花残処月蒼蒼　(李紳「晏安寺」)

秋風落葉正堪レ悲、黄菊残花欲レ待レ誰　(劉長卿「感レ懐」)

について、前者は、「ヲリフシ春ノ末ツカタ、ナレバ、野花ドモノ、ワヅカニ残リテ、感慨多キ処ニ、月ノ出タルヲ見タレバ……イヅレニ、サビタル寺ヂヤトゾ」(巻八)、後者は、「黄菊ハ、故園ノ菊ヲ、云タゾ、言ハ、是ヨリ推量スルニ、我ガ故園ノ菊ハ、晩秋マデニ、残リテ、アルランゾ、サテソノ菊ハ、誰レヲマチテ、残花ハアルゾ……」(巻八)とみえる。「残」については的確な注を示してはいないが、『素隠抄』に、花の衰残敗残の意をこれらの詩句に含めていたものと推定してよかろう。釈清潭がそれぞれ「人の賞する野花憐れに残る月之を照す」、「我が故園の菊花は衰残の色を餘《あま》して」と注するのは、「残」のかもす雰囲気をよく捉えている。しかし『三体詩』にみる「残」につらなる語句が、すべて残傷などの意をもつとは限らない。やはり「残る、餘る」などの意をも

つ例のあることも当然のことである。しかしここでは省略に従う。近世の学者皆川淇園（文化四年〔一八〇七〕没）の、『虚字解』にも、「キリクヅシテ用ニタタヌモノニスルヿ」（「残」）の意のほかに、

「残《ノコル》」――イヤガウヘニシテ取リタルアトノアマリモノニスルヿ。（「餘《アマル》」――其所ニナツテ持テツケタヿニアマリテアルヿ）

とみえ、両者の意をもつ「残」をそれぞれの文脈に当てはめることは、そう容易ではない。それ故にこそ、詩的表現追求の興趣は尽きないわけである。前述の『唐詩解頤』の「自叙」において、大典禅師はいう、

此ヲ考テ彼ヲ繹《えき》セズ、其ノ通ズル所ヲ持シテ其ノ通ゼザル所ヲ軋《あつ》シ、一意ニ引合セント欲ス。此レ註疏家之病、独リ詩ノミニアラザル也。善ク古ヲ解スル者ハ、要ハ己ヲ虚《むな》シウシテ待ツニ在リ。一解ヲ得ルヿ有ルモ、姑《しばら》ク是ヲ舎《す》テ、反《かへつ》テ改《さら》ニ考繹シ、之ヲ思ヒテ又思ヒ、務メテ其ノ長ニ就ク……然シテ後、古人ノ言ヲ措ク所以、必ズ怡然タルヿ有ラン乎哉矣……（原文漢文）

と。漢語の語義をわたくしどもは坊間の漢和辞典の細項目の何れにあてはめるべきか、或いはそれ以外に付加すべきもの有りや無しや、表現された漢語の追求は甚だむつかしい。

三

これまで、わが上代文学の詩や歌にみえる「残」、つけたりの「餘」については、何ら触れようともしなかったが、それはまず「残」の意を一般的に眺めてみようとしたためである。漸く上代の詩に関して考察する段階へと進む。勿論、『懐風藻』の詩が主役であり、『萬葉集』は脇役である。脇役とは、漢字で表現されていても、訓《よ》めば日本語となり、それが詩の表現に適合するか否か、すぐには判別しにくい例をいう。まず『懐風藻』にみえる「餘」は十二例ばかり。あり余ったもの、そのうちの残るものがその意。「のこる」と訳すれば通じ、この場合はあまり問題はない。たとえば、釈道慈の104「初春在二竹《つけ》渓山寺一、於二長王宅一宴、追致レ辞」の「餘寒単躬《たんきゅう》に在り」（第十四句）の句にしても、「餘寒」は、立春後に残る寒さ、この詩では旧暦一月二十四日ごろに残る寒気の意で、特別の意味はない。但し、中臣大島の12「詠二孤松一」にみえる「餘根」、すなわちその第三句「餘根厚地に堅し」などになると、少しわかりにくい。これについて、「松の本の根からわかれた根は厚い大地に堅く根をおろし……」（『日本古典文学大系』）と、若いころのわたくしは、持って廻った注をしたことがあるが、「餘」の研究が不十分であったことを示す。諸注のうち、林古渓注『懐風藻新註』に、「餘は、ここでは畜へ聚める意である（『周礼』）」と説くが、諸注の中では一見最も確かな注といえる。しかしこれは考え過ぎであり、やはり「あり餘るほどの根」と解してよかろう。

「餘」の例は、長屋王の68「於二宝宅一宴二新羅客一」にも、

桂山餘景下《くだ》り、菊浦落霞鮮《あざ》らけし　（第五・六句）

とみえ、「餘景」が問題になる。諸注「下」を名詞（もと、した）に訓むが、対句であるために動詞に当る語である。更に傍証として、作者長屋王は『文選』（巻十三）潘安仁「秋興賦」の「望二流火之餘景一」によったとみる確率度が高い。その李善注に「毛詩曰、七月流火、毛萇曰、大火（星の名）也、流ハ下ル也」とみえ――「大火の星が西に傾く」こと。J. Legge訳「……see, the Ho go down the sky」――、何れにしても「下」は動詞として訓むべきである。なお確率度のやや低い『藝文類聚』（木部下「梔子《くちなし》」）に、斉謝朓「（詠）牆北梔子樹詩曰……幸頼二夕陽下一、餘景及二四枝一」の例がみえる。これも動詞「下」と「餘景」の関係を知ることができよう。

さて「餘景」の意については、諸注のうち、「夕日の残りの日影（の下に）」（杉本注）、「残った光り、夕陽の餘光、返照」（林注）などがある。この「餘景」についても、当時のわたくしは、大した考えもなく、「残る夕日の光（が映え）」と解したのである。試みに『大漢和辞典』を披けば、「のこつてゐる光、かすかな光」とみえる。このうち後者「かすかな光」はここでは適用できない。中唐の詩人戴叔倫「汝南別二董校書一」の「対レ酒惜二餘景一、問レ程愁二乱山一」より考えてみても、残光で

はあっても、微光ではない。(1) 暮れゆこうとする時の夕映え、その夕日の光が「餘景」の意であろう。まだ夕映えの光が空にのこる状態がそれであり、下の句の「落霞」（落ちかかる夕やけ、夕やけの空。「霞」は「カスミ」ではない。次節参照）と互いに対をなす。

『懐風藻』の「餘」に対して、「残」はわずか二例。このうち釈道融作110「山中」の詩（番外2）の第五句にみえる「残果」は、多くの果物の中のあまったもの、残りの果物の意。残傷の意の「残」でないこと、「残果宜レ遇レ老」（残果は老人《おい》のわれを待遇する、老いの身を養うによい）の句によって明らかである。なお他の一首については、問題とすべき点が残る。それは、『萬葉集』第三期の代表歌人大伴旅人の詩、44「初春侍宴」の詩句であり、五言八句の詩の中に、

梅雪乱二残岸一、煙霞接二早春一　（第五・六句）

とみえる。全体としてこの五言詩には平仄《ひょうそく》の誤がみられるが、その当時としては平仄の問題は云々すべきではなく、許容されていた筈である。しかもこの二句は平仄も整い、見掛け上は、「梅雪」と「煙霞」、「残岸」と「早春」は対をなす。従って前の句は、「梅雪残《ばいせつざん》岸に乱る」と訓むより外はないが、まず「残岸」とは何か、この語の検討を要する。しかし遺憾ながら用例未だ検出し得ない。かりに、梁簡文帝「経二琵琶峡一」の、

横峰時《あるい》は水を凝《さまた》げ、断岸或《あるい》は川に通ず　（『藝文類聚』人部行旅「断岸」作「斜岸」）

や、北周庾信「詠二画屏風一詩二十四首」の、「小橋断岸飛び、高花迴楼を出づ」(第五首)などにみえる「断岸」——賦の一例、『文選』(巻十一)鮑明遠「蕪城賦」の、「崪《しゅつ》として断岸の若《ごと》し」がある——、すなわち「きり立った崖」と同類の語とみなすことが可能とすれば[2]、「残」に残損残傷の意がある以上、それに因んで、「残岸」を崩れた岸《がけ》の意に解することもできようか。そこで、『日本古典文学大系』本の頭注に、「崩れた岸(残はそこなわれる意。岸は水際の崖)」と注したわけである。但し「残岸」の意は果してこれでよいのか、不安裡の三十数年余、しかもこれについて諸家の見解もみない。特に『大漢和辞典』以後の姉妹版ともいうべき『広漢和辞典』に、「残岸」の項目を新しく加え、大伴旅人のこの詩例をあげ、「くずれた岸」と注するのは、もとの犯人であるわたくしの注に暗示を得たのではなかったか。『和訳詩集 懐風藻』(梱沢龍吉氏訳)に、

梅の雪　岸べに流れ　霞立ち春ぞ来にける

とみえ、流麗な訳ではあるが、やはり「残」の感じが少しも表現されていない。ここでしばらく「残岸」の語をさし措くとして、別の方面から考えてみよう。

白梅と白雪とが入り乱れて、どちらが梅か雪か判別しがたいといった情景を詠んだ詩は、六朝詩以来多くみられ、わが『懐風藻』の詩にも、また『萬葉集』の歌にも、例は少なくない。六朝詩といえば、梁簡文帝「雪朝」の、「落梅飛二四注一」や「詠レ雪」の、

看花言可折、定自非春梅（花を看て折るべしと言ふも、定自《さだめて》春梅に非《あら》じ）

を。

などは、『藝文類聚』（天部「雪」）にみえる例。唐詩の、盛唐東方虬「詠二春雪一」の、

春雪空に満ち来《きた》る、触処《いたるところ》花の開くに似たり。知らず園裡の樹の、若箇《いづれ》が是れ真《まこと》の梅《うめのはな》なるか

も、その一例となろう。『萬葉集』と平安勅撰歌集『古今集』とのはざまに存在する『新撰萬葉集』（上巻「冬歌」）にも、

光まつ柯《えだ》にかかれる雪をこそ冬の花（「三冬柯雪急驚レ眸……柳絮梅花兼記取」）とはいふべかりけれ（八一）

松の葉にやどれる雪はよそにして時まどはせる花（「青松残雪似レ花鮮……咲殺寒梅万朶連」）とこそみれ　（八七）

霜枯れになりぬと思へど梅の花咲けるとぞ見る雪の照れるは（「寒風粛々雪封レ枝、更訝《イフカル》梅花満レ苑時」）（九八）

などとみえる。溯れば、弘法大師撰『文鏡秘府論』（地巻）「雪意」の中にも「夜似二梅花一」とみえる。この句は出典未詳。中国斉梁びとの詩句か、それとも大師の作か、俄かには判定できないにしても、少なくとも両国人共有の表現方法の一つであることは間違いがない。「雪」と「花」（梅花）と

の類似性、或は比喩——後人これを「見立て」という——は、上代以来の表現となって定着していたのである。

大伴旅人の詩の「残岸」を除くわたくしの古い頭注によれば、『『梅の花』にかかる『雪』は残岸に乱れ散る」とみえる。これは主体が「雪」になり、「梅の花」は単なる添え物となる。また「乱る」をそのように解すれば、雪の降り乱れる意で、「梅の花」の動きは皆無である。ここで同じ旅人の歌、『萬葉集』(巻八)の、「わが岳《をか》に盛りに咲ける梅の花遺《のこ》れる雪を乱《まが》へつるかも」(一六四〇)が想起される。この「梅花」の歌は、消え残る雪と見分けがつかないほどだ、間違えてしまった、の意で、ここの「乱」は、下二段のマガフ、見誤ることである。つまり梅と雪とはどちらかが「たとえられるもの」であっても——この歌に続く角《つのの》広辨の歌の題詞は、「雪梅歌」(一六四一)である——、両者ともに詩においても歌においても生きる。前述の旅人の詩の頭注によれば、梅の花は生きてこない。やはりこの頭注は確かに不備である。沢田注に「梅花と残雪とは岸に乱れ」とあるが、本音をいえば、わたくしもそのように考えたい。しかし詩の配列は「梅雪乱㆓残岸㆒」の順序であり、沢田注の説くようにはなっていない。

この「梅[1]雪[2]乱[3]残[4]岸[5]」は、旅人の歌などよりみて、

梅[1]乱[3]残[4]雪[2]岸[5](「梅は乱る(ミダル、マガフ)残雪の岸」)

とでもありたいところである——別案「梅《1》乱《3》雪《2》残《4》岸《5》」(「梅は乱る雪残る岸」。但し和習的)——。前述の如く、『懐風藻』の平仄は無視してよいのが一般的傾向である。従ってかりに「梅乱残雪岸」(平仄不諧)と改作しようが、「梅乱雪残岸」(平仄諧)としようが、問題はなかろう。旅人が対句を意識したために、下句に対して「梅雪乱ニ残岸ニ」という無理な表現をしたのではなかったか。もしこの私見が正しいとするならば、「梅は雪の消え残る岸(崖、川岸)のあたりで乱れあう——白さのために両者を見違えるほどだ——」の意となり、『萬葉集』の歌想と何ら変りはない。詩歌の注は口語訳に限定すべきではない。旅人の作詩の過程を考えてみることも、注の一端とみるべきである。もしそうとすれば、「残岸」の語は存在せず、しかも「残」に残損の意を適用したのは、「若気の至り」とも、「勇み足」とも言わざるを得まい。原詩の意をそのまま解しようとした諸注を、前述の沢田注以外に求めると、その主なものは、

早春なれば梅花に尚残雪が岸上にあり……(釈清潭注)　梅乱れ雪残る岸には……(世良注)

梅の花咲く岸に消え残りの雪は乱れ……(杉本注)　見渡せば梅が咲き、雪が残り……(残雪があちこちにあるのに、梅が咲き始めた)(林注)

となるが、「残雪」と続けたところに説明がなく、「乱る」についての説明もほしい。要するに原詩のままでは如何ともしがたく、これは旅人の表現の不十分さを示すことになろう。旅人はやはり歌

人であった。詩の配列順序に不備をもつこの詩句を、『萬葉集』の彼の歌、或いは『萬葉集』の「梅」と「雪」の一般的表現と比較するとき、始めて旅人の詩の表現意図が推測できるように思われる。「残岸」の語はむしろ削除すべきであろう。

旅人の詩の本意を改めて、その後に生じたわたくし的な「残雪(の岸)」や、彼の歌の「残れる雪」(一六四〇)については、なお考察を要する。「残れる雪」の関連語と推定される詩語に、「残雪《ざんせつ》」(cán xuě)がある。この語はわたくしの知る限りでは、六朝詩には姿を示さず、唐代に入って漸次その例をみる。初唐杜審言「梅花落つる処残雪かと疑ふ」(「大酺」)、中唐銭起「沙頭一点残雪を留む」(「病鶴篇」)は、『佩文韻府』に引く例。なおその他に、唐ひと作の、

燕郊芳歳晩、残雪凍二辺城一　(盛唐崔顥《さいかう》「遼西作」。『河嶽英霊集』巻中作「遼西」)

薄霜澄二夜月一、残雪帯二春風一　(盛唐王維「河南厳尹弟見レ宿二弊廬一訪二別人一賦二十韻一」)

残雪入レ林路、深山帰レ寺僧　(中唐皇甫冉「送二普門上人一」)

などをあげることができる。「残雪」については、近世天明頃の儒者三浦梅園『詩轍』に言及がある。

残、ノコルハ常ノ義ニシテ、詩家尽《つき》ルノ意ニ用ヒタル所多シ、其時ハ只音ニテ残《ザン》スト読ベシ……又残雪ト云ヘバ、春ノ雪トスルハ常ナリ、冬ノ雪モ、残レルヲバ残雪ト云……　(巻六)

と述べ、春の雪のほかに、「残る冬の雪」の意をも指摘する。しかしここで問題とするのは、冬春の季節の意ではなく、「残」に如何なる内容を含むかが問題であり、端的にいえば、残花の「残」の如く、残損残傷のもつ「痛ましさ」の意を含むか否かである。

唐代詩人のうち、盛唐より中唐へかけて活躍した銭起は――玄宗天宝十載進士、大暦十才子の一人――、「残何」の語を愛好した詩人かと思われる。残鶯・残花・残陽・残雲・残月・残雨・残霞・残春などの例をみるが（語の順序は『全唐詩』のそれによる）、前述の「病鶴篇」にみえる「残雪」のほかにも、やはり彼の詩にその例をみる。

中峰落照の時、残雪翠微の裏《うち》　（東陽郡斎中詣㆓南山㆒招㆓韋十㆒）

残雪帰雁迷ひ、韶光断蓬を棄つ　（同㆓鄔戴《オタイ》関中旅寓㆒）

これらの「残雪」のうち、前者はみどり色を漂わせる山の中腹あたりに残る雪、後者は北へ帰りゆく春雁の迷う残る雪である。この「残る雪」の「残」は、単に「残る」意ともみなすことも可能であろう。しかし詩意をみれば、残損の意とまではゆかなくても、「餘雪」とは一歩深く入って、多少はあわれさを感じさせる表現ともみなし得るであろう。

「残雪」に対する「餘雪」の例は、早くも六朝詩に姿をみせる。梁沈約の詩題「詠㆓餘雪㆒詩」（『藝文類聚』歳時部「雪」）も、その一例であるが、北斉邢子才の（同「冬」、『初学記』「冬」）、

終風激㆓簷宇㆒、餘雪満㆓条枝㆒（「冬日傷レ志詩」）

も、その例。「ありあまる雪」が「条枝《えだ》に満ちる」意であり、静かに残る雪ではなく、豊かな雪である。初唐詩の例をあげると、唐太宗の、

寒を送りて餘雪尽き、歳を迎へて早梅新《あらた》し（於㆓太原㆒召㆓侍臣㆒賜宴守歳）

は、あり餘って残る雪の意。また中宗に信任を得た女人上官昭容「遊㆓長寧公主流杯池㆒二十五首」の、「餘雪林に依りて玉樹を成し、残霙岫《くき》に点なし瑶岑に即《つ》く」（第二十五首）も同様であり、豊かな雪が林に寄りそい美しい玉の樹を作る意。そこに「餘雪」と「残雪」との差の一般的な方向が知られる。比喩的にいえば、おしなべて、豊かさ・明るさをもつのが前者、あわれさ・暗さを含むのが後者といえよう。なお付加すれば、前者は物量的、後者は心的な表現ともいえるであろう。

『萬葉集』には、題詞・左注などに「残雪」も「餘雪」もない。しかし旅人作かという確率の高い巻五の、天平二年正月における大宰府梅花歌宴の「後追和梅歌」に、

残りたる雪にまじれる梅の花早くな散りそ雪は消ぬとも（八四九）

とみえ、この「残りたる雪」が「残雪」の翻読語かとの疑いも起る。近人楊烈氏の漢訳に「残雪留㆓枝上㆒、梅花被㆓雪遮㆒……」とみえるが、詩語「残雪」が果して旅人の「残る雪」「残りたる雪」などに適用されたか否かは、そう簡単には決められない。これもこの「後追和梅歌」にのみかかず

らっていると、どうもうまく行かない。やはりこの歌の置かれた位置から眺めることが一つの方法といえよう。その契機《きっかけ》の一つに、「残りたる雪に」の歌に続いて、

　雪の色を奪ひて咲ける梅の花いま盛りなり見む人もがも　（八五〇）

の第一・二句の「雪の色」「奪ふ」があり、これらは飜読語である。初唐李嶠の『李嶠百(二十)詠』(玉帛十首「素」)の、「妙奪二鮫綃色一、光騰二月扇輝一」は「奪ふ」の一例。[3]「雪の色」については、「奪」と同様に恐らく「雪色」(xuě sè) の飜読語であろう。楊烈訳にも、「雪色如レ銀白、梅花賽《キソヒ》レ雪開」とみえる。「雪色」の例は、六朝陳人徐陵の「春情詩」の冒頭に、

　風光今旦動き、雪色故年残る　（『藝文類聚』人部「美婦人」）

とみえ、「雪の色」が去年のままあわれにも残る、の意。「雪色」の例は盛唐詩人杜甫にも二、三例ほどみえ、その一つ「臘日」に、「雪色を侵陵するも還《また》萱草、春光を漏洩するは柳条有り」とみえる。この前句は諸注によって差があるが、[4]しばらく故鈴木虎雄先生注の「萱草までもが雪の色を侵してあらわれいで」（岩波文庫第二冊）に従っておく。もしこのたぐいの詩語「雪色」が「雪の色」として歌語に適用されたとすれば、前述の「雪の色を奪ひて咲ける梅の花……」の歌は、「奪ふ」が漢語「奪」によると同じく、第一・二句は詩的表現をまねたものと推定してもそれなりの理由はあろう。またこの歌をめぐる前後の数首には、詩的表現とみなし得る歌が少なくない。たとえば、旅

人もしくは憶良作といわれる「員外思㆓故郷㆒歌両首」の、

わが盛りいたくくたちぬ雲に飛ぶ薬食《は》むともまたをちめやも　（八四七）

雲に飛ぶ薬食むよは都見ばいやしきわが身またをちぬべし　（八四八）

に共通する「雲に飛ぶ薬」は、通説の如く『抱朴子』（金丹篇・仙薬篇など）や、不死の薬を盗んで月世界に昇った姮娥など（『藝文類聚』「月」引用『張衡霊憲』の故事）を踏まえることには、異論がない。なお更に「いやしきわが身」も、謙遜語の「微身」の飜読語であろう。『文選』潘安仁の作、

省㆓微身兮孤弱㆒、顧㆓稚子兮未識㆒　（巻十六「寡婦賦」）

微身軽㆓蟬翼㆒、弱冠忝㆓嘉招㆒　（巻二十六「河陽県作二首」第一首）

にみえる「微身」は、その例である。また「後追和梅歌」の一つ、「梅の花夢《いめ》に語らくみやびたる花とあれ思《も》ふ酒に浮べこそ」（八五二）も、遊仙窟的趣味の趣向をもつ歌であることは、通説に従うべきである。前述の問題とした「残りたる雪」（八四九）の歌のそれも、詩語「残雪」に基づくものと推定してよかろう。萬葉第三期の代表歌人大伴旅人にしても山上憶良にしても、何れも歌意の中に詩語的な表現を用いたことは、周知の如し。「餘雪」ならぬ「残雪」は、彼等においては、やはり詩語の理解の上に立っていたのではなかったか。

『懐風藻』の旅人の問題の詩句「梅雪乱㆓残岸㆒」が、もし既に述べた私見の如く、「梅乱㆓残雪

岸」といった意をもつ表現であるとするならば、旅人は「残りたる雪にまじれる梅の花」(八四九)の歌と同様に、詩にも「残りたる雪」すなわち「残雪」の語を使用したことになる。なお「残る雪」に関して、柿本人麻呂歌集の、「みけむかふ南淵山のいはほには降りしはだれか削遺《きえのこ》りたる」(一七〇九)にも、薄雪の消え「残る」という表現がみられる。人麻呂歌集には甚だむつかしい漢語を用いた文字表現が多くみられる。タナビクに当てた巻十の冒頭に集中する「霏微」もその一例であり、この語についてはわたくしは幾たびとなく悩まされ続けたのである――「暮年三省―「霏微」再考―」(「美夫君志」第二十六号)参照――。右の「削遺」の「削」が「消」に通じること、木村正辞の『萬葉集訓義辨証』に考証する通りであるが、やはり今の私どもにとっては人麻呂の文字表記はあまりにも中国的でむつかしい。右の薄雪の「消え残る」にも、前述の如き感情をこめていたと想像することも或いは許されることもあろうか。もっとも「残る」にも「餘る」の意がある以上、「コジツケだ」と批判されるならば、引きさがるよりほかはないが。

なお「残」に関して、『萬葉集』に「餘春」の語があり、『大漢和辞典』に、「晩春をいふ。残春」とみえること前述の如し。この語に関係して、大伴池主の「晩春三日遊覧一首并序」(巻十七)の中に、「上巳名辰、暮春麗景……」(序)とみえ、また詩の部分に、

餘春の媚日は怜賞するに宜《よ》く、上巳の風光は覧遊するに足る　(第一・二句)

とみえる。春をめぐる「晩春」「暮春」「餘春」はともに春のくれの意。『初学記』(歳時部「春」)に引用する『梁元帝纂要』にも、「三月季春《ハ》、亦曰二暮春、末春、晩春一」とみえる。このうち「餘春」の例を欠くのは、この語が必ずしも一般的でないことを意味するが、むしろもとは韻文系の語かも知れぬ。池主のこの詩に対する大伴家持の返歌ともいうべき七言詩、その第一句に、

杪春の餘日媚景麗しく、初巳《しょし》の和風払ひて自らに軽し　(第一・二句)

とみえ、池主の「餘春」を「杪春餘日」(春の末のあまれる日)とパラフレーズしたのは的確である。幾日かの長い春の末の餘《あま》りの日がこれである。それは季節のうつろいに起る悲哀感ではなく、むしろ朗らかである。梁簡文帝「晩春賦」の、冒頭の「餘春を北閣に待ち、高讌を南陂に藉《し》く……」にしても然り。また初唐李嶠「送二駱奉礼従軍一」の詩は、送別の宴の描写とはいえ、「笛梅晩吹を含み、営柳餘春を帯ぶ」の如く、「餘春」は餘り残る春、晩春の意であり、痛ましく残る「残春」ではない。「餘春」は、初唐張説「春晩侍二宴麗正殿一、探得二開字一」の「庭柳餘春駐、宮鶯早夏催」にみる如く、「早夏」(初夏の意)へとつらなる。池主が上巳遊覧の詩に「残春」ならぬ「餘春」の語を使用したのは、「残」と「餘」の微妙な差を知っていたのではなかったか。前述の如く『大漢和辞典』に、「餘春」について、「晩春」の意とするのは正しいが、なお不用意に「残春」とも注するのは、正確にいえばやはり不備というべきである。

ことのついでに、前述の如く、大伴池主の詩序の冒頭に、「上巳名辰、暮春麗景」とみえ、「麗景」については、『大漢和辞典』に項目を欠く。簡単な語とみなして省略したのか、その間の事情は明らかでない。但し修正本ともいうべき『広漢和辞典』に、『懐風藻』の、「鮮雲秀二五彩一、麗景耀二三春一」(29藤原史《ふひと》「元日応詔」)の一例をあげたのはまずよい。しかし辞典の基本が漢語にある以上、まっさきに中国物《もの》に用例を求めるべきである。もっとも『佩文韻府』にしても、六朝斉謝朓の一例――「侍宴曲水」の詩(5)「麗景則レ春、儀方在レ震」――や、散文の外は、唐末以後の詩の例ばかりである。やはり例は近隣にある。『藝文類聚』(歳時部「三月三日」)に、右の謝朓の詩と共に、梁簡文帝「三月率爾成詩」の、「芳年多二美色一、麗景復妍遥」(第一・二句)もみえる。また唐太宗「賦得レ李」の「麗景光二朝彩一、軽霞散二夕陰一」や、初唐張説「先天応令」の「三陽麗景早二芳辰一、四序嘉園物候新」も、その例。また初唐王勃「三月上巳祓禊序」の中にも、

永淳二年、暮春三月、遅遅麗景、出没媚二郊原一　(正倉院蔵巻子本)

とみえる――但し四部叢刊本『王子安集』作「遅遅風景」――。『藝文類聚』や、初唐唐太宗・許敬宗(6)・王勃の詩などは八世紀当時わが国に伝来した。池主も目に触れる機会があり、彼の詩語「麗景」の受容はこのあたりに存するものとみてよい。『大漢和辞典』その他の辞典はすべて人の作るもの、完全性などあり得ない。とはいえ、やはり語の有無、その語義などすべて各人の努力に俟つ

こと必須といえよう。

四

これ以上、「残」を、それと合わせて「餘」を論ずることは、もはや余計な「たん瘤」となろう。しかし多少のその行方を見極めることは、必ずしも不必要とはいえまい。周知の如く、平安九世紀初葉は「文章経国」の時代であった。作詩作文することが官人の必須道であり、『凌雲集』『文華秀麗集』に続いて、第三の勅撰詩集『経国集』(巻二十に「対策」が残る)までも続出したことはそれを物語る。空海の『文鏡秘府論』といい、『篆隷萬象名義』といい、その詩法その訓詁の指針は、官人の要求するしるべともなった。第一の勅撰詩集『凌雲集』の「残」の例は四例あまり。

(1) 遠く辺城に使《つかひ》して残虜を撫づ　(22嵯峨天皇)

この「残虜」は、平定されないまま残る敵、この語に残忍な敵の意をも含もう。

(2) 池際荷《はちす》に凝《こ》りて残葉折る　(25皇太子淳和)

この詩は晩秋九月の景。池の水ぎわに露が蓮に凝りかたまり破れ損じたその葉が折れている様子を描き、「残」は残傷の意であることは明らかである。

(3) 釣火《てうくわ》残焰を収む　(34仲雄王)

(4)　残虹半規を巻く　（86多治比清貞）

(3)は、難波の海の明け方の景。いさり火は明け方に残るほのおを収めて消える描写、「残るほのほ」はあわれにも燃え尽きようとする意を含もう。(4)は、その前の句に、「朝露餘滴を懸く」とみえる。「奉レ和二御製春朝雨晴一応製」の詩であるため、ありあまる滴がのこるのが「餘滴」。後の句の「残虹」の「残」には少し問題がある。この語は、陳張正見「後湖泛レ舟」に、「残虹収二度雨一。欠岸上二新流一」の例をみる。「欠岸」(欠残、欠損した湖岸)に対比して、「残虹」も完全ではなく、損なわれて残る虹の意。(4)の「残虹」も張正見の詩例の意に従ってよかろう。

第二の『文華秀麗集』には、「残」の例はおおよそ十例。単に「残る」と解される例も勿論あるが、残損残傷の意をもつ例も多い。

50　菊潭帯レ露餘花冷、荷浦含レ霜旧盞残　（姫大伴氏「晩秋述懐」）

下句は、「入江の蓮《はちす》霜を含みてものふりし盞形《さかづきがた》の葉破《や》れそこなふ」の意。因みに前の句の「餘花」は、嘗つて注した「咲き残った菊の花」(『日本古典文学大系』本頭注)というよりは、「ありあまってのこる菊の花」の意と解する方がよかろう。また題は「和二伴姫秋夜閨情一」となってはいるが、脚韻を等しくするなど、50の唱和的な詩とみるべき詩の中に、

55　不レ計別怨経二歳序一、唯知暁鏡玉顔残　（巨勢識人）

とみえ、「玉顔残」は、「暗いあけ方の鏡に向かえばわたしの顔がそこなわれるのを知るばかり」の意。同じ作者の、57「奉レ和ニ長門怨一」の、「星怨みて翳霽《あくほは》れ難く、雲愁へて鬢残」も同様であり、そこなう、損ずるの意。また嵯峨帝御製「王昭君」をめぐる唱和詩群もこの意の「残」を用いる。やむなく遠い沙漠の胡地に降嫁せざるを得なかった王昭君、すでに悲しい運命をもつ。雪に霜に風に、そこに表現される「残」はすべて痛ましい残傷残損の意である。御製「王昭君」が、

62　沙漠壊ニ蝉鬢一、風霜残ニ玉顔一

と歌うと、臣下朝野鹿取は、65「画眉は雪に逢ひて壊《くつ》れ、裁鬢《さいびん》は為ニ風残一」と唱和し、また藤原是雄も、66「脂粉は霜を侵して減《へ》り、花簪《くわしん》は冒レ雪残」と歌う。すなわち御製の「残」の用法が唱和する官人の「残」に、そのまま正しく理解されていたことを示す。「餘」については、十数例みえ、そのうち「唯餘」の句法が半ばを占める。しかし「唯残」の句法がみえない点に、「残」と「餘」の差がみられる。また『経国集』の一例をあげると、公主有智子《うちし》の169「奉レ和ニ除夜一」(巻十三)に、

暁燭半ば残りて星色尽く、寒花独り笑みて雪光餘る　（第三・四句）

とみえる。前の句の「残」は、燭火が痛ましくも衰えつつノコル意。後者の「餘」は単にアマル、ノコルの意。この点、詩人有智子は「残」と「餘」の差をよく知っていたものとみなし得よう。

以上は、平安初葉の詩の一部の「残」を中心としたが、これを更に明らかにするために、煩雑と

いう謗は免れ得ないとして、すこし「餘」の方に中心を移そう。「餘」は、元来多くの豊かに存在する物のアマリ、ノコリであるが、「残」の意には豊かな物の存在は先行しない。すでに挙げた如く、近世の学僧六如《りくにょ》上人が陶淵明の詩例を示したので、便宜的にその詩の二、三の例を示そう。なお『凌雲集』に確実にその詩の投影をみることも、都合がよい。陶淵明には長篇の詩があるとはいえ、百三十首にも満たない詩の中に、「餘」が十数例もみえることは甚だ便利である。その一部を。

(1) 山は餘靄に滌《あら》はる　(巻一「時運」)
(2) 庭宇《ていう》餘木に翳《えい》せらる　(巻四「無題詩」其十)
(3) 桑竹は餘蔭を垂る　(巻五「桃花源詩」)
(4) 怡然《いぜん》として餘楽あり　(右に同じ)

これらの「餘何」の語は、豊かでありあまる、ありあまるものが残る意。たとえば(2)の「餘木」は、こんもりとした木、(4)の「餘楽」は豊かでありあまる楽しみの意。豊富豊潤が「餘」、しかもその結果アマルことでもあり、現代語のノコルでもあるが、「ノコル」が中心ではない。

このたぐいの「餘」について、第一勅撰詩集の『凌雲集』に例を採り、問題のもののみ取り上げよう。

(一) 歓《よろこび》餘良景暮　(39賀陽豊年「三月三日侍宴応詔」第三首)

(二) 恩煦《おんく》之餘未先レ秋　(58小野岑守「九月九日侍二宴神泉苑一、各賦二一物一得二秋柳一応製」)

(三) 既酔仍餘舞　(79高岳弟越「三月三日侍二宴神泉苑一応詔」)

(四) 無心草木猶餘恋　(80同「於二神泉苑一侍二花宴一、賦二落花篇一応製」)

これらの詩例は宴会に関するものである。(一)「歓楽のまだ尽きない春の佳景の夕暮」、(二)「あふれる御めぐみは秋に先立って柳を散らさない」、(三)「舞うべき舞の遊びが残り、それが続行される状態にある」、(四)「天子を思慕する念を十分残す」、などの意。このうち(三)の「舞を餘《あま》す」、(四)の「恋《したひ》を餘《あま》す」と嘗って訓じたのよりも、むしろ「餘舞す」「餘恋す(餘恋あり)」と訓じた方が誤解がなかろう。和訓「残《のこ》る」と「餘《あま》る」(のこる)は同訓同意となることもある。しかしもとの二つの漢語の間には多少の差のあることも当然であり、同じ「訓」によって、逆に「残」と「餘」の意を考えるべきではない。わが国の詩を訓むとき、この表現された「訓」によって、もとの詩語の詩意を考える場合が多いが、いちいちの詩について、それぞれのもとの意を把握すべきである。それぞれの詩の「揺《ゆらぎ》」を正しく知ることが言語を通じての詩の学《がく》であろう。

以上、上代の詩歌文学にみえる漢語的表現のうち「残」を中心として述べてきた。「漢語的表現」とは、まず漢語か否かの問題が横たわり、そのため敢えて「的」としたが、ここではまず大雑把に言って「漢語表現」に等しい。但し一般的にいうならば、日・中両国の同字についても、それぞれ内容を異にする例もあり——たとえば盛唐王維「崔濮陽《ボクヤウ》兄季重が前山の興」の「夕嵐《せきらん》」(夕ぐれの山の気、もや)は、「夕べのあらし」ではない——、同字の際には特に慎重にすべきである。這回《このたび》の稿が上代の詩歌に限定したのは、残年のわたくしの都合と紙幅の関係上にほかならない。記紀・風土記、更に律令・六国史の「残」の用法はどのようになっているのか、後進の若い研究者諸子に一任したい。また詩歌の面においても、勅撰詩集以降は如何など、問題は幾らも残る。わたくしの見通しでは、「残」は「時代」の差よりも「個人」の差による場合が多い。たとえば、詩に「残花」が出現するとき、単に「残る花」の意に使用する作者もある。そうした各人による差、理解度の差があればこそ、近世の漢学者たちが、「残」の意のコメントを加えたのである。また漢語「残月」は訓読語として「残る月」「残んの月」に置き換えられる。しかし「残んの月」の意味するイメージと漢語「残月」とが果して等値となるや否や、やがてこれは漢語の「受容」の問題へとつながってゆく。辞典類は基礎的で内容に深く立ち入らない部分が多い。これはその性格上当然のことである。とすれば、漢語的表現追求の問題は前途洋々、只今の己れのいのちを嘆息するのみ。

(1)『素隠抄』(巻十)の、「サテ盃ヲ、ヒカヘテ、酒ニ対シテ、光陰ノ、スギヤスキヿヲ感ジテ、己レガ年ノ暮ニ、ナルヿヲ、ヲシミタトゾ」は、誤りである。『漢語大詞典』「残留的光輝」と注する。

(2) 中唐銭起「太子李舎人城東別業」の「片水明二断岸一、餘霞入二古寺一」の『全唐詩』(巻二三六)に、「断

『岸』一作『崖』」とみえる。

(3) 本文は『全唐詩』。斯道文庫本・天理図書館本など、この二句の本文と甚だ異なり、「碪杵調二風響一、綾紈写二月輝一」とみえ、「奪」の字を欠く。

(4) 『杜少陵先生詩分類集註』(巻二十二)には、「雪色を侵凌することは萱草に還《か》へす」とあるが、訓の意味はよくわからない。

(5) 諸本によって詩題を異にし、『藝文類聚』(歳時部「三月三日」)「為レ人作三三日侍二華光殿曲水宴一詩」に、『漢魏六朝百三名家集』「三日侍二宴曲水一代レ人応詔、九章」(第四章)に作る。

(6) 初唐許敬宗「辰旂繇二麗景一、星蓋曳二雕虹一」(「奉レ和レ登二陝州城楼一応制」)もその一例。

第二節　「霞」と「かすみ」をめぐって

一

上代の作品は、すべて漢字で書かれている。すなわち中国とわが国は唇歯輔車、同一の漢字圏の中にある。受容者である上代びとは、この「漢字」が魔性物であるにも拘らず、遂には表現の上で聊か便利なものとみなさざるを得なかったのである。しかも日・中両国間において、同じ漢字を使用しながら、語義その用法などに差のあるものの存在も否定し得ない。それを「知る」か否かは、作品が「正しく」読めるかどうかにつながる。

「端居」(はしゐ)を例にしよう。この日本語は、「家の端《はし》近く、縁先などに出て、すわっていること」(『岩波古語辞典』補訂版)である。しかし同字であるとはいえ、漢語「端居《タンキヨ》」(duān jū)とは意味が違う。後者は、端正の意をもつ「端」の示す如く、「居ずまい」を正した平生の生活状態をいう。わが漢詩に用いられた「端居」はこの意味にほかならない。しかし、たとえば、『航海新説』の「題言」の冒頭詩にみる幕末明治の人中井櫻洲の作、端居して旦夕《たんせき》心を戒むること切なり。（第三句「端居旦夕戒心切」）

を注して、「このごろ朝晩、縁先きなどにすわっていると、何時までもこのような放浪の生活をしていてよいものか、反省の心がしきりに起こってくる」の意という。(1) 縁側などで反省するのではなく、正しい居ずまいの生活の中に反省することが切なのである。これも日本語の「端居《はしゐ》」を漢詩の中に使用したものとみなした誤解にほかならない。同一文字の故にこそ却って、誤解を生んだ一例である。

こうした例の一つとして誰もが知っている例に、「霞《かすみ》」と同一文字で、且つ漢詩によく出現する「霞《カ》」(xiá)がある。この「霞《かすみ》」と「霞《カ》」は同じ文字ながら自然現象において差のあること、この十数年ばかり前より機会あるごとに説き続けて来た。しかし私どもには空にかすむ「霞《かすみ》」は忘れようとしても忘れられないものなのである。両者の差についてやかましく唱えるわたくし自身さえも、時には「霞《カ》」を「霞《かすみ》」の意に解してしまうことがある。両者の差については、すでに近世の詩人たちの説にみえる。豊後の三浦梅園(安貞)の詩論書『詩轍』(天明四年〔一七四八〕)の「烟」の項に、

烟ノ字、火ノ気ナルハ勿論ナリ、其他ノ烟ト云ハ、靄ノ字ヲ用ユベキ処ニ用ヒテ、烟波烟花等ノ如キ、皆氤氳冥濛ノ状也。霞ノ字ハ、ホデリ、一名ヤケ、朝ヤケタヤケノヤケ也。（巻六）

と述べるのは、「霞《カ》」が朝焼け・夕焼けの意を示すことになり、日本語のあたりにたちこめる「か

すみ」(霞)とは内容が違うことになる。小学唱歌の「夕やけこやけで日が暮れて……」が、「霞《カ》」に当るわけである。また学僧六如《りくにょ》上人の詩論書『葛原詩話』(天明七年〔一七五一〕)にも、

蕉中師ノ曰ク、烟霞・烟靄・風烟ノ類、皆火気ヨリ転ジテ、空中気色ノ義トナル。倭語ノカスミハ皆此レニ当ル。霞ハカスミノ義ニ非ズ。(巻一)

とみえる。蕉中師とは、『文語解』『詩語解』『詩家推敲』などの名著を撰した京都五山相国寺の学僧、釈大典をさすこと、既に前節(一四七ページ)に述べたところである。当時の詩人、学僧たちは、「霞《カ》」といえば、朝やけや夕やけなどの意をよく承知していたのである。元来「霞《カ》」の字には、薄くかすむ日本語の「カスミ」の意をもたない。上代官人の必読書『文選』(巻四)左太沖「蜀都賦」にも、「干二青霄一而秀出、舒二丹気一而為レ霞」とみえるが、劉淵林注に、「霞ハ赤雲也」とみえ、更に李善注は「河図曰、崑崙山有二五色水一、赤水之気上蒸為レ霞而赫然也」と注する。「霞《カ》」は赤色と結ばれる。明治・大正・昭和にわたる博言学者新村重山(新村出《しんむらいずる》先生)が「かすみ」に関する随筆を随処にものされたのは、(2)日本人が「霞《かすみ》」を漢語「霞《カ》」と混同したことを誡めた一例ともみられよう。現在最も便利なポケット版『新華字典』にも、「因レ受二日光斜照一而呈二現紅、橙、黄等顔色的一云・朝〜《霞》、晩〜《霞》」とみえる。

こうした「かすみ」(霞)と「霞《カ》」の差については、大凡の国文学専攻者なら熟知の事実となって

いる。しかし日本人のもつ「かすみ」のイメージは、煙霞・煙雲・煙気・靄《もや》などの鬱々と空間を覆う気、すなわち気象現象・自然現象である。たとえ赤い空の気を意味する「霞《カ》」の語義をよく知っている者も、ふと忘れて、「かすみ」の意に解しがちであり、中国の「霞《カ》」の存在をおのずから忘却する場合も多い。『古典文学大系』本『懐風藻』(昭和三十九年(一九六四))の頭注をみても、「霞《カ》」を含む詩語の注について、あるときは「かすみ」的に、或るときは「霞《カ》」的に解したのは、当時のわたくしがこの字の罠《わな》にはまった例といえよう。急切に訂正を要する部分もある。

二

上代びとが「歌」に対して文学形態を異にする「詩」をものすることは、一般には甚だ煩わしいことであったと思われる。脚韻を合わせることはあまりむつかしいことではないにしても、なお各句ごとに正しく使用すべき平仄《ひょうそく》の問題が横たわる。しかし上代びとの大半の詩が、盛唐ごろに成立したといわれるこの平仄を顧慮しなかったのは、それはそれとして許されよう。平成元年(一九八九)三月十八日現地説明会資料プリント「長屋王家木簡」によれば――その資料群は長屋王没後(七二九)、天平七、八年ごろのものかという――、諸木簡にまじって、珍しくも七言四句の詩が残る。その第三・四句に、独対他郷菊花酒、破涙漸慰失侶心（「独り対す他郷菊花の酒、破涙漸くに侶《とも》を失ひし心を慰む」）

とみえ（○は平、●は仄）、盛唐の詩法にみる平仄を踏み誤る。これも上代詩の一般的な傾向に同じ――この詩全体についての幾ばくかの感想はわたくしなりにあるが、ここでは省略。なお原詩を初唐詩、抄写は奈良びとと解する新説もある（『唐代文学研究』第三輯、広西師範大学刊、一九九二年）――。この傾向は、当時としては、平仄よりもむしろ詩語の表現如何に重点のあることを示す。まず「霞」の字を用いようとするとき、詩の場合は「霞《カ》」の意をもつべきであり、もし「かすみ」の意として「霞」の字を用いるならば、いわゆる「和習」の詩ということになる。問題はここより出発する。

上代詩の中心は、『懐風藻』百二十篇である。この詩集についての私見の一端は、雑誌『文学』に述べ(3)、更に次章にも述べるが、要するに漢訳仏典類、高僧伝の類を愛読した某氏が編纂の一端をになった詩集といえよう――それが誰であるかは、ここではあまり必要なことではない――。そういえば、書名「懐風」（先哲の残した遺風を懐《おも》う、慕うの意）も、恐らく仏書類にあまたみえる「懐風」という語によるものかと思われる。たとえば、『大日本古文書』にその書名をみる、『広弘明集』を例にすれば、

寄㆓筌翰㆒以懐㆑風、援㆓弱毫㆒而舒㆑情　（巻二十三、東晋丘道護「道士支曇諦誄《ルイ》」）

慕レ徳懐レ風、杖レ策来践　(巻二十九、魏高允「鹿苑賦」)

などは、その例である。とはいえ、ここではこうした問題を追求するわけではない。それはあくまでも「霞」の文字表記が、「かすみ」の意か、それとも中国の「霞《カ》」の意か、つまり詩語の解釈について検討しようとする。

まず最も早い例として、大津皇子(朱鳥元年(六八六)自尽)の詩4「春苑宴」(群書類従本)に、

澄徹苔水深、晻曖霞峰遠　(第三・四句)

とみえる。「霞峰《かほう》」の雰囲気的な状態を示す「晻曖《アンアイ》」は、『文選』(巻十一)王文考「魯霊光殿賦」にみえる語。すなわち、「霄靄々《クラククラウシテ》而晻曖《クラク》」(張載注「言《ハ》深邃也、霄《ハ》冥也」)とみえ、暗い様をいう(左傍訓は慶安初印本による)。大津皇子の詩句「晻曖霞峰遠し」は、「おぼぼしく霞の峰遠し」(暗くぼんやりと霞のかかった峰が遠くに見える)、の意となろう。「霞峰」は、「かすみのかかる峰」の意。この「霞」は、日本語の「かすみ」の意に当り、諸注も一致する。

但し「霞峰」は、漢語として存在する。『佩文韻府』に引用する酈道元撰『水経注』――詳しくいえば、巻十一「滱水」の「東南過二広昌県南一」の条――にも、

岫嶂高深、霞峰隠レ日、水望澄明、淵無二潜甲一……。

とみえる。この「霞峰」は空の赤い雲気にそびえたつ峰が日に隠れる(或いは日光をかくす)意である。

また「霞峰」と同じ意をもつ一例に「霞巘《かけん》」という詩語もある。晩唐詩人李賀の名高い「昌谷詩」の中に、「霞巘殷《あん》として嵯峨《さが》たり」とみえ、清人《しんひと》王琦の『彙解』(『李長吉歌詩王琦彙解』巻三)に、「霞巘、山石赤黒如二雲霞之色一。殷与《ハ》レ黯音同、赤黒色也」(取レ要)と注する。この解によれば、李賀の詩句は、「霞すなわち夕焼け雲のかかる峰は赤黒色にそびえる」、の意となろう。これらを大津皇子の詩句に応用すれば、「赤雲の空に立つ峰は暗くぼんやりとして遠い」、とも解し得ないこともなかろう。しかし「晻曖」の語義は、ぼんやりと暗さを示すものであり、皇子の詩の「霞峰」の「霞」は、やはり日本的な「かすみ」と解すべきであろう。つまり大津皇子にとっては、「霞」は日本的な「かすみ」であったといえよう。

次に文武天皇の御製15「詠レ月」の冒頭に、

月舟移二霧渚一、楓檝泛二霞浜一(楓檝《ふうしふ》霞《か》浜《ひん》に泛《う》かぶ)

とみえ、後の句に「霞浜」の語がみえる。二句は、必ずしも時間の推移を示すのではなく、同類のことを並べたとみるべきであろう。つまり第一句は、「月舟《つきのふね》(月)が霧のたちまよう天の川の渚《なぎさ》に移動して来る(渚の上に現われる)こと」、第二句は、「楓《かつら》の檝《かい》をもつ月舟(月)が『霞』のかかる川のほとりに浮かんでいる」意。並列とすれば、「霧霞《むか》」(或いは「霞霧」)を「霧」と「霞」とに分けたもので、この場の「霞」は霧や「かすみ」の類を一つにまとめた意となり、その場合の「霞」には赤い色を含まない——吉田宜80「従二駕吉野宮一」の「雲巻三舟谷、霞開八石洲」の「霞」も、「雲霞」の意であろう——。そうすれば、ここの「霞」は「かすみ」となり、問題はない。再言すれば、『藝文類聚』(巻七十八、霊異部上「仙道」)所収、晋庾闡《ゆせん》「遊仙詩」の、「赤松霞霧乗レ煙、封子錬骨凌レ仙」にしても、同じ巻の、晋張華「詠二蕭史一詩」の、「火粒願二排弃一、霞霧好二登攀一」にしても、「霞」は「霧」の類であって、赤色の気の意を示すのではない。ただ御製の第一句の「霧渚」とは無関係に「泛二霞浜一」とある場合には、「月があかるい色をもつ浜のあたりに浮んでいる」とも解しえようか。何れにしても、「霞浜」の使用には、やはり詩として問題がある。なお「霞浜」については別に記したので、その方に譲る[4]。

「霞」を含む詩語の中には、「流霞《りうか》」の語もみえる。「流霞」は、宋鮑照「代堂上歌行」に、「陽春孟春月、朝光散二流霞一」とみえ、空に赤くたなびく雲の類をいう。くらい「かすみ」ではない。安倍首名の43「春日応詔」の第五・六句の、「湛露重二仁智一、流霞軽二松筠一(流霞松筠《しょうゐん》に軽し)」は、その一例。前の句の「湛露」が繁く置く露(君恩)の意であること、周知の如し。これは、『毛詩』(小雅「湛露」)の、「湛湛露斯、匪レ陽不レ晞、厭々夜飲、不レ酔不レ帰」に基づく。すなわち君恩を踏まえつつ、酒宴の詩によく出現する常套語である。つまり対句の「流霞」(たなびく赤い雲の類)にも、仙人の飲む「流霞の酒」を暗示しよう。因みに仙人道士などに関しては「霞」すなわち「丹霞」の語がよく使用される。また境部王「宴ニ長王宅一」の50「送レ雪梅花笑、含レ霞竹葉清」の詩について、「竹葉」が酒に関する語（『古典文学大系』注）であると共に、「霞」という赤色の気の中に「流霞の酒」をも暗示するとみるべきであろう。但し、箭集《やつめ》蟲麻呂81「侍讌」の「流霞酒処泛、薫吹曲中軽」（第三・四句）を、『古典文学大系』本に「たなびき流れる春霞」と注したのは、訂正すべきである。諸注も同様である。

右の境部王の詩題にちなんだ長屋王宅の詩宴の詩は、二十首近く残る。しかも同じ題にしても、日時を異にする場合があり、一律にはゆかない。便宜的に『懐風藻』の配列順序に従い、そこにみえる「霞」の正体について検討しよう。まず大学頭山田三方《みかた》の52「秋日於ニ長王宅一宴ニ新羅客一」の詩序の部分に、

珍羞錯レ味、分ニ綺色於霞帷一（綺色《きしよく》を霞帷《かゐ》に分《わ》く）

とみえる。最近発掘された長屋王家木簡にみえる「山田先生」は、この三方かという説が有力である。林注に「霞は赤き雲気」とあるのは正しい。但しそれにつらなる「分」については、諸注印象的な注ばかりであるが、この「分」は、珍しい御馳走の色の美しさを赤い霞の色のとばりと分けあっているの意で、ともに美しい色合いであることを示す。『玉臺新詠』（巻八）王訓「奉レ和ニ率爾有レ詠」の、「散レ黄分ニ黛色一」の「分」はその一例で、美女が黄色いおしろいを散らして眉墨の色

の美しさを分かちあっている様を述べる。「霞帷」は、「霞帳」の意と大差はなかろうが、用例未だ検出し得ない。次に、歌舞の奏せられる宴席に続いて、「咲林開レ靨、珠暉共二霞影一相依」（群書類従本）とみえる。林注に、「咲」の一本「笑」に従い、「面白がって笑うと、髪や衣服の飾り珠が光って霞にうつる」とみえるが、わたくしは従えない。これは「花の咲く林にはえくぼをうかべたように花がひらき、その玉なす輝きは赤い空の気とよりあって美しい」といった意で、杉本注に近い意が正しかろう。作者山田三方の熟読した初唐駱賓王の詩「春晩従二李長史一遊二開道林故山一」の中にも、「雲光棲二断樹一、霞影入二仙杯一」の如く、「霞影」の語がみえる。「霞影」は「雲光」の対応語。「雲の光」に対して「霞影」には、赤い色の存在を示す。これは「かすみの影」では解しきれない詩語である。

次は田中浄足の66「晩秋於二長王宅一宴」の結びに、「君侯愛レ客日、霞色泛二鸞觴《らんしやう》一」とみえる。この「霞色」は、色とあるため諸注には誤がない。晩秋の夕やけの色が「霞色」である。「霞色」の一例を唐詩に求めると、盛唐孟浩然「舟中晩望」に、「坐看霞色晩、疑是赤城標」（四部備要本）とみえ、『全唐詩』に二つの「晩」の字をそれぞれ「舟中暁望」「坐看霞色暁」に作る。これについて、近人李景白校注『孟浩然詩集校注』（一九八八年刊）に詳しい注がみえ、すべて「晩」の字を正しいとする。何れにしても、この「霞色」が赤色を示すことは、『文選』（巻十一）孫興公「遊二天台山一賦」

の「赤城霞起以建レ標《しるし》」を踏まえることによって知られる。その李善注の「孔霊符会稽記曰、赤城ハ山名、色皆赤、状似二雲霞一」によって意は明らかになろう。なお孟浩然の詩の「霞」について、李氏『校注』に、「按、霞乃天空及雲層所二出現一的光彩、既可レ見二於早晨一、亦可レ見二於傍晩一……」と注する。田中浄足の「霞色」もこの意であり、二句は、「今日こそ主人王《あるじきみ》が客《まらうど》を愛《この》みます日、あかねの夕映え美《うまし》盃《さかづき》に浮かぶ」といった意になろう。これは、藤原宇合の90「秋日於二左僕射長王宅一宴」の「泛レ菊丹霞自有レ芳」に、「かすみ」ならぬ「丹霞」とあることによっても確かめられるであろう。

　次は長屋王自身の作、題して68「於二宝宅一宴二新羅客一賦得二烟字一」という。「宝宅」は、長屋王の作宝《さほ》(佐保)の別荘、神亀三年(七二六)の秋の作か。その中に、

　桂山餘景下、菊浦落霞鮮　(第五・六句)

の句がみえ、「落霞」の語がみえる。これについては、前節「『残』を中心として」の中の「餘景」とあわせてみることが必要であろう。まず前の句の中の「餘景」は、『文選』(巻十三)潘安仁「秋興賦」に、「聴二離鴻之晨吟一、望二流火之餘景一」、同じ巻の謝希逸「月賦」に、「歌響未レ終、餘景就レ畢」とみえ、西に没しようとする光、残る光を「餘景」という。「餘景」の対が「落霞」、すなわち西の空に残る夕やけ、夕やけの空、夕やけ雲などの意をもつ。諸注が「夕やけ」と解したのは正

しい。なお初唐許敬宗「奉レ和二秋日即目一応制」の、「昆明秋景淡、岐岫落霞然《もゆ》」も、この意であり、落ちかかる夕やけの光の意を示す。

以上のほかに、高向諸足《もろたり》の102「従二駕吉野宮一」の詩がある。その吉野宮滝付近の秋の風景を詠んだ部分に、「柘歌泛二寒渚一、霞景飄二秋風一」(第五・六句)とみえる。この「霞景」は、『駢字類編』や『大漢和辞典』に未収。『佩文韻府』に、初唐李百薬「登二古城一」の「霞景煥二餘照一、露気澄二晩清一」をあげるのみ。この「霞景」は、夕やけの景色、夕やけの光の意である。この語は、初唐許敬宗「奉レ和二元日一応制」にも、「霜空澄二暁気一、霞景瑩《カガヤク》二芳春一」(第十三・十四句)とみえ、これは朝やけの場合である。諸足の「霞景秋風飄る」について、林注の「好い景色に風が吹いてをる」を始めとして、「霞は秋風に飄っている」(杉本注)、「霞や霧などのかかった風景は(が)秋風にひるがえる」(『古典文学大系』本)などの注をみる。しかし何れも「霞景」の用例の検出を怠った結果を露呈する。ここでは「夕やけの景色の中(夕やけの光の中)に秋風が飄っている」の意である。なお前述の許敬宗の「奉レ和二元日一応制」の詩には、第五・六句に「待レ旦敷二玄造一、韜レ旒御二紫宸一」とみえる。これは藤原史《ふひと》の29「元日応詔」の詩に類句の、「斉レ政敷二玄造一、撫レ機御二紫宸一」があり、前述の「霞景」の語と共に、『許敬宗集』の語を学んだものかと思われる。『許敬宗集』(『大日本古文書』三)にその名がみえることは、上代官人がこの集に接した可能性が濃い。「威奈《ゐな》眞人大村墓誌銘」も、その一例。

以上、上代の詩集にみえる「霞《カ》」に関する語は、大津皇子の詩などを除けば、おおよそが中国のそれに従ったものであり、日本的な「かすみ」を意味しない。『萬葉集』にみえる「霞《かすみ》」と同一文字であるが故に、壮年時のわたくしも時として詩の「霞《カ》」を「かすみ」と誤ったのであった。

三

詩とは別に上代の散文などの「霞」関係の語については如何。『日本書紀』「天武紀」に新羅調貢の品に「霞錦」の語がみえる。

新羅遣二……一貢レ調……別献二天皇・皇后・太子一、金・銀・霞錦（一本「霞幡」）・幡・皮之類、各有レ数　（十年十月）

新羅進調……鏤金器及金・銀・霞錦・綾羅……及薬物之類、幷百餘種、亦智祥・健勲等別献物、金・銀・霞錦・綾羅……之類、各六十餘種　（朱鳥元年四月）

この「霞錦」（古訓カスミイロノニシキ）、もしくは「霞帷」（古訓カスミハタ）は、何たるか明確ではないが、『釈日本紀』（巻十五）所引の「私記」の「霞帷」について、「師説、此幡之製似二朝霞之色一、故名」とみえ、恐らく朝やけ夕やけの空の赤い色に似た錦の新羅製の織物をさすのであろう。「私記」にいう「朝霞之色」の「朝霞」は、朝の「かすみ」の意ではない。『文選』（巻十九）「洛神賦」に、神女の姿を形容した「遠而望レ之、皎若三太陽升二朝霞一」にみる如く、遠くを見やると、朝やけの雲間から昇る太陽のように鮮やかだ、の意。この「私記」の「朝霞之色」も、この意にほかならない。「朝もやに昇る太陽……」の意ではない。なお嵯峨弘仁期の「雑言、奉レ和二聖製『河上落花詞』一」の詩群の一つにも、山崎離宮付近の淀川に散る落花の美しさを形容した、「酷《はなは》だ妬《ねた》む楼中鉛粉の彩《いろ》、奪はむとす機上霞錦の織《はたもの》」(菅原清公作、第十・十一句)もみえ、新羅製の「霞錦《カキン》」は、平安初期においては、ひろく一般的に知られていたかも知れない。昭和三十九年四月、京より移居した原因の一つは、このあたりの景を眺めたいためであったが、山崎あたりはその当時と違って、今や「かすみ」の中にかすんでいる。世の移り、何とも致し方がない。

『古事記』には、その性格上、美的な「霞」の字は単独には出現しない。唯一の例として、中巻にみえる「秋山下氷壮夫《あきやまのしたひをとこ》」と「春山霞壮夫《はるやまのかすみをとこ》」の兄弟争いの説話に「霞」の字が見える。兄の名は秋山の赤く色づくという意を冠らせ、弟の名は春山が「かすむ」という名を冠らせ、これについては、異説はない。ただこの説話の原型は非文字時代(口承時代)としても、この二神兄弟の名を美しく飾ったのが、文字時代かとするならば、燃える秋山を表す「下氷《したひ》」に対して、春山の「霞《かすみ》」もむしろ朝やけ夕やけなどの色、春山の空の赤い気をふまえたものとみなす方が対としては適切かと思う。ここに一案として提出する。

次に『風土記』の「霞」について眺めてみよう。まず『常陸風土記』の行方《なめかた》郡香澄《かすみ》里の古伝として、

　海即青波浩行、陸是丹霞空朦。国自二其中一朕目所レ見者。時人由レ是謂二之霞郷一。

とみえる。「丹霞」は「青波」に対して色対をなす語。この赤色のかすみが「空朦《くうもう》」としているとは、ぼんやりとかかる意。しかし中国の詩の「丹霞《たんか》」とは文字は一致するが、それは赤くやける状態の語が続き、この古伝にみる如きぼんやりとかすむ意には続かない。たとえば、『文選』魏文帝「芙蓉池作」に、「丹霞夾二明月一、華星出二雲間一」(巻二十七)とみえるが、前の句は、赤く染った夕やけ(夕映え)が東の空に現われたあかるい月をさしはさむように映っている意であり、「空朦」とした状態ではない——わたくしはここで、平成七年の晩秋、イタリヤ中部の聖修道院アッシジ(Assisi)を経て、曾遊の地ローマに至る空間でみた夕映えの空と月の晩景を、鮮やかに想起する——。また唐玄宗の、「早登二太行山中一言レ志」にみえる、「白霧埋二陰壑一、丹霞助二暁光一」にしても、朝やけの空(朝やけ雲)が暁の光に添わっている状態をいい、ぼんやりした状態ではない。やはり『常陸風土記』の作者は、漢語の「丹霞」の意をよくこなしてはいないといってよかろう。つまりこの「丹霞」は「青波」と対をなす色対のためであって、作者は「霞《カ》」に赤い色を意識しない表現ではなかったか。次に『肥前風土記』の松浦郡の賀周《かす》の里の条に、

時霞四含、不レ見二物色一。因曰二霞里一。今謂二賀周里一訛之也。

とみえるが――「四含」は「四合」の誤か――、四方にたちこめた状態の「霞《カ》」ではなく、「かすみ」である。つまりこの二つの『風土記』に出現する「霞」は、日本的な「かすみ」といえる。

以上、上代の「霞」に関する詩や散文の例を眺めてみたが、『懐風藻』の詩はその大部分が中国詩の「霞《カ》」の意を正しく使用するが、『風土記』の如く、日本的な「かすみ」を「霞」の字に当てていることも判明する。しかも、少なくとも『懐風藻』において、「霞」の字の出現する場合には、まず中国詩の「霞《カ》」の意を念頭に置くべきものといえよう。「霞」の中に赤色の気のあることを今や知る人ぞ知る。しかも然りとはいえ、思わず「かすみ」の意に解してしまうことの多いのは、日本人のいだく宿命的なものであろうか。なお更に今まで一言も触れなかった『萬葉集』の「かすみ」については如何。

四

『萬葉集』にみえる「霞」は「かすみ」である。思いつくままに、巻十の歌の二、三をあげてみても、

ひさかたの、あめのかぐやま、このゆふへ、霞たなびく、はるたつらしも　（一八一二）
まきむくの、ひはらにたてる、春霞、鬱《おほ》にしおもはば、なづみこめやも　（一八一三）
春霞、ながるるなへに、あをやぎの、えだくひもちて、うぐひすなくも　（一八二一）

など、日本語の「かすみ」であり――時には「霧《きり》」の類をさすこともある――、諸注に異説はない。しかし詩集『懐風藻』にみる如く、同じ上代びとの「詩」の「霞」の大部分が「霞《カ》」の意である以上、「歌」の中にも「霞《カ》」の要素が果して皆無であろうか。上代びとは、「霞」の用法について、作詩と作歌の場合に、すべてに亙って両者を峻別した意識をもっていたのであろうか。もし歌の中に「霞的《カ》」なものがあるならば、多少は興味のあることも起り得るであろう。その疑わしい一例をあげてみよう。それは、巻十の、

みわたせば、かすがののべに、たつ霞、見まくのほしき、きみが容儀《すがた》か　（一九一三）

である。これについて、「たつ霞」がなぜ見たいのであろうか、私には素朴な疑問が起る。最近の注釈書をみれば、「霞の景色やその眺めをいつも見たい……」（岩波古典文学大系・小学館古典文学全集・新潮日本古典集成・有斐閣全注など）、「そのように」へと続く方向を採る。この「霞が見たい」に対して疑問を起すわたくしの方がむしろ問題があるのかも知れない。但し昭和十年代に出版された『萬葉集総釈』（安藤正次担当）に、「見渡すと霞が立つて美しい、あの霞のように……」とみえ（『萬葉

集注釈』もほぼ同様)、霞の美しさを述べる。どうして霞が美しいのか、深い理由を考えてのことではなかろう。しかし「見まく」の理由はそれなりによくわかる。

ここで注釈書の諸注とは別に、「霞《かすみ》」を中国的な「霞《カ》」と解するならば、安藤説に近いものが考えられはしまいか。つまり春日の野辺のあたりにたちこめた朝やけの色を示すことになろう。しかもこの歌の第五句の「容儀《すがた》」がこれを助ける。漢語「容儀」は、君子的な身のこなし、礼儀にかなう立ち居振舞であるが、時には男性の姿かたち、時には女性の姿態をも示す。『文選』(巻三十)にみえる沈休文「三月三日率爾成篇」の「愛而不レ可レ見、宿昔減二容儀一」(愛《め》づるも逢へず、昔の若き姿容《すがた》の衰へたれば)は、男性のそれ。巻二十八「日出東南隅行」という楽府詩の「窈窕多二容儀一、婉媚巧笑言」は、女性のそれである。一般的にいえば、『玉臺新詠』にみえる六朝的な「容儀」の例の如く、女性の姿かたちをいう場合が多い。この『萬葉集』の場合は、「君が容儀か」という以上、まず男性の場合をさす。右の歌は、朝やけのかすみの光という「霞《カ》」の意と「容儀」とは巧みに調和する。近人楊烈氏の『萬葉集』(一九八四年刊)に、「春日野辺望、遥々見二彩霞一、彩霞君面目、欲レ見総輿レ嗟」と漢訳するが、前述の「霞」は「かすみ」ならぬ「霞《カ》」、つまり彩霞・丹霞などという中国的な「霞《カ》」に訳することは、果してうがち過ぎの漢訳であろうか——なおこの歌については、更に後述する——。

そういえば、巻十六に、

朝霞、香火屋がしたに、なくかはづ、しぬびつつありと、つげむこもがも（三八一八）

という、琴を弾じつつ誦した河村王の歌がある。「香火屋」が未詳であることは、「朝霞」との関係は不明ということになる。「あさかすみ」と「かひや」との音の続きで枕詞的に考えることも未熟であろう。河村王のこの歌に続く小鯛王の琴の歌に、「夕づく日、さすやかはべに……」（三八二〇）とみえるが、口誦歌という点で、これと多少関係づけ、「朝霞」を詩的な「霞《カ》」の要素を含むとみるとき、「朝霞」は朝づく日、朝やけなどの意となろう。朝やけの気がたちこめることは「かをる」ことであり――「神代紀」に「我所生之国唯有二朝霧一而薫満之哉」の例がある――、「香《か》」にかけることもできはしないか。同じ上代びとの「詩」の場合の「霞《カ》」が、ときとして『萬葉集』に出現しても必ずしも許容できないことでもなかろう。それにしても『萬葉集』の歌の「霞」は殆んどが「かすみ」である。上代詩の場合のように、「霞《カ》」の字に対して神経をとがらせないで済むことは、上代びとの「詩」と「歌」が、「霞」に対する表現態度を異にする例といえよう。天の河を星が渡河するに際して、「詩」の方は織女星が、反対に「歌」の方は彦星が行動するといった差と同じ現象である。但し萬葉集歌にも織女星の渡河を思わせる歌も例外的になきにしもあらず、これは「霞《かすみ》」の歌の場合にも、まれに「霞《カ》」的な歌の存在を認めようとする可能性もあろう。

五

上代における「霞」について、「霞《カ》」と「かすみ」の存在することは、そのゆくえはどのように流れて行くのか、時代的な考察も多少気にかかる。わたくしとしては、日本漢詩に関して、幕末明治のあたりまで大雑把に調査を終えたが、この節では不必要なことであり、ここでは『古今集』成立までの、すなわち平安中期の「歌」と「詩」について少し眺めてみたい。特に歌に添わった詩をもつ『新撰萬葉集』(上巻は寛平五年(八九三)の成立)は恰好の資料を提供する。『新撰萬葉集』の「歌」に対する「詩」は、その歌を詩によって表現しようとする無理があるために、その出来映えは下《げ》であり、在来よりその詩の内容については殆んど問題にならなかったのである。しかし見方を変えると、歌の内容を同じ時代の人が詩によってそれを「解釈」していることである。詩の上手下手よりも、歌に対してどのような解を詩によって与えたか、この点にわたくしの一つの見方がある。(5)東洋学の碩学と今も誰もが認めている京都の故神田喜一郎先生より、「新撰萬葉集がこんなに面白いものとは……」云々の書信を頂戴したのは、今も忘れえないことの一つである。平成のいま、『新撰萬葉集』の研究はブームを起している。流行を忌むわたくしはそろそろ方向をかえよう。

さて『新撰萬葉集』の「かすみ」の歌は、春の歌に集中する。その七首を示せば、左の如し。但し詩は便宜上「霞《かすみ》」に当る部分のみを示す。

3 あさみどり、のべの霞は、つつめども、こぼれてにほふ、はなざくらかな

緑色浅深野外盈、雲霞片々錦帷成 （第一・二句）

右の詩による解釈「雲霞片々錦帷《へんぺんきんゐ》を成す」は、歌の「霞《かすみ》」を錦のとばりにたとえ、赤色の気が「かすみ」の意を示し、その彼方に桜の美しさを描くものと解する。なお「片々」は、きれぎれの意ではなく、平面的な広がりをもつ量詞。北周庾信の詩に多い「一片」——「瑞雲一片、仙童両人」（「至仁山銘」）、「光如二一片水一、影照二両辺人一」（「鏡」）はその一例——の意に近い。

5 春霞、あみにはりこめ、はなちらば、うつろひぬべき、うぐひすとめむ

春嶺霞低繡幕張、百花零処似レ焼香 （第一・二句）

この「春霞」にも、「繡幕」といふぬいとりをした錦のとばりを張ったとみなすのは、この「霞」が赤色を呈することを示すであろう。

9 まきむくの、ひはらの霞、たちかへり、みれどもはなに、おどろかれつつ

倩見二天隅千片霞一、宛如二万朶満レ園奢一 （第一・二句）

この「霞」も、詩の作者は、中国的な「霞《カ》」を感じている。なおこの歌は、「霞たつ」「たちかへり」「かへりみる」と続く。ここで前述の『萬葉集』の「みわたせば、かすがののべに、たつ霞、

見まくのほしき、きみが容儀《すがた》か」(一九一三)を想起するとき、『新撰萬葉集』のこの歌を適用することも可能である。つまり「春日の野辺に立つ霞のように立ちかへりみたい……」ということになり、歌意は明らかになる。もちろん「霞」は赤い気であることとこの詩の場合に同じ。

13 春霞、いろのちぐさに、みえつるは、たなびくやまの、はなのかげかも

霞光片々錦千端、未レ辨名花五彩斑　(第一・二句)

これも前述に同じ、当時の平安びとの詩想によって歌の雰囲気を解釈しようとしたものである。『古今集』(一〇二)にもこの歌がみえ、その歌もあかね色の春霞《シュンカ》とみるべきである。

15 霞たつ、はるのやまべは、とほけれど、ふきくるかぜは、はなのかぞする

嶺上花繁霞泛灔、可レ憐百感毎レ春催　(第三・四句)

「霞たつはるの山べ」に対して、「嶺上花繁くして霞泛灔《はんえん》たり」と詩によって注する。「泛灔」は、『文選』(巻三十一)江文通「雑体詩三十首」に「露采(彩)方汎豔、月華始徘徊」(「休上人別怨」)とみえ、この「汎豔《はんえん》」(六臣本「泛艶」)は、「泛灔」に同じ。六臣注に、「翰曰、泛艶浮《ハ》光貌《ノ》」とみえ、光が浮んで美しさを示す語。つまり「霞泛灔」は、赤い霞の光が浮んだような状態を詩人としてこの歌に対して感じていたのである。この歌は、『古今集』(一〇三)にもみえ、その「霞《カ》」は、単なる「かすみ」でも十分解ける。しかしこの詩による解は光をもつ「霞」であり、むしろ当時の歌人たちの中

には、現代人と違った詩想をいだいていたかも知れない。この詩もこの歌に対する古く且つ「いち早き」解釈の一つといえる。

16 霞たつ、はるのやまべに、さくはなを、あかずちるとや、うぐひすのなく

霞彩斑々五色鮮、山桃灼灼自然燃（第一・二句）

これも「霞」の中に中国的な「霞《カ》」を想像し、「霞《カ》」の美しさを強調する。なお、

14 春霞、たちてくもぢに、なきかへる、かりのたむけと、はなのちるかも

については、その詩解に「霞天帰雁翼《つばさ》遥々」とみえ、「春霞《はるがすみ》」をどのように詩で捕えたかは、わからない。この歌を除外すれば、前述の諸例の、花の背後にみえる「霞」、或いは「霞」に隠れた花の歌に対して、詩の方では赤い色をもつ気、すなわち「霞《カ》」を以て対応させる。これは、平安びとの「かすみ」に対する一解釈とみるべく、当時の「なま」の解である。そこには中世以降の後人の一部の古典学者の解とは異なるものをもつ。なお「お笑い草」として中世説話の一つをあげて置こう。[6]

霞に関する説話といえば、『古今著聞集』(巻四「文学」)に、「橘直幹が秀句を奝然《てうねん》上人偽りて自作と称する事」の章がある。なおこれに溯る『江談抄』(第四「雑事」、群書類従本)にも、漢文体の同類の説話がみえる。『古今著聞集』の本文をあげると左の如し。

「蒼波路遠《クシテ》雲千里。白霧山深《クシテ》鳥一声」。此句は、橘直幹《(ただもと)》が秀句にて侍るを、奝然上人入唐

の時、わが作なりと称しけり。但し「雲千里」と侍るを「霞千里」とあらため、「鳥一声」をば「虫一声」となほしたりけるを、唐人ききて、「佳句にて侍る。おそらくは『雲千里・鳥一声』と侍らばよかりなまし」とぞいひける。さしもの上人の、いかにそらごとをばせられけるにか。この事おぼつかなし。

また『江談抄』には、右の詩句に続いて、「奝然入唐以二件句一称二己作一。以レ雲為レ霞、以レ鳥為レ虫。唐人称云、可レ謂二佳句一。恐可レ作二『雲・鳥』一」とみえるが、これを和文に書き改めたふうのものが『古今著聞集』の文というべきであろう。ここで問題になるのは、もとの「雲千里」の方が上人の「霞千里」よりもよく、また「鳥一声」の方が上人の「虫一声」よりもよいという唐人某——正しくは宋人某——の発言を、どのように解するかということである。詩句の第五句目の「雲」も「霞」も、また後の句の第五句目の「鳥」も「虫」も、それぞれ平仄《ひょうそく》には無関係の箇処である。また「霞千里」といっても、「雲千里」といっても、詩の内容その表現からみて、日本人にとっては大差はない。しかし宋人にとって「霞千里」とは何か、彼等のいだく「霞《カ》」の意の相違のゆえであった。

宋人の佳なりと認めた「雲千里」は、橘直幹の原詩(『和漢朗詠集』行旅)に等しいことになる。詩において「霞千里」といえば、焼けた空が千里の遠くまで赤く爛れていることになり、一般の実景としては特殊な様である。やはり雲が千里の遠くまでも続くといった景を述べた「雲千里」の方が普通一般であろう。ここに上人の原詩の剽窃改作がはしなくも露呈したことになる。

「霞」に関しては、「朝霞《あさがすみ》」と「朝霞《テウカ》」、「春霞《はるがすみ》」と「春霞《シュンカ》」など、同一文字のことばを対比させ、日・中両国間の受容問題を比較する研究がとみに近年多い。しかも六朝・唐詩の詩集索引類の続出は研究の便利さに拍車をかける。しかし同一文字は表面的なものが多く、索引類はその内容その語義については何も語らない。同一文字の語義がそれぞれ違う場合については、近時の諸論考類は必ずしも十分ではないように見うけられる。表面的な指摘のみでは果して「学《がく》」になり得るかどうか、疑いなきを得ない。自らの反省をも加えて、許された紙幅の中でその一部を述べてみた次第である。

「霞」の問題はこれで終ったわけではない。まして「詩」と「歌」の間に横たわるあまたの語彙の問題については、両国間のそれぞれの文学史がからみ、前途はまだ「朝やけ」ならぬ「かすみ」の状態にあるというべきであろう。

(1) 『幕末明治海外体験詩集』(昭和五十九年刊)の訳による。
(2) 『新村出全集』(第四巻)所収、「朝やけ夕やけ、あけぼの夕ばえ」「雲の語彙」「霞と霧」その他。
(3) 拙稿「漢語あそび――『懐風藻』仏家伝をめぐって――」(『文学』第五十七巻一号)参照。
(4) 拙稿「反省一則――『懐風藻』の詩――」(『かづらき』第二十七巻三号)参照。
(5) 拙稿「九世紀の歌と詩――『新撰萬葉集』を中心として――」(関西大学「国文学」五十二号)参照。
(6) 拙稿「霞千里・雲千里」(『かづらき』第二十巻二・三合併号)参照。

第二章 『懐風藻』仏家伝を考える

一

戊辰炎夏の某日、わたくしの「漢語あそび」と称する覚書《メモ》作りは、鷗外の歴史小説『寒山拾得』(『鷗外全集』第十六巻)へと進む。嘗つて読んだことのある、唐の女道士を描いた鷗外の『魚玄機』には、冒頭のあたりに、

玄機が詩を学びたいと言ひ出した時、両親が快く諾して、隣街の窮措大《きうそだい》を家に招いて、平仄《ひやうそく》や押韻の法を教へさせたのは、他日此子を揺金樹《えうきんじゆ》にしようと云ふ願があつたからである。

とみえるが、「窮措大」(貧乏書生)にしても、「揺金樹」(金づる?)にしても、十数年前のわたくしにはまだ逢会したこともない一見珍奇な漢語があり、途惑いの気持を隠しきれなかった思い出がある。しかも鷗外がこれらの漢語をどのようにして学んだのか、追求してみようとすることもなく通り過ぎたのであった。このたびは、同じ歴史小説とはいえ、『寒山拾得』にはむつかしい漢語はみえな

い。鷗外の意図する処は、奈辺にありや。寒山なる人物が今も煙霧の裡にあるのは、そのままこの小説を茫漠たる作品として位置づける方がよいかも知れぬ。母から口移しに聞いたカンザン・ジットクの語のひびきは今でもわたくしの耳の中にある。生家の奥の客間の二枚つづきのふすまの墨絵、にやりと笑った蓬髪の寒山・拾得の姿は、なにか子供の心に異様なものを感じさせたのであった。鷗外のこの小説の漢語は、やさしい。いわば、わたくしの「漢語あそび」の埒外にある小説といえる。ふとカード採りをやめて、寒山・拾得というえたいの知れない僧に関する中国文献の方に視点を変える。

明窓浄机ならぬ晨牖《あしたのまど》のあたり、わたくしの背後には、五冊ばかりのバラの『大正新脩大蔵経』がデンと鎮座まします。その一つの「第五十巻史伝部二」の中に、宋人賛寧等撰『宋高僧伝』(端拱元年〔九八八〕)があって、その巻十九「唐天台山封干師伝」に、寒山子・拾得の伝がみえる。また撰者未詳の『神僧伝』(序文、明代永楽十五年〔一四一七〕)の巻六にも、豊干・寒山子・拾得の短い仏家伝がみえる。ここで、鷗外の『寒山拾得』と読みくらべてみようとする。しかしこうした穿鑿は、鷗外専家の多い現今、すでに誰かがどこかで比較を試みているであろう。朱明の暑けさは急に老懶を催し、やがて中止。しばらくして更に、『宋高僧伝』『神僧伝』とともに収める『大蔵経』(第五十巻)の、『高僧伝』(梁釈慧皎撰)・『続高僧伝』(唐釈道宣撰)へと方向を転回させる。この両書はわたくしの研究の必要上、幾たびとなく披《ひら》いてはいるが、かなり詳しいメモ作りは今回が最初であった。ともに量が多く、時間がかかるのは甚だ苦しい。ここで、すでに小説『寒山拾得』とは縁が切れていたのである。これらの仏家の伝記には、仏典語、仏典関係の語をよく用いていることは当然であるが、漢語のうちの特殊語とみるべき「仏典語」に暗いわたくしにとっては、特に難渋を覚える。しかし読んでゆくうちに、ところどころわたくしの知っている上代文献にみえる語句、いわゆる「上代語」に出逢う。「魚《いを》と鹿《しか》と処《ところ》を易《か》ふ」の如きは、その一例。この句のみえるのは、『続高僧伝』。まずこの高僧伝に集中することにする。

二

『続高僧伝』(No. 2060)巻三に、「釈慧浄伝」(唐京師紀国寺沙門釈慧浄伝)がみえる。それはまず、

釈慧浄、俗姓房氏、常山真定の人なり。家は世《よよ》儒宗、郷邦称美す。浄は即ち隋朝国子博士徽遠が猶子《いうし》なり。生れながらにして天挺を知り、雅《もと》より篇什を懐ふ。風格標峻、器宇沖邈《ちゆうばく》。年弱歳《とし》に在りて、早く丘墳《きうふん》を習ふ。便《すなは》ち文頌に暁《さと》く、栄は閭里《りより》に冠たり。十四にして出家し、志業弘遠、日に八千余言を頌す……。(原文漢文)

云々で始まる。紀国寺上座法師として名高く、唐太宗貞観十九年(六四五)六十八歳で仙化した高僧

である。初唐の朝廷に出入し、その説く処、四坐の人々を驚かせもする。嘗つて皇太子のちの高宗によって、普光寺主となることを命ぜられたことがあるが、その辞退の文は、慧浄伝の文章《あや》の頂上ともいうべき部分である。その「啓謝」のことばを、原文で示せば、左の如し。

㈠ 伏奉二恩令一、以二慧浄一、為二普光寺主一。仍知二本寺上座事一。奉レ旨驚惶、罔《ナシ》レ知レ攸《トコロ》レ措。但慧浄不レ揆《ハカラ》二庸短一、少専二経論一、用レ心過レ分、因構二沈痾一……至三於提二頓綱維一、由来未レ悟。整二斉僧衆一、素所レ不レ閑《ナラハ》。恩遣曳二此庸哀一、総《スブ》二彼殷務一。窃悲《シブ》、魚鹿易レ処、失二燥湿之宜一、方円改レ質、乖二任物之性一。既情不レ逮、事実迫二於心一。撫レ躬驚惕《キャウテキ》、不レ遑《イトマアラ》二啓処一。然恩旨隆渥、罔二敢辞譲一。謹以謝聞、伏増二戦悚《センシヨウ》一。

右の啓謝のことばの中の「魚と鹿と処を易へ、燥湿の宜《よろしき》を失ひ、方《ほう》と円と質を改め、任物の性に乖《そむ》く」とみえるのは、「魚」と「鹿」、「方」(四角)と「円」といった相異なる本質のものを例としてあげ、物の本質を変えることの不適当をたとえたものである。慧浄法師は、「自分のいる紀国寺を捨てて普光寺に入るわけにはまいりませぬ」といってことわるものの、「恩旨隆渥、敢へて辞譲することを罔《な》し」(君がみかげに対しては、いなぶことはできませぬ)と結ぶ。どちらが本心なのか——法師の右の来状を皇太子側は「意は謙虚に在り」と解する——、再び法師の説得に取り組む。その下令に対して、再び法師は、

(二)　重蒙二令旨一、恩渥載隆、追深二悚怍《ショウサク》一。但慧浄学慚二照雪一、解愧二伝燈一。濫叨《ムサボリ》二栄幸一、坐致二非望一。
　　復蒙下垂二兹神翰一、播中斯弘誘上……謹以謝聞、用増二怵惕《ジユツテキ》一。

と言上する。つまり令旨をいさぎよく辞退しようとする慧浄法師の態度を物語る。前述の如く、「魚」と「鹿」とは性格を異にする物の例であるが――(一)に対する「令」の答えの部分に、流水長者の「魚」と、曠野猟師の「鹿」の話を記す[1]――、ここに思い出すのは、上代文献のわたくしの熟知する佳句である。それはわが国最古の詩集『懐風藻』のそれにみえる。すなわち釈道慈の104「初春竹渓《つけの》山寺に在り、長王《ながやわう》が宅にして宴するに、追ひて辞《いなぶること》を致す」という詩序の文の一部である。

釈道慈は、『懐風藻』の「仏家伝」(僧家伝、釈氏伝に同じ)によれば、大宝元年(七〇一)入唐遣学、十六年間修行の後、養老二年(七一八)帰国し、僧綱律師を拝し、最後に大安寺を造った名高い仏家である。この詩序にみえる、長屋王と道慈との関係は、古代史家井上薫氏の『日本古代の政治と宗教』参照。

まずこの詩序の本文をあげることより出発しよう。『古典文学大系』本と同じく、底本を天和版本にするが、なお今回は諸本を参考にしつつ本文を整定する。当時壮年期のわたくしにも、以後いくばくかの牛の如きあゆみもあり、三十数年後のいまは、過去の注はもちろん本文にも飽き足りない部分が少なくない。道慈の詩序にいう、

沙門道慈啓。以二今月二十四日一、濫蒙二抽引一、追預二嘉会一。奉レ旨驚惶、罔レ知レ攸レ措。但道慈少年落飾、常住二釈門一。至二於属詞談吐一、元来未レ達。況乎（道機俗情全有レ異、香盞酒盃又不レ同。）此庸才赴二彼高会一、（理乖二於事一、事迫二於心一。）若夫（魚鹿易レ処、方円改レ質、）恐（失二養レ性之宜一、乖二任レ物之用一。）撫レ躬(之)驚惕、不レ遑二啓処一。謹裁以レ韻、以辞二高席一。謹至以レ左(?)、羞穢二耳目一。

道慈の詩序、つまり長屋王への書、更に換言すればこの啓上を、前述の唐僧釈慧浄の啓謝の文と比較すれば、前者が後者を参考にした跡が明白である。悪しざまにいえば、当時は万人に許容されていた今の剽窃に近いものがあったといえよう。○印はその一致する点を示す。○印を施さない箇処についても、「属詞談吐」の「談吐」(談論すること)の如きは、『続高僧伝』に数例もみえる。(2) なお『懐風藻』の「談吐」(蓬左文庫本・脇坂本・林家本など)を刊本系「吐談」に作るが、『続高僧伝』の本文「談吐」によるべく、また「罔レ知レ攸レ措」(措《お》く攸《ところ》を知ること罔《な》し)の「罔」(蓬左文庫本など)を刊本系「不」に作るが、慧浄伝の「罔」によるべきである。また「魚鹿易レ処」(蓬左文庫本など)の「魚鹿」を刊本系「魚麻」に作るが、やはり慧浄伝の「魚鹿」の本文に従うべきである。また諸本の一致する「撫レ躬之驚惕」は、このあたりの文が四字句であるために、「之」は不要。慧浄伝に従って「之」を除く方がよかろう。このように『続高僧伝』特に慧浄伝は、道慈の啓上の文の本文批評にも役立つ。ここに、わたくしにとって『懐風藻』の本文を再考すべき時期に迫られている。

『続高僧伝』[3]の撰者西明寺沙門釈道宣については、『宋高僧伝』(巻十四)所収の唐京兆西明寺道宣伝に詳しい。初唐の高宗の乾封二年(六六七)十月七十二歳で入寂したことは、道慈入唐(七〇二)以前であり、道慈が長安延康坊の西明寺で修行したときは[4]、すでに過去の人となっていた。しかし法弟千百人を越えたという西明寺上座の高僧道宣(大慈律師)のことについては、修行中の道慈はこれをよく知り、また道宣撰の『続高僧伝』を在唐時によく書写し繙いたことであろう。その中に前述の「慧浄伝」もあった筈である。帰国後の道慈が左大臣長屋王の初春詩宴への招待——神亀二年以後神亀年中の正月か——を謝絶した啓の文に当る詩序を作るに際して、皇太子高宗の「令」を謹謝した慧浄伝の文をたやすく想起したことは、想像に難くない。

前述の長屋王への道慈の文は彼自身の作であって、『懐風藻』の撰者某の述作ではない。しかも道慈の伝記はこれもまた『続高僧伝』にみえる漢語特に仏典語をあちこちに鏤める。たとえば、

　釈道慈者、俗姓額田氏、添下人。少而出家、聡敏好レ学……。

の「俗姓」という漢語である。梁の釈慧皎撰の『高僧伝』にも、「釈曇宗、姓虢、秣陵人、出家止二霊味寺一。少而好レ学、博通二衆典一……」(巻十三)の如き類似文はあるが、「俗姓」ではなく、「姓」で

ある。『高僧伝』には、「姓」「本姓」などとあって、「俗姓」の例はない。しかし『続高僧伝』は、「姓」に続いて「俗姓」が随処に出現する。

釈善冑、俗姓淮氏、瀛州人。少出家、通敏易レ悟、機達為レ心……　（巻十二）

は、その一例。前述の慧浄伝も「釈慧浄、俗姓房氏、常山真定人也」で始まる。つまりこれは『高僧伝』ならぬ『続高僧伝』の文体《スタイル》を学んだものといえよう。この点に関して、『懐風藻』の、8釈智蔵・26釈辨正・110釈道融の仏家伝も、すべて「姓」「本姓」ならぬ「俗姓」の語を用いる。すなわち『懐風藻』にみえる仏家伝は釈道慈伝と共に、『続高僧伝』による点が推定され、これらの仏家伝の筆者は同一人ではないかと想像してもあながち大きな誤を犯すことにはなるまい。これはこれらの仏家伝にみえる仏典関係の語が『続高僧伝』に多く存在することによっても、そのあかしの一端とはなろう。

これに関して、なお『懐風藻』103の道慈伝を眺めてみる必要がある。そのうち、

「講肆《かうし》」——講義をする席。『続高僧伝』に、「遊二聴講肆一」（巻三、慧浄伝）など数例をみる。

「玄宗《げんしゅう》」——深い仏教の教え、玄妙な宗旨。同じく「滞レ俗者聞二玄宗一而大笑」（巻二十四、智実伝）など数例をみる。

「義学《ぎがく》」——体系的な教義についての学問。同じく「義学高二於風雲一」（巻十四、道基伝）など数

例をみる。

などは、『続高僧伝』に多くみえる仏典語であり、『懐風藻』の仏家伝の作者はこの書による点が多いといえる。実はわたくしは『続高僧伝』の投影した『懐風藻』にみえる仏典語の一、二を示すのが目的であって、ひろくいえば、上代における詩文——仏教関係の文献を除く——にみえる仏典語を探そうとしたわけである。しかもその中の仏家伝群の中に、『続高僧伝』にみえる語句、主として仏典語がゆきわたっている事実は、『懐風藻』の成立過程における「仏家伝」、その成書か否かは不明にしても、その存在をある程度想定することもできよう。これは不測のさいわいであった。

「仏家伝」をまとめた上代人某は、『続高僧伝』のほかに、同じたぐいの高僧伝を繙いたことは当然といえよう。『懐風藻』の110釈道融伝にみえる、「落飾出家す」や、前述の道慈の詩序の啓文の「道慈少年にして落飾す」の「落飾」については、わたくしには用例がなかなか見つからない。しかしなお同じ『大蔵経』(第五十巻)に収める、『大唐故三蔵玄奘法師行状』(No. 2052)をひらいたところ、冒頭に近く、

一《ひとたび》法師を見て、人に謂ふ、「此の子年歯幼しと雖も、風骨甚だ奇なり。若し釈門に住せしめば、必ず梁棟と為らむ」と。因りて落飾を聴《ゆる》し、東都の浄土道場に止む。(原文漢文)

とみえる。『高僧伝』や『続高僧伝』などには、この「落飾」の例はみえず、その代りに「剃落」

の語が多く、「剃髪」「剃除」は甚だ少ない。それにしてもこの『三蔵玄奘法師行状』に「落飾」がみえることは、恐らくこれを学んだかも知れぬ——なお玄奘法師の「謝㆘為㆓仏光周王満月剃髪㆒并慶㆗度人㆖表」にも、「解脱之因、落飾為㆑始」(『寺沙門玄奘上表記』、No. 2119)とみえる——。そう思って再び釈道慈の104、その詩序の啓の「吐談」を思い出すと、実は「属詞談吐」と続くことである。すなわち、この『行状』の、「至㆓於属詞談吐㆒……」は、そのまま詩序の文に同じ——なお『大唐大慈恩寺三蔵(奘)法師伝』(巻一)にも同じ文がみえる——。つまり『続高僧伝』を中心とはするものの、ほかにも、類似の仏家伝の類をも参照していることがわかる。

　このように考察を続けてゆくと、『懐風藻』にみえる四名の仏家の伝記には語彙特に仏典語の上で類似する点が多く、特に「俗姓」云々などは共通する文体である。これは前述の如く、すでにまとめられていたか否かは別としても、上代某人の仏家伝を、『懐風藻』の撰者が採用したものといえよう。またほかの長屋王詩宴にみる美しい詩序群は——それは初唐四傑の代表詩人王勃・駱賓王などの詩序を学ぶ——、この仏家伝の文体、道慈の詩序などとは別のものであり、少なくとも『懐風藻』の編集者某はこれらの二種の大きな散文体的な柱をこの詩集の中に嵌め込んだものといえよう。しかしここではやや問題をそれる。『懐風藻』のこれらの部分にいかに仏典語を多く含むか、これを指摘し得れば十分であろう。『懐風藻』の撰者については未だ五里霧中。ここではこの方面に興味をもつ史学・文学の研究者に、多少の暗示を与えることで止めにしよう。

なお二、三付加すべきことがある。釈道慈が長屋王の宴会を辞退したことについては、道慈伝の「性甚だ骨鯁《こっかう》、時に容《い》れらえず」と照し合う表現とみる見方もある。表面通りに読めば確かに然り。しかし道慈の文が釈慧浄伝(『続高僧伝』)によることが明白に証明されたが、道慈が長屋王の宴席を拒否しない限りは、その文その詩序は生れない筈である。一体、『大唐大慈恩寺三蔵(奘)法師伝』にしても、『続高僧伝』にしても、当時の唐の朝廷の命令などによる問と答、その往復文書のやりとりに各仏家の伝記の面白さがあるが、拒絶が多くの場合を占める。命のままに従うならばその興味は半減する。こうした仏家伝(高僧伝)の表現態度を道慈は学んだものであり、道慈と長屋王との間に真の確執があったとみるべきではなかろう。彼のこの啓文と相前後する、神亀五年(七二八)書写の長屋王願経の跋文に、[5]「検校藤原寺僧道慈」の名もみえ、両者の間に深いわだかまりがあったとはいえまい。やはり道慈は、彼自身と左大臣長屋王との関係を慧浄と唐の皇太子高宗との関係に溯らせつつ、宴筵を辞退する文を試みたことに過ぎない。あまり文字通りに厳密に考えることに対しては、かえって、背後で舌を出して笑っている道慈の姿をわたくしは想起するのである。道慈の辞退の文は事実である。しかもこれにも前述の如き解し方もあろう。文献解釈の怖さ難しさは、この場合にもあてはまる。この第一次小稿執筆の途中、長屋王家邸宅跡の木簡約三万点の出土の公表をみる。奈良国立文化財研究所昭和六十三年(一九八八)九月十二日、新聞紙上翌十三日のこと。豪邸の山斎《しま》に飛ぶ白い鶴、激《そそ》ぐ泉水《たきみず》の音にあわせて歌い舞う舞人のむれは、木簡類によって想像されるが、それよりも「長屋親王」(高市皇子の子、天武帝の孫)の標記は、在来の「長屋王」の地位を更に高めることになろう。道慈の詩序、その辞退の啓に関していえば、唐高宗(皇太子時代)に対する左大臣長屋王よりも、奈良びとの間に伝えられて来た「長屋親王」の方がこれによく匹敵するといえよう。ついでに一言を。

次に付加すべきことは、『懐風藻』の巻末に、「亡名氏」の「歎レ老」(番外3)の五言詩がみえることである。但しこれは群書類従本系(紀州本・澁江抽斎本など)にのみみえる。[6] これについては、故人柿村重松・山岸徳平などのすぐれた漢文学者は、後人付加の詩とみなす。特に山岸説は、亡名氏の「笑ひて梅花を拈《ねん》して坐す」が禅宗で重要視している「拈華微笑」によるものであるとみなし、中世における京都五山の釈家、あるいは禅宗寺院の僧の試作の混入かという。[7] これに関して、『古典文学大系』本の「解説」のなかで、わたくしは「寒山詩」の語句との類似をあげて、寒山詩をまねた「後人」某の作とみなしたことがある。また同じく群書類従本系のみにみえる釈道融の「山中」(番外2)の詩も、語句の類似を例証することによって、寒山詩をまねた「後人」の作とみなしたのである、三十数年も前のこと——二例とも「後人」の語を捨て去るべきこと、今にして初めて気づく――。これも柿村・山岸両先学の説がわたくしに重くのしかかっていたためである。なお寒山の詩を集めた詩集は宋版が最も古く、国清寺沙門志南《しなん》刊行本の直系に当るものが、『寒山詩集 豊干拾得詩附』として我が書陵部に残ること、周知の如し。

しかし『寒山詩集』の作者「寒山」については疑問が多い。その詩集の中に想像上の仙山を意味する「寒山」の語、すなわち、

寒山の道を登陟《とうちょく》すれば、寒山の路窮《きはま》らず。
寒山幽奇多し、登る者《ひと》皆恒《つね》に慴《おそ》る。

など、「寒山」の例は甚だ多い。こうしたことから亡名の仏家に「寒山」という名がいつしか付いたかも知れない。中国学者入矢義高先生の説によれば、詩集の作者を或る一人に限定することは困難であり、寒山についても説話の発展中の人物ともみる卓説もある(岩波『中国詩人選集5』所収「寒山」解説)。かりに僧寒山が八世紀後半安禄山の起した天宝の乱――安禄山はわが天平宝字元年(七五五)死す――以後の者であるにしても、現在残る『寒山詩集』に先行する寒山詩的な詩が寒山という一人の代表者に結びつき、渡唐したわが仏家たちも身を以てその詩を知ったかも知れない――文献としては、『宋高僧伝』(九八八年成立)に唐人として、出現する――。このように考えると、天平勝宝三年(七五一)十一月の序文をもつ『懐風藻』に、寒山詩的なものがあっても必ずしも不可思

議とはいえまい。『古典文学大系』本で「山中」「歎レ老」を番外の詩としたが、やはりここでその見解を訂正したい。

次の問題は亡名氏である。「歎レ老」の作者「亡名氏」を作者未詳の人、佚名氏とみなすのは、一般通説である。しかし『続高僧伝』を読むうちに、思いがけない人名が眼を射る。それは、巻七に、

釈亡名、俗姓宋氏、南郡人、本名闕殆。世襲二衣冠一、称為二望族一……。

とみえ、詳しい伝記が残る。「亡名」は本名を欠くの意で、その人の経歴がわからない意ではない。また釈衛元嵩伝(巻二十五)には、「釈衛元嵩、益州成都人。少出家、為二亡名法師弟子一」の如く、「亡名法師」の例もみえる。これは他の高僧伝にも例がみえる。たとえば、『宋高僧伝』(巻二十四)に、「唐洛陽広愛寺亡名伝」として、「釈亡名、栄陽人也」、更に『海東高僧伝』(巻一)にも、「釈亡名、高句麗人也」とみえる。これらを勘案すれば、『懐風藻』の「亡名氏」は、「釈亡名」に当るとみるべく、その「歎レ老」の詩は寒山詩的な内容にふさわしくなろう。[8]

ついでにわたくしの夢を加えて置こう。前節に示した如く、『懐風藻』の「懐風」とはその序文にみえる如く、「先哲の遺風を忘れずあらむが為」に、「懐風」という語を冠らせたという。「懐風」とは、先人の「遺風を懐う」ことであり、意味は明白である。しかも「懐風」という語は、『文選』(巻六)魏都賦にみえる、「篁篠懐レ風」(風を懐《いだ》く)の如く、風《かぜ》の場合は別として、この場合は、仏典類

によくみえる語でもある。上代に伝来していた、釈道宣撰『広弘明集』(『大蔵経』第二十五巻)の例は前章第二節(一七八ページ)に譲るが、なお『高僧伝』にも、「成帝懐二其風一」(巻一、帛戸梨密多羅伝)の例がある。あるいはこの『懐風藻』という書名も仏典関係の書によったかも知れない。なお『懐風藻』の「藻」は、石上乙麻呂の『銜悲藻』(佚書)によること、『古典文学大系』本の「解説」に述べた如し。

以上、『懐風藻』の仏家伝のたぐいには、釈道宣撰『続高僧伝』などの仏典系のことばの存在することを指摘したのである。特に道慈の詩序その「啓」においては然り。しかも『懐風藻』にみえる仏家伝群にこの書の著しい投影をみる。なお「亡名氏」も「釈亡名」の意にほかならないことを考証したわけである。現在問題となっている隋唐僧王梵志の詩と山上憶良の「貧窮問答歌」(『萬葉集』巻五)の受容関係についても、「寒山詩的なるもの」と同じく、「王梵志詩的なるもの」の存在を想定する方向で解することもできよう。(9) 但し「王梵志詩的なるもの」「寒山詩的なるもの」とは、王梵志や寒山が確実にものにした詩という意味ではない。

『萬葉集』(巻五)に、「敬下和為《タメニ》二熊凝一述二其志一歌上六首并序」がみえる。これは、肥後の国の十八歳の青年、大伴熊凝《くまこり》が相撲使の某国司の従者となって上京の途中、安芸の国の高庭の駅家で病死。それを悼む歌六首(八八六―八九一)の序であり、その中に、「二《に》親《しん》」の語がみえる。この語については、諸注コメントするところを欠く。「二親」の条の、「唯悲㆓二親在㆑生之苦㆒」である。「二親」の語の出自について、まず思い出すことは、『高僧伝』などにみる仏教語である。憶良の歌序が全体として仏典語を随処に使用することは、或いは『高僧伝』など仏教関係の類によるのではなかろうか。空想の糸はしきりに広がる。まず『続高僧伝』を開けば、三十例近くもこの「二親」の語をみる。特に「二親」(父母)があれこれと心配する場面によく出現する。たとえば、

釈曇蔵、姓楊氏、弘農華陰人。家世望門、清心自遠。年十五、占者謂為㆓寿短㆒。二親哀㆑之、即為㆓姻媾㆒。既本非㆑情、慮㆑有㆓推逼㆒、遂逃㆓亡山沢㆒。(巻十三)

釈慧満、姓梁氏、雍州長安人也……年甫七歳、即楽《コノム》㆓出家㆒。二親素奉㆓仏宗㆒、不㆑違㆓其志㆒。(巻二十二)

は、その一例に過ぎない。しかし「二親」は、例が多いとはいえ、『続高僧伝』の専用語ではない。これに先立つ『高僧伝』にも、二、三の例をみる。その一例、

釈智秀、本姓裘、京兆人。寓㆓居建業㆒。幼而頴悟、早有㆓出家之心㆒。二親愛而不㆑許。密為㆑求㆑婚、将㆑剋《サダメ》㆓娶日㆒。秀乃間行避走、投《イタリ》㆓蔣山霊輝寺㆒、剃髪出家。(巻八)

釈法期、姓向、蜀都陴人。早喪㆓二親㆒、事㆑兄如㆑父。十四出家。(巻十一)

つまり仏典の史伝類に多く使用される語で、大まかにいって、「仏典語」の一つといえよう。(10)

それはそれとして、またここで寒山詩のことが現われることは、冒頭に述べた小説『寒山拾得』の話に戻って来たことになろう。真夏の日の覚書《カード》作りはあらぬ方面に飛び廻っていたことになる。廻り廻って『懐風藻』の漢語、その中の仏典語の指摘、なお且つその編纂過程へ少し立ち入ったことは、思いもかけないことであった。なおいえば、『萬葉集』の左注・題詞などの中の漢語の中にも、一般の経書語、あるいは詩文の上での「中世語」(六朝、唐代語)のほかに、ひそかに「仏典語」の存在も隠見できる。これらは『佩文韻府』などに姿を見せないために、わたくしをしきりに悩ませてきた。明治の思想家にして文学者の北村透谷曰く、

胸間に涼風吹けば盛暑の苦もあるべからず、心頭に妄想あれば氷塊をもて家となすも、苦熱を離るゝことかなはじ。(「電影草廬淡話　愛憎」)

と。涼風も吹かず、心頭を滅却することもできない夏の日のわたくしの「漢語あそび」はまだまだ続くであろう。

(1)「昔聞、流水長者、遂救二十千之魚一、曠野猟師、豈得レ害二三帰之鹿一」とみえる。

(2)「談吐」の例、「談吐抑揚」(巻十三、釈慧覚伝)、「談吐誠易」(巻十五、釈義褒伝)、「談吐清奇」(巻二十四、釈法琳伝)など。

(3) その序文を参考にすれば、唐太宗貞観十九年(六四五)の撰であるが、なお高宗乾封二年(六六七)ごろま

で増補があったという(岩井大慧『日支仏教史論攷』)。

(4) 西明寺で道慈が修行したこと、「大安寺碑文」(淡海三船撰)、『扶桑略記』(天平元年の条)などにみえる。

(5) 「長屋王御願書写大般若経御願文」(『大日本古文書』二十四)参照。

(6) 『懐風藻』の諸本に関する系統図については、足立尚計氏「懐風藻の諸本」(「皇学館史学」創刊号)参照。

(7) 「『拈華微笑』と『笑拈梅花』」(『仏教文学研究』一)参照。

(8) なお「亡名」については、友人東野治之君の「上代文学と敦煌文献――道経・字書・『王梵志詩集』をめぐって――」(『萬葉集研究』第十五集)が新しく生れた。

(9) 昭和六十一年、国学院大学における「萬葉学会」公開講演会で一言した。

(10) 日本文学の「二親」についての展開は、拙稿「同類語単一ならず――『二親』をめぐって――」(『文学史研究』34号)参照。

第三章　平安びとの漢語表現

――平安文学学事――

一

この稿は、平成六年(一九九四)十月、「中古文学会秋季大会」(於同志社大学今出川校地)のゲストとして参加したときの覚え書きの一部である。この年は建都千二百年に当り、京都市中では祝賀の催しが随処に行われた。指を僂《お》ると、昭和七年四月より同三十九年四月までの三十余年、洛東・洛西に住んでいたわたくし、建都千二百年を祝賀すべき資格はあろう。但し平安文学に関して、わたくしは、「よそ者」に近い。平安文学の「学事《ものまなび》」のために、専攻諸子のひそみに倣って、その文学のいくばくかを学び取ろうとする初心者に過ぎない。ここに厚顔ながら壇上に立った次第。わたくしは、目に見えない厳かな鬼《もの》が手ぐすねを引いて迫る暮年裡に在る。日々がそれとの勝負。ともかくも啓蒙的な脱線、内容の不備などは講演一般のならい、お許しを乞う。

八世紀末より九世紀中葉までの間は、国文学史の資料は殆んどゼロに近いといわれている。しかし『萬葉集』より、十世紀初頭に出現した『古今集』までの間は、果して文学の空白であったか、これは大学の最終学年昭和十二年の頃、ひそかに懐いた素朴な疑問であった。平安びとのものしたその漢詩は何故に重んじられないのか、しかもこの追求は平安文学史の重要な位置を占めるのではなかろうか、平仮名文の作品のみが文学史ではなかろう。二十世紀末の平成の現今、こんな素朴な問いを発するものは、ない、もはや翁の寝言に過ぎないかも知れぬが、青春当時のわたくしとしては当然の問い掛けであった。『萬葉集』より『古今集』への空白を埋めるものは、勅撰三大詩集が鍵になろう。そのためには、『凌雲集』『文華秀麗集』『経国集』をよく「読む」必要があろうと。しかし、これらの漢詩集には、版本「群書類従本」(与謝野寛夫妻・正宗敦夫編「日本古典文学全集本」第一回は大正十五年〔一九二六〕刊)のほかは、よいテキストがない。そこで本文作りとそのコメントを開始し、延々五十余年、漸く現在『経国集』(巻十四)に及んでいる。しかも未だ完成しないのは、わたくしの怠慢と、旧字体による印刷技術の低下が著しく左右しているためでもある。

テキスト作り、すなわち諸本の校合が完了しても、その「訓《よ》み」(注釈)はわたくしにとって容易なことではない。『日本歴史叢書』の一つ(36)に、故川口久雄氏の『平安朝の漢文学』(昭和五十六年刊)がある。その第二「王朝漢詩文芸の開花—嵯峨朝—」の条に、菅原清公の「雑言、奉レ和二清涼殿画壁山水一歌」(『経国集』巻十四・206)の一部を載せる。その詩は、嵯峨御製に奉和したものであるが、甚だ難解である。第五句より第十二句について、川口訓は、

5 三江淼淼　尋《ひろ》の間に近し
6 五岳迢迢《ちょうちょう》　大裏に生《な》る
……(中略)……
11 飛流の落つる前には　鵠《くぐい》の桂《かつら》を看《み》る
12 重淵《じゅうえん》の廻《めぐ》る処には　蛟《みつち》の盤《さら》を識《し》る

と訓む。「訓《よ》み」は解釈の一部である。しかも「尋《ひろ》の間」に対する無訓「大裏」、「鵠の桂」に対する「蛟の盤」などは、一見洒落た訓のようにみえるが、わたくしには何のことかよくわからない。訓読文以前にまず本文整定に溯るべきである。「尋間」(両手を左右に広げた距離)に対する「大裏」は、「丈《ちゃう》裏」(紅・鴨)、或いは「尺《しゃく》裏」(三手文庫系諸本)の誤り、つまり三江や五岳の画が間近にある意。「鵠《くぐい》の桂《かつら》」は全く意味不明。「桂」は「挂」(慶・三本)とみえ、これを採用すれば、落ちる滝の前面は白い鵠が挂《かか》っているように見える意となる。同じ作者菅原清公の詩(『凌雲集』69)に、「落泉曝レ布懸二飛鵠一」(「落泉布《ぬの》を曝《さら》し飛鵠《ひこく》を懸《か》く」)とみえるのは、同じ趣旨の句である。次に「鵠挂」に対する「蛟盤」の「盤」は動詞でなくてはならぬ。『文選』(巻四十七)袁彦伯「三国名臣序賛」に、

初九龍盤（李善注「方言曰、未レ升レ天之龍、謂二之蟠龍一」）

とみえ、慶安初印本「盤」を「ワタカマリテ」と訓む。龍の属である「蛟」（『藝文類聚』鱗介部「蛟」）の「盤」も、わだかまる、とぐろを巻く意となる。この詩について、前述の『平安朝の漢文学』（五〇ページ）に、「唐絵的な神怪幽玄の心象世界を観念したもの」云々とみえるが、確かに然り。しかもそれ以前に「鵠の桂《かつら》」「蛟の盤《さら》」などの語を生むのは、やはり本文整定を越えた悲しい論《よみ》といえよう。

洒落た訓といえば、『菅家文草』冒頭の1「月夜見二梅花一」（『日本古典文学大系』72）に、

憐れぶべし金鏡の転《かひろ》きて、庭上に玉房の馨れることを　（第三・四句）

とみえ、「転」にカヒロクを当てたのは、確かに珍しい訓である。頭注に「空には黄金の鏡のように月の光がくるめき」とあるが、カヒロクと「くるめき」との間を結ぶためには、わたくしにとっては時間がかかる。カヒロクは、船や草などが風に動く意であり、素朴に、「転《テン》じて」「うごきて」などと訓めばこと足る。『玉臺新詠』（巻八）紀少瑜「雑詩三首」（第一首）に、「日落庭花転ず、方幰屢《しばしば》陰を移す」（『建興苑』）とみえる。これは日が落ちかかると庭の花は影を転じ（影を移動させ）の意。この「転」は道真の「転」につながろう。『古典文学大系』本以来この「カヒロク」の訓を尊重する引用が多いが、「カヒロク」の適用には問題が残る。

訓読文は、語法、句切りなどに照らして正しさを要求する。一応の本文が出来上ると同時に、頭の中には訓読文が浮かんでいるわけであり、その訓読はさまざまであってよい。ここは音読に、あそこは和訓になど、ことばの上で「和歌」のことばとの交流はおのずと生まれる。その一端として、一九七三年(昭和四十八年)七月、パリのソルボンヌにおいて、第二十九回「国際東洋学者会議」(第十部門、日本古典文学)に参加し、「日本詩歌に及ぼした中国の影響―特に平安初期の文学に関して―」を発表したが(「人文研究」第二十五巻七分冊及び『古今集以前』参照)、その頃は多少の新しい点もあろうかと信じて口頭発表を試みたわけである。当日、諸外国の学者達の質問が皆無であったのは、「漢詩」と「和歌」との関係がわかりにくかったのでもあろうか。異邦人としての不安と悲哀、討論のない不快感、ホテルへの地下鉄のあり処《ど》を忘れるほどであった。(1) 今や、平成の世の学界には、このたぐいの雑誌論文があまた出現する。わたくしは学事の同じ仕方の流行を忌み嫌う癖がある。この頃は、サッと身を引いて、「高みの見物」をしながら、別の方向に転進中。

その方向の一つに、日本漢詩の「語性」の問題がある――ここでいう「語性」とは語の性格の意。わたくしの用い始めた言葉と思うが、平成の雑誌論文ではかなり使用されている。平成九年の萬葉学会の発表会においても然り――。その詩は「漢語」もしくは「漢語的なるもの」より成る。しかもそれが純粋の「漢語」か和製かという見極《みきわ》めに重点を置く。つまり日本漢詩を「よく読もう」と

いうことである。漢語を大別すれば、

漢語 ┌ (a) 漢語（中国語）
　　 └ (b) 漢語的なるもの（平安びとの案出した漢語、和製漢語・和習語）

となろう。この(a)か(b)かの判定はわたくしにとって甚だむつかしい。しかもこのほかに、語の「時代性」をも考える必要も加わる。

中国語史の通説を、わたくしの理解によって示すと、次の如くなる（↓印以下はわが国の時代を示す）。

(一) 古代 ─┐
(二) 中世（六朝・唐）─┴→ 上代・中古
　　↕（断層地帯）
(三) 近世（宋・元・明・清）→ 近世（中世〜近世・明治）
(四) 近代 → （現近代）

右の(二)において、勅撰三大漢詩集の第三の『経国集』の成立は、淳和帝の天長四年（八二七）、中唐文宗太和元年に当る。中唐末（八三五）は、仁明帝の承和二年に当り、受容関係からいえば、少なくとも中唐末までの語例は研究上の対象範囲となろう。

しかしこれは通り一遍の浅い考えである。或る漢語が、たとえ㈠・㈡の時代に通行していたとしても、文献としては、後代の㈢以下に始めて現われるものが少なくない。その一例として、模糊たる「僧人《そうじん》」の語について、わたくし自身日時を要した過程を述べてみよう。それは、『経国集』（巻十）所収の釈空海の、60「七言、過二金心寺一」の詩にみえる。拙著『国風暗黒時代の文学』（中㊦Ⅱ）に簡単な注を加え、また本書第一部第二章にも少し触れたが、この語の語性に関して其の後、多少の資料を得、再びここで論じてみよう。大意は、左の如し。

　年を経し御姿の僧ら　堂に満ち　漂ふは暗き塵《ちり》の色、新《あらた》しき花の地《つち》に散り落ち　許多《ここだく》さわぐ鳥の声。経行《きやうぎやう》観礼《くわんらい》　拝するに自《おの》づから心動く、ひとりふたりの僧人　その名知られず。

問題の「僧人」は第四句（「一両僧人不レ審レ名」）にみえる。第一句（「古貌満レ堂塵暗色」）に比して、この語はまず下級の僧を意味するかと思われるが、『佩文韻府』に未収。『大漢和辞典』に、

　〔僧人〕sêng^{1} jen^{2}　僧侶。出家。

とみえるが、用例が示してない。『飜譯名義集』、『仏教語大辞典』（中村元）など仏教関係の書にも未収。ここで、「僧人」の語は空海の造語かと思ったこともあるが、最後は書翰などの俗語資料、特に敦煌資料にたよるよりほかはない。嘗つて、『萬葉集』の左注・題詩などにみえる、「禍故」（巻五、

七九三)、「馳結」(巻十六、三八五七)などの難語が、敦煌文書特に書儀類にそれぞれ摘出し得たことに味を占めたためである。この二語の例はすでに示したことであるが——拙著『萬葉以前』第8章「海東と西域」(岩波書店一九八六年刊)——、なお付加すれば、後者の例に、「高昌書儀」の中にも、

奉見未レ期、益増二馳結一(「いつお逢いできますやら、馳せる心はますます結ぼれるばかりです」。アスターナ一六九号墓文書)

とみえる。ここで「僧人」について、同じ方向の例を採ると、たとえば、敦煌変文の一つ「廬《ろ》山《ざん》遠《をん》公《こう》話《がはなし》」(S. 2073)に、多くの「僧人」の例がみられる。

並不二曾見一、有二僧人一来投二此山一……僧人到レ此、所須何物《ほしきものなきや》。

山神此地修二精舎一、要下請二僧人一転中法輪上。

は、その一例。右の部分の「僧人」は遠公、当時は修行中の僧である。また敦煌資料の「書牘規範」(S. 2200)にみえる「俗人与二僧人一書」、「僧人答二俗人一書」によれば、「俗人」に対する者が「僧人」である。恐らく「僧→僧人→俗人」の関係にあることが浮んで来よう。但し入唐した空海が敦煌資料によってこの語を知ったというよりは、むしろこの「僧人」は俗語的口語的であり、耳で聞いて覚えた語とみるのが真実に近かろう。「僧人」は文献よりもむしろ口頭語として口耳の世界に漂い、そこで覚えた「僧人」を詩の世界に導入したのが空海の詩の例といえよう。

それは、㈠㈡の「古代語」「中世語」を飛んで、㈢の近世語に続出することによっても知られる。森鷗外が「語彙材料」として抄出した宋代の小説、宋洪邁『夷堅志』(辛巻第四「邛州僧《キョウシュウ》」)にも、

我聞、僧人死必有㆓偈頌㆒(「僧さんが死ぬときは必ず偈頌《げじゅ》を残すそうだ」)

の如く、「僧人」の語をみる。また鷗外の読んだ元《げん》の雑劇『西廂記《せいしょうき》』にも、近世以来庶民にもよく読まれた奇書『水滸伝』にも、この語をみる――例は拙著『日本文学における漢語表現』(第3章「漢語の語性」)参照――。つまりこの「僧人」という語は、長らく俗語として口頭の間に漂い、それが中国語史上の㈢「近世語」として文献の世界に登場したものと推測される。

なお念のため、一九九四年漸く刊行を終えた中国の『漢語大詞典』を披《ひら》くと、「僧人」の語を採用する。「出家的仏教徒」と注し、『西廂記』(巻二)や『水滸伝』(巻四)などの例をあげるのは、わたくしの示した書名の一部に一致し、ホッと安堵の胸をなでおろす。また修訂本『辞源』(一九七九年版による)を披いたところ「僧人」の語は未収。但し「僧正」の項に、「管㆓理衆僧㆒之官……為㆓僧人立官之始㆒」とみえ、下級の僧を「僧人」と称したことがわかる。

「僧人」の語は、文献の古さからいえば、いまのところ日本・中国において、空海の語例が一番古かろう。しかし入唐した釈家空海にとっては、随処に耳に聞く語であった。この点においては、文献の「新しさ」「古さ」はあまり問題ではないことになる。漢語の「時代性」とは、文献による

「時代性」であり、書かれざる語のことも絶えず念頭に置く必要がある。平安漢詩が中唐に当るとはいえ、それ以後の中国語文にいう㈢「近世語」の時代をも一応考慮に入れるべきであろう。「近世語」には、わが上代・中古専攻者にとって、見馴れない語が甚だ多い。鷗外の『小倉日記』を盛夏の午睡《ごすい》のうちに読もうとしたわたくしの浅はかさ。一度もお目にかからないあまたの語に接したいつぞやの告白は、㈢を勉強したことがなかったためであった――そこにはわたくしのいう「ことばの断層地帯」、地溝地帯が存在するゆえであった――。㈢はわが江戸・幕末明治専攻者が中心をなすが、理想的にいえば、㈢の時代語にもなにがしか手を延ばす必要もあろう。釈空海の用いた「僧人」の語は㈡の時代に当る。しかしことばは時代を越えて、㈢という次の世の文献にいくたびとなく姿をみせる場合もあり、いわゆる「科学的」に時代を断裁すれば、失敗する恐れもあろう。

ここで「時代性」に関して、注目すべき一つの論文を想起する。それは故吉川幸次郎先生の「六朝文学史研究への提議一則」(昭和五十一年。後に『文明の三極』所収)である。わたくしに「読め」といって送られてきた抜刷、その末尾にひろく国文学者の盲点を突く。「奈良平安の漢文は、『古事記』の序文をはじめ、秦漢の文(㈠に当る)ではなく、中国「中世」(㈡に当る)の文体をまねる、したがって語彙もまたそうである」といったことから、

一般的にいって、国文学者は、私のこの文章でいうような、中国の「古代」(㈠に当る)と「中

世」(二)に当る)との間にある用語の断層に、さまで注意されず、その語の秦漢に見える用例を求めて満足されることが、ないではないようである……。

云々と(括弧内は筆者注)。実はこれは六朝文学研究者への提言ではあるが、更には国文学徒にも与えられた温い提言でもある。

漢語表現に関して、「時代性」の問題について少し述べてきたが、なお既述の(a)(b)の図表の方が基本的である。特にわれわれとしては、(b)の「漢語的なるもの」の追求が重要である。この(a)も(b)も、辞典類が完備していると、大体の方向がわかる。もし平安びとの案出した漢語、すなわち和製漢語——人呼んで「和習」という——と断定するには、(a)がゆるぎのないものならば、(b)はおのずから判別できよう。その役は辞典類が東道の役を務める。しかし悲しいかな、辞典類の完備は人間の力ではやはり無理である。従って、

「漢和辞典は信ずべし、且つ信ずべからず」

という標語を自ら案出し、これを以て今や、自誡のことばとしている。現行漢和辞典類の最も信用すべきは、『大漢和辞典』であること、周知の如し。信用すべき辞典であるがため、何万分の一の不備も見逃してはならぬ。姉妹篇『広漢和辞典』に、前者の未収の語を多く採用したのは有難い。

しかしわたくしの必要な語に当ってみると、中国の例をあげず、『懐風藻』や『萬葉集』の詩文の

例で済ましているのがかなりあるのは、あまりにも手抜きといえよう。「漢和」と銘打った以上は、まず最初に中国の詩文に例を求めるべきである。漢語「麗景」も、その一例である（第二部第一章第一節「『残』を中心として」（一六六ページ）参照）。

代表的な『大漢和辞典』には、紀田順一郎編「『大漢和辞典』を読む」（大修館書店刊）という案内書もあり、言うべきことはこの編の中にすべて書いてある。しかし思いがけなくもわたくしの遭遇した例に疑問を懐いた漢語もかなりある。その一、二を。

(A) 意味は正しくても、用例に大きな誤りを犯した例。

漢語「孤亭」に関して、『大漢和辞典』に、「ただ一つのあづまや。離れ座敷」と注するのは正しい。しかし「峌峴《テツゲツ》孤亭」（『文選』巻十二、木玄虚「海賦」）の例をあげるのは、波濤の激しさを述べる海賦の中に、「孤亭」という「ただ一つのあづまや」が出現するのは不審である。李善注に「峌峴ハ高貌」とみえるのは、これに続く「孤亭」も同類の語でなくてはならぬ。六臣注に「翰曰、峌峴孤亭ハ高貌」とみえ、慶安初印本の傍訓に、

孤亭―（右）タテリ　（左）ヒトリタカシ

とみえるのは、正しい訓、正しい解釈といえる。この「亭」は、『文選』（巻二）張平子「西京賦」の「状亭亭以苕苕」にみる「亭亭」（薛綜注「亭亭苕苕、高貌也」）に同じ——慶安初印本左訓「タカウシ

テ」――。また中国の『漢語大詞典』に、「孤立的亭子」と注するのは正しいが、『大漢和辞典』と共に、「海賦」の例をあげたのは大きな誤りといえよう。さすがに先行する『佩文韻府』は、中唐孟郊の「読経」の詩「払㆓拭塵几案㆒、開㆑函就㆓孤亭㆒」を最初にあげたのは注目すべきである。この「海賦」の例の大きな誤りを除いて、普通の「孤亭」を語史的に眺めると、『大漢和辞典』は更に㈢「近世語」をあげる。『漢語大詞典』も同じ。しかし『佩文韻府』の例は、㈡「中世語」であり、「独立した離れ」の意の「孤亭」は、「中世語」の中の唐詩の一例ということになる。

次に、

(B)用例も注も正しいが、日本語で説明するとき不備のある例。これをあげてみよう。例は、便宜的に演題「平安文学学事」の中の「学事」についてである。この「学事」に関して、『大漢和辞典』に、

㈠従ひ学ぶ。学びつかへる。(用例、『漢書』賈誼《カギ》伝)

㈡学問に関する事柄。(用例を欠く)

と注する。問題は㈠にある。『漢書』(巻四十八)「賈誼伝」に、呉公がもと李斯と同邑で、「嘗《テ》学事焉」とみえ、顔師古注「事㆑之而従㆓其学㆒也」は、「之《これ》に事《つか》へて其の学《がく》に従ふ」の意(和刻本「学《ヒ》事《フ》」)、「『学ぶこと』と『事《つか》へる』こと」とは離すことはできない。これは、『世説新語』(「言語篇」

上)にも、「堯・舜皆師《トシテ》而学《ビ》レ事焉《フ》」(和刻本『世説新語補』)とみえ、また尾張名古屋藩儒秦《はた》士鉉校読『世説箋本』にも、その訓に「師《トシテ》而学事焉《ビフ》」とみえる。やはり「学び且つ事へる」意で、これを二つにわけた『大漢和辞典』は、不十分な注というべきである。修訂本『辞源』には、この項目を欠くが、さすが『漢語大詞典』には、「従二某人一学習幷侍奉之」とみえる。

この語の問題とする点はこれで終えるが、わたくしの演題に使用した「学事」は、『大漢和辞典』の用例のない(二)にほぼ近く、「学問に関する事」の意で、本居宣長のいう「ものまなび」に近い。これは中国人の知らぬ和習、わたくしのみの和習語、和製語であった。前述の漢語を二つにわけた(a)ならぬ(b)「漢語的なるもの」の場合といえよう。

(b)の「和習」すなわち「和製漢語」の問題については、故神田喜一郎先生の「和習談義」(『墨林閒話』II「藝林閒話」)があり、溯れば、近世の学者荻生徂徠の『文戒』(『蘐園随筆』巻五)もある。しかも「和習」か否かの判定は容易なことではない。たとえば、『経国集』(巻十四)の終末に近く、嵯峨天皇をめぐる公主有智子《うちし》、滋野貞主《しげののさだぬし》などの「雑言、漁歌」群の詩がみえる。これは周知の如く中唐張志和の塡詩《てんし》(詩餘)の形式をもつ「漁歌子」をまねた詩群である——余計なことを加えるならば、このことは、中国学者故青木正児先生の発見にかかり、「余は嘗て此集を繙き、偶然これを発見して驚嘆した」とみえる(『支那文学藝術考』所収「国文学と支那文学」)。神田先生もこれに賛成され、以来学界の定説となっている。だが、わたくしからみれば、少なくとも幕儒林家の人々はこれに気付いていたといえる（林鵞峰『本朝一人一首』参照）。発見の先後は簡単には断ぜられない——。さて、もとに戻って、滋野貞主の「雑言、奉レ和二漁歌一入字」の一つに、

224 微茫一点釣家舟、不レ倦二遊魚一自レ暁流。濤似レ馬、湍如レ牛、芳菲霽後入二花洲一。（テキスト、三手文庫本系諸本）

とみえるが、問題の点は、「濤《なみ》は馬に似て、湍《せ》は牛の如し」（三・三言）のところである。これについて、「日本における中国文学I——日本塡詞史話上——」（『神田喜一郎全集』VI）の中に、右の三・三言の点について、「和習の見られるのが遺憾である」とみえる。しかし「類書」の一つ『初学記』（地部「江」）引用の隋の薛《セツ》道衡「入二郴江一」の詩の、「征途非二白馬一、水勢類二黄牛一」を参考にしたのではないかと思われる。「白馬」を白馬峡と解し、「黄牛」を黄牛峡とみなせば、必ずしも和習とはいえず、和習の判定はむつかしい。なお更に「和習」については、次章第四章の「日本文学における和習」が参考になろう。

更に一例をあげよう。『経国集』（巻十三）に、嵯峨上皇の142「山居驟レ筆」の七言詩がみえ、その中に、

欹レ枕山風空粛殺、横レ琴渓月自逍遥　（第三・四句）

とみえる。この二句は、「枕を傾けつつ聞き耳をたてると山の風はいたずらにきびしく吹きつけるばかり、琴を傍に横たえて眺めやると谷間にさす月はそれ自身光をちらちらさせつつ空をさまよう」、といった意。前の句は聴覚、後の句は視覚の詩境である。ここで問題とすべきは「逍遥」であり、主語は「溪月」である。しかし月が「逍遥する」とは、漢詩ではいわぬ。『文選』(巻三十)鮑明遠「翫㆓月《ヲ》城西門解中㆒」の、

夜移衡漢落、徘徊帷戸中　(李善注「曹植七哀詩曰、明月照㆓高楼㆒、流光正徘徊」)

にみる如く、「徘徊」の語を用いる。夜が更けて月が射してたゆたう様が「徘徊」の意であろう。李善注にあげる「曹植七哀詩」は、『文選』(巻二十三)にみえるが、鮑明遠の例によれば、落ちゆく月の光が今まだたゆたう様をいう。彼は光の「徘徊」を好んだ詩人。「発㆓後渚㆒」にも、「孤光独徘徊、空煙視㆓昇滅㆒」とみえる。嵯峨御製の「逍遥」の、「遥」の字は下平声二蕭韻の場所に当り、「条」・「寥」・「遥」・「凋」・「招」と続く脚韻である。作者が前述の名高い『文選』の例によるならば、「徘徊」とすべきであろう。しかし韻の関係で、止むを得ず類似語「逍遥」を用いたかも知れぬ。これによれば、ここで「逍遥」を用いたのは「和習」というべきである。なお詩題中の「騾筆」(筆をはしらす)も和習か。

「徘徊」の例は、『文選』に限らず例は多い。試みに上代に伝来していた初唐の王勃・駱賓王の詩

例によれば、

徘二徊蓮浦一夜相逢、呉姫越女何丰茸《ホウジョウ》（王勃「採蓮曲」）

長途君悵望、岐路我徘徊（駱賓王「餞二鄭安陽入一レ蜀」）

など、「徘徊」する主体は、人である。因みにわが上代の例を示すならば、『萬葉集』（巻十八）にみえる、国守大伴家持宛の同族池主の書翰に、「月に乗じて徘徊し、曾《か》つて為す所無し」とみえ、「徘徊《さまよ》ふ」主体は池主という人である。月光のもと「徘徊」する例は、上代に伝来していた北周庾信の詩集の「聘二斉秋晩館中一飲酒」にも、「無レ因レ侍二清夜一、同二此月一徘徊」とみえる。また同じ時代のわが詩集『懐風藻』に、藤原宇合の「在二常陸一贈二倭判官留在一レ京」の詩に、

89 馳心悵望白雲天、寄レ語徘徊明月前（第九・十句）

とみえ、更にまた南国土佐に流された石上乙麻呂の「飄二寓南荒一、贈二在レ京故友一」の詩に、

115 遼夐遊二千里一、徘徊惜二寸心一（第一・二句）

とみえるが、これらの「徘徊」は、人の動作である。とすれば、早くより「徘徊」を人の動作に使用していたことになる。つまり「徘徊」は上代の例によれば、人の動作であるが、漢語では月にも人にも用い、天上、地上の「ためらひ」「たゆたひ」という動きがこの「徘徊」の意となる。月光の「徘徊」、すなわち月光のもと「徘徊」する人は皆美しい。英国詩人ならば、“wander”よりも、

“roam”の語を当てるかも知れぬ。

もとに戻って、御製の「渓月自づから逍遥す」を更に検討してみよう。「逍遥」の語は、『文選』に、三十数例みえる。そのうち、潘安仁「秋興賦 幷序」(巻十三)の終りの部分に、

逍二遥乎山川之阿一、放二曠乎人間之世一 (李善注「荘子有二逍遥遊篇一。司馬彪曰、言、逍遥無為者、能遊二大道一也……」)

とみえ、李善の引用する「逍遥遊篇」によって、何物にも束縛されない自由な境地をいうかと思われる。従って潘安仁「閑居賦 幷序」(巻十六)に「逍遥自得」の如き語も生まれる。しかし『荘子』の「逍遥遊篇」のことばは次第にうすれる。同じ潘安仁の「為二賈謐一作、贈二陸機一」(巻二十四)になると、「倏日朗月、携手逍遥」(手を取りあってさまよう、遊ぶ)の方向に進む。『文選』(巻二十二)の「遊覧」の部の冒頭に、

乗レ輦夜行遊、逍遥歩二西園一 (魏文帝「芙蓉池作」)

とみえるのは、「遊覧」と結ばれた「逍遥」の語が浮かび上る。『萬葉集』(巻五)の「遊二於松浦河一序」の、「余以暫往二松浦之県一逍遥、聊臨二玉嶋之潭一遊覧……」は、「逍遥」の語の内容を如実に示すことになろう。ながながと説いて来た嵯峨上皇の「渓月自らに逍遥す」の「逍遥」は、何れにしても用法を誤ったもので、和習というべきである。しかもそれはそれとして、「逍遥」の語は、中

古平仮名文学に「せうえう」という文字の姿をかえて、『伊勢物語』や『源氏物語』その他に、出現する。中古文学専攻者も、やはり「せうえう」の源泉を辿る必要がありはしまいか――それを追求した例に、若い友人谷口孝介君の「物語の『逍遥』」(『同志社国文学』第38号)がある――。漢語の追求は、平成のはやりの比較文学者だけの独専物であってはならない。平安中古文学の「学事」は、洪濤瀾汗《らんかん》として万里果てし無い大海である。しかも来るべき新世紀の橋渡しをする重大な役目を受け持つのは、来会の諸子の皆様と信ずる。

すでに示した「漢語」の便宜的な分類(a)(b)において、平安びとの用いた漢語のうち、(a)も(b)も共有して用いた例も多い。(a)においては中国の時代語の差もあり、(b)の和製漢語にも意味内容は一つに限らない例もあり、考えてみると複雑なことをあらかじめ覚悟すべきである。しかもその基本になるものは、やはり現行の漢和辞典である。今わたくしが「ああ！ 漢和辞典」と叫ぶ時、「ああ！」の背後には「感嘆」と「不信」の念とが同時に潜む。しかも不信の段階には、人間の能力の止むを得ない限界もあり得るといった一種の「諦観《あきらめ》」もある。更に一例として「寒花」をあげよう。『大漢和辞典』に、「冬の花」、『角川大字源』に、「冬の花。菊をいう」とみえ、ともに晋人張景陽「雑詩十首」(『文選』巻二十九)第三首の、

寒花発二黄采一、秋草含二緑滋一 (六臣注「翰曰、寒花ハ菊也」)

に当る。『漢語大詞典』の「寒冷時節開発花」とみえるのも、これに同じ(修訂本『辞源』欠く)。『経国集』(巻十三)滋野善永「雑言、九日翫二菊花一篇、応製」の、140「萋々菊花繞《メグリ》二清潭一、始有二寒花一一雁南」は、諸辞典の意を満たす例である。なお、

梅発二寒花一朝見レ雪、水収二幽響一夜知レ氷 (『本朝麗藻』下、山荘部、藤原為時「題二玉井山荘一在二和泉国一云々(2)」)

籬下寒花色色深、栽来為レ客有二芳心一 (『江吏部集』下、大江匡衡「暮秋陪二左書府書閣一、同賦二寒花為レ客栽一応教詩 并序」)

などの例をみて、「冬の花、菊や梅の花をさす場合もある」とでも注するならば十分であろう。特に嵯峨帝の「除夜」(『経国集』巻十三)の「山雪《さんせつ》暮光寒気尽《つ》く、庭梅暁色暖煙新《あらた》し」(第五・六句)に対する、有智子《うちし》内親王(公主)の「奉レ和二除夜一」に、

169 暁燭半ば残りて星色尽く、寒花独り笑《ゑ》みて雪光餘《のこ》る (第三・四句)

とみえ、「庭梅」を「寒花」に換えたのは、梅の花を「寒花」の中に加えた好例といえよう。

しかしこれでも解けない例もある。盛唐の玄宗(明皇帝)の「喜レ雪」の詩に、

委《ツモリテ》レ樹寒花発、縈レ空落絮軽 (第五・六句)

とみえ、冬の花である「寒花」、それは雪の花、すなわち「雪」をさす。下句の落ち来る柳の絮《わた》

「落絮」も雪の花である。また少し溯れば、初唐鄭愔《ていいん》「人日重宴大明宮、恩賜綵縷人勝応制」の、「池開㆓凍水㆒仙宮麗、樹発㆓寒花㆒禁苑新」も、寒花は雪の花である。この意の「寒花」は、中国の㈡「中世語」といえるが、然らばわが「中古」文学この意をもつ例ありやなしや。幸いにも嵯峨弘仁朝の女流詩人、前述の公主有智子の詩に例をみる。

176　朔気《さくき》三冬緊《きび》しく、寒花千里に飛ぶ　（『経国集』巻十三「山斎賦㆓初雪㆒」）

これは、寒さの中に咲く雪の花が千里の遠くまでも飛ぶ（雪がここに飛んで来た）、の意。しかし受容関係からみれば、唐詩「寒花《ゆきのはな》」を学んだことになろうが、有智子公主としては、自身で案出したかも知れず、いまのわたくしの断定は半々である。それはそれとして、辞典類に「雪、雪の花」を加えない限り十全とはいえまい。

漢語の取扱いには、絶えず漢和辞典類の不備がまといつく。わたくしの過去の失敗の例を一つあげて終《しま》いとしよう。それは、『凌雲集』にみえる坂上今継「渉㆓信濃坂㆒」の結び、

81　郷関何処《いづれのところ》にか在る、客思転紛紛《かくしうたたふんぷん》たり　（第七・八句）

である。「紛紛」は、雪、落葉、花など天然現象につける漢語であり、この詩の如く、旅愁がちぢに乱れるといった心の乱れに用いる場合があるかどうか。嘗つてわたくしは、この詩の「紛紛」は、漢詩の表現からみれば特異な用法といえる、と述べたことがある（有斐閣選書『上代の文学』所収「学

事近報」昭和五十一年）。六朝漢詩の索引は当時ほとんど未刊とはいえ、実にいい加減な発言をしたのであった。しかし幾年か後に、その論の空白の部分に、赤や黒の書入が雑然として残ることは、ともかくもわたくしなりの良心を失っていなかったといえようか。その二、三を示そう。

前有㆓濁樽酒㆒、憂思乱れて紛紛たり　（『藝文類聚』武部「戦伐」、梁呉筠「戦㆓城南㆒」）
眉《まゆ》を攅《あつ》め緝縷《しふる》し思《おもひ》紛紛たり、対㆑影穿針魂悄悄　（『捜玉小集』「擣衣篇」）

この二例は上代に伝来していた漢籍、何れも平安びとの読める範囲内の漢籍である。なお盛唐詩の例に、「雲山無㆓断絶㆒、秋思日《ひび》に紛紛たり」（周瑀「臨川山行」）ともあり、人の心中に関する「紛紛」は、特異な表現ではなかったのである。ここに改めて訂正しなければならない。

ついでに一言すると、81の「紛紛たり」の主体は「客思」。「客思」は、旅の思い、旅愁の意——『大漢和辞典』に、「たびごころ。客意に同じ」とある——。これについては、前述の拙文「学事近報」に、

「客思」は、「客心」「客意」などにひとしいが、『文選』にも数例をみる「客心」などに比してあまり使用されず……。

と述べ、六朝の斉人謝朓「離夜」の、「翫潮尚知㆑限、客思眇難㆑裁」（『藝文類聚』人部「別上」）を「稀な例」の一つという。しかしこれは当時のはやり気のいたり、用例数の多寡でものをいうべきでは

ない。現に梁人何遜の詩には、

春色辺城動、客思故郷より来る　(「辺城思」)

客心夜魂を驚かし、言与二故人一同　(「夜夢二故人一」)

の如く、「客思」と共に「客心」もみえ、中国の㈡「中世語」として、両者の間には時代の差はない。「客思」は、左の唐詩にもみえる。

南国秋風晩、客思幾《ほとほと》に悠なる哉《かな》　(初唐胡皓「出峡」)

山途去無レ限、客思坐《そぞろ》に何ぞ窮らむ　(『捜玉小集』陳子昂「白帝懐古」)

もとに戻って、坂上今継の「渉二信濃坂一」の五言詩の、「客思転《うたた》紛紛たり」の「客思」も「紛紛」も「稀な例」とのべたのは、誤りであり、六朝、唐詩の「索引」のなかった時期とはいえ、粗なること、赤恥をかくと共に反省すべきである。なおこの詩句に類似する例に、初唐王勃「寒夜懐レ友、雑体二首」の、

秋深く客思紛として已《や》むこと無し、復値《アフ》二往鴻中夜起一　(第一首)

がある。『王勃集』(『王子安集』)は周知の如く、正倉院にも残るところ。この王勃の詩句が、あるいは、前述の坂上今継の「客思転紛紛」に暗示を与えたかも知れぬ。「漢語」のひとつひとつを検討することによって、ことは受容摂取の方面に広がることもあろう。

以上、平安びとの漢語表現を知るために、「漢語」に関して、基礎的なわたくし自身のやりかたを述べて来た。要するに、まず漢和辞典類を目処《めど》としながらも、絶えず「信ずべからず」の態度をもたねばならぬ。辞典の内容、用例、説明の批判など、編者の立場に立って、それぞれの原典に溯って考えることが必要である。中国の『漢語大詞典』さえも、「孤亭」の用例に甚だしい誤のあること、すでに述べた通りである。最後のしめくくりに申しあげることは、上代の萬葉研究者は、『古今集』を無視して萬葉にとじこもり、中古の古今研究者は『萬葉集』をあまり読まない傾向にある。やはり在来の国文学の研究は時代、内容などの「区割り」をしすぎてはいないだろうか。漢詩の世界も堂々と日本文学史の中に入れ、特異なものとみるべきではない。中古の「せうえう」(逍遥)を論ずるには、漢語の「逍遥」、それにつながる「徘徊」をも知る必要があろう。ふといま思いついたのは、国語学者側の説く「抄物《しょうもの》」(せうもち)がある。『毛詩抄』『論語抄』など、「抄」が注釈書の意である以上、中心は「何々ぞ」「何々じや」などの「語法」研究ではない。つまり文学史の中の学問史ともいうべきであり、その「抄」の内容の妥当か否かの判断にも、まず漢詩漢文を学ぶ必要があろう。

平安中古文学の「学事」の平野はひろい。耕し方如何によって、更に新しい展開も生まれよう。二十一世紀にご活躍される皆様に、二十世紀末までは生きようとする「わたくし」という老生がご招待をうけたことを感謝して、勝手気ままに思うままを申し上げた次第である。

（1）「英文要旨」の題名。Chinese influences on Japanese poetry——especially on the Literature of the early Heian Era (9th C. A. D.).

（2）『紫式部家集』(元禄九年刊、龍谷大学中川文庫本）の中に、紫式部の父藤原為時に関する考証のほかに、この玉井山荘の詩を書いた富岡鉄斎自筆の書入がある。

第四章　日本文学における和習

一

今は遠い明治。大正生れとはいいえ、明治のことはわたくしの見知の範囲内にはない。しかし、「男尊女卑」のきびしい世の中であったことは、当時のものの本の随処にみられる。たとえば、明治末期に起った平塚雷鳥をめぐる「青鞜《せいとう》派」の女性解放運動、「元始女性は太陽であった」(明治四十四年九月)の宣言は、筆と実践とによる。また当時の思想家中江兆民の論説雑説などにも、男性に対する女性の漢語使用について、如何にすべきか、表現上の示唆を与えてくれる。兆民はいう、

男子が特権として用ひ来れる漢語は、女人に於ては使用権無き様に成り来れり。然るに学術や政治や書に筆するには勿論、坐敷噺《ざしきばなし》にするにも、是非若干の漢語を使はねば行はれぬものあり。然るに平常彼《か》のジレツタイだのオヤマアだの語《のの》と平仮名の語丈けに限られたる女人が漢語を使ふを聞く時は、必ず生意気に思はるゝなり。此は外では無く、単一味習慣の力の然らしむる所

なり。且つ又学術政治の嘶を為るには、漢語のみならず、其嘶の文法も是非とも漢文崩しの体を用ひざるを得ざること儘《ま》ま是れ有り。或は云々ならしむ可しとか、或は云々することは得可《うべか》らずとかの句法は、勢ひ避くる訳《わけ》に往き難き事なり。然るに今《い》ま束髪を戴き、目鏡を懸け、沓を穿きて、外貌計りにて、既に充分世人から生意気と指称せらる可き出立ちを為して、其《その》上に男子と共に……佶屈なる漢語と流滑なる洋語とを以て、二三段漢文崩しの文を組織して、一時の演説を為て、坐客を俯聴せしむるに於ては、世の所謂婦人改良家中にて、随分突飛の先生にても多く逡巡して眉を蹙むることなり……／女人が学問して文芸政治の考が出来て、漢語交りの嘶が出来て、男子の談話場にて、時々二三の言句又は一両段の文章を吐くことが出来て、夫れが生意気ならば、吾等は女人が成丈け早く成丈け衆く生意気ならんことを望む者なり……女人改良に熱心なる男子は、此盲雲を払ふて、女人の為めに勇気を増さしめ、務めて漢語を使はしめ、漢文崩しの嘶を為さしめるこそ肝要ならん……／女人学術的の奏楽を生意気抔《など》と云ふは、自家の野蛮習気をさらけ出すに外ならざるなり。（『中江兆民全集』11。○印及び句読点、括弧など筆者。以下同じ）

と。この一文は、明治二十一年（一八八八）七月六日、雑誌『国民之友』（第二十五号）に特別寄書した「婦人改良の一策」を引用したものである。婦人改良の一策として示したこの文体の問題は、男子と同様に漢文体と共に「漢文崩しの文体」をも用うべきことを主張する。女人の地位を文体の面から平等ならしめようとする兆民の趣旨は、「しむべし」「得べからず」式の漢文体の横行をやや和らげようとする文体、すなわち「漢文崩し」の体への「啓蒙《すすめ》」の方向に頭を擡げる。婦人改良、女人解放などと唱道すれば、あまりにもあらわである。これを文体の面へと相結んだのはさすが兆民である。

「漢文崩し」のことは、兆民の学僕幸徳秋水もよく承知する。その『兆民先生』(明治三十五年五月刊)にも、

> 先生予等に誨《をし》へて曰く、日本の文字は漢字に非ずや、日本の文学は漢文崩しに非ずや、漢字を用ゆるの法を解せずして、能く文を作ることを得んや、真に文に長《せ》せんとする者、多く漢文を読まざる可からず、且つ世間洋書を訳する者、適当の熟語なきに苦しみ、妄りに踈率《そそつ》の文字を製して紙上に相踵《つ》ぐ、拙悪見るに堪へざるのみならず、実に読で解するを得ざらしむ。是れ実は適当の熟語なきに非ずして、彼等の素養足らざるに坐するのみ、思はざる可けんやと。(第五章「文士」。句読点原文による)

と述べる。兆民は漢文の簡潔性と気力を好む。とはいえ、万人がこれを中心とするわけにはゆかない。そこにその「切り崩し」を必要とする。「漢文崩し」は漢文によって生れた一種の妥協案とも

いえる。大正四年(一九一五)刊行の文章読本、堺利彦の『文章速達法』に、

文章といふものは、ツイ近来まで漢文で書くか、昔風の和文で書くか、それでなくても漢文くづしにするとか、和文調でやるとかいふふうで、更に下つて雅俗折衷体になつても、やはり普通の言葉とは大分かけはなれたものであつたので、どうしても多少その道の修業をした者とか、幾分なり専門的の学問をした者とかでなくては、とてもできぬ訳合になつてゐたのである。しかし今日のごとく、言葉そのままを文字に書き表す言文一致体が行はれてみると、一通り文字を知つてゐる以上、特に文章といふものを難しがる道理はない。(第一章「大体の心得」一、談話と文章)

と述べるのは、明治に於ける文体の一大改革である「言文一致体」までに種々の試みがなされたわけであるが、なおその前に「漢文崩し」の文体も認識されていたことになる。

このような「漢文崩し」の文章を拡大して考えると、明治以降においても、漢語漢文の語句を崩して生れた和語和文的な語に接する場合が甚だ多い。その一例として森鷗外の『澁江抽斎』(『全集』第十六巻)をあげよう。この新聞小説は彼の退官後に当る大正五年(一九一六)の作。評論家石川淳がこの小説と『北條霞亭』を鷗外の傑作とみなし、

この二篇を措いて鷗外にもっと傑作があると思っているようなひとびとを、わたしは信用しな

い。（岩波文庫本『森鷗外』所収「鷗外覚書」）

と述べ、なおその第一に前者をあげたことは、よく人の知る処である。この評論の当否は専家ならぬわたくしには何ともいえない。これを除外するとして、『澁江抽斎』には、漢語を「崩して」新しい語句を作った例がかなり多い。すなわちこの語句の背後には漢語が厳然として控える。その二、三を。

(一) 穴隙《けつげき》を鑽《き》つて相見《あひまみ》えたために、二人は親々《おや〱》の勘当を受けて、裏店の世帯《せたい》を持つた。（「その三十五」）

(二) わたくしは安政二年に抽斎が喙《かい》を時事《じじ》に容《い》るゝに至つたのを見て……（「その四十五」）

(三) 佐竹は山内へ廻礼に来て、庭に立つてゐた五百《いほ》の手《て》を摻《と》らうとすると、五百は其手を強く引いて放した。佐竹は庭の池に墜ちた。（「その六十七」）

(四) 枳園《きゑん》は……酒《さけ》を被《かうむ》つて世を罵《ののし》つた。（「その九十五」）

わたくしは、鷗外物を読むときは、諸家のことはいざ知らず、辞書を片手に右往左往する。しかしこれらの諸例は特殊とはいえない。(一)は「鑽二穴隙一」、(二)は「容喙」、(三)は「摻手」、(四)は「被酒」を崩したものであることは、容易にわかる。同時に逆にもとの漢語を知ることは、書斎に坐する鷗外のもとの文《あや》を生む姿をまぼろしとして想起することができよう。

なお二、三のコメントを加えると、㈠は『孟子』(滕文公章句)による。その中の「鑽」は現代の諸注はおおむね「(穴隙《あな》を)ウガチて」と訓むが、鷗外の「鑽《(き)》つて」の訓は江戸の訓点本系によるものであろう——古義堂訓点本「鑽《(キッ)》テ」、元禄の漢学者中村惕斎《てきさい》の講述「キツテ」——。㈡が漢語「容喙」によることは、「五百《いほ》は彼が兼松石居に従つて経史を攻《をさ》めるのを見て、毫も容喙《ようかい》せずにゐた」(「その八十三」)を通じて知ることができる(『荘子』秋水篇の「開二吾喙一」によるか)。㈢の「手を摻《と》る」は、「摻《さん》…手《しゅ》」という漢語を崩したものである。この「摻」は、『毛詩』の「鄭風」に、「遵二大路一兮、摻二執子之袪一兮」(「遵大路」)とみえ、とる、とらえる意(毛伝「摻ハ擥」)。しかし「子」の性格が古来より未解決であって、朱子『書経集伝』の説に従えば、男に捨てられた淫婦よりみて、「子《きみ》」は男に当る——中村惕斎『詩経示蒙句解』もこれによる——。鷗外も恐らくこの説によったものであろうが、鷗外の描く五百《いほ》という女性の「手を摻る」は、右の鄭風の例のみでは必ずしも適切とはいえない。なお更に『毛詩』「魏風」によれば、

摻摻女手、可二以縫㆑裳　(「葛屨《かっく》」)

とみえ、「毛伝」に「猶二織織一也」と注する。これは細やかな女人の手を示し、鷗外の「手を摻る」は、単に手を取る(執る)ばかりではなく——天明四年刊『小説字彙』に「摻《モ》ツ」とみえる——、五百という女性のほっそりした手を取ることになる。そこにわざわざ「摻」の字を用いた点に鷗外の

心遣いが隠見する。なお細やかな手という名詞の例に、唐人常沂撰『霊鬼志』（『龍威秘書』第四集「晋唐小説暢観」）の、「已而翠簾除搴、見二掺手如レ玉、指二画青衣一、令レ摘二芙蓉一」がある。㈣の「酒を被る」は、酒に酔うこと。これは『漢書』（「高帝紀」上）にみえる名高い句、

高祖被酒（「師古曰、被ハ加也。被酒者為二酒所一レ加」）

に基づく。なお『日本書紀』「景行紀」（二十七年）にみえる、熊襲の川上梟帥《たける》の「被酒」（古訓ヱヒヌ）も、これによること、すでに河村秀根『書紀集解』の指摘するところ。鷗外は常識的な漢語を日本語に崩したのである。

ことのついでに鷗外の新聞小説『伊澤蘭軒』（大正六年九月完、『全集』第十七巻）を少し眺めてみよう。

(い) 茶山《ちやざん》は又蘭軒の正側室の安を問うてゐる。（「その百二十八」）

これは、「茶山は此歳首に書を蘭軒に寄せずに、三月九日に至つて始て問安した。」（「その百二十七」）の「問安」（書翰類に多い語）を崩したものである。また、

(ろ) 土間で其本を攤いて、舞台と見較べてゐた。（「その二百六十三」）

時としては座に就いて巻を攤かずに……酒肴を饗した。（「その三百三十」）

などの「攤《ひら》く」は、書物をひらく意。『佩文韻府』に、盛唐杜甫「（又）示二宗武一」の「覓レ句新知

レ律、攤レ書解満レ牀」の一例のみあげる。鷗外がこの語を杜甫の詩に学んだか否かは未詳。むしろ今のところ、『康熙字典』引用の『世説』の、「王戎満レ牀攤レ書」に学んだとみる方がむしろ無難かと思う。

(は) しかし「手紙は山陽が方に纔に茶山の塾を去りて京都に帷《ゐ》を下《くだ》せる時書かれたる者」だと云つてあるに過ぎぬから、恐くは日附は無かつたのであらう。(「その一」)

崇文盛化の餘沢は方に纔に社会に被及するであらう。(「その百八十一」)

などとみえる「方《まさ》に纔《わづか》に」の例がある。これは、「榛軒《しんけん》は方纔篋《けふ》を探つて、金三十両を出《いだ》してわたした」(「その二百五十五」)の漢語「方纔《ほうざん》」(はうざい)によることは明らかである。「方纔」の訓詁については、拙著『日本文学における漢語表現』(第五章「特殊語をめぐって」二「飜読語を中心として」。岩波書店一九八八年刊)に述べたので繰り返さない。しかし中国の「近世語」ともいうべき俗語的な「方纔」を「まさにわづかに」と崩してみても、「マサニ」と「ワヅカニ」という常識的な日本人の語感からみて、新聞小説として読んだ当時の読者にも理解しにくい語であり、鷗外としては、むしろ下手な「崩し」であったかと思われる。因みに前述(は)の一文「帷を下せる時」は、漢語「下帷」を崩したもの。とばりを垂れて三年間も園を窺うことのなかった漢の董仲舒の故事(『漢書』巻五十六、『蒙求』「董生下レ帷」など)に基づくことはいうまでもない。「崩し」は他人の納得できるものでなくてはならない。鷗外作品にのみ出現するならば、自身の表現を豊かにしたに過ぎない。それにしても、兆民らの「漢文崩し」を知ってか知らずか、これを自己の作品の中に実行した鷗外の表現の仕方は、「言文一致」への中間にあって、それ自身成果はあったとみなすべきであろう。

これとやや対照的な手法をもつ文人に坪内逍遥がある。彼は漢語を動かさず、むしろ傍訓を巧みに活用する。漢語を崩さないで、同じ語に別の訓を自由自在に付する。たとえば、『当世書生気質《かたぎ》』の「恋着」(「着」は助字)を例にすれば、

僕なんぞが恋着したツて無効《だめ》ですものを。(第十回)

あの豊印《とよじるし》に恋着して、逆上《のぼせ》て居やがるのが可笑《をかし》いから……(第十二回)

元が小町田とは別懇《べつこん》だし、ソラ小町田の恋着して居た……(第十七回)

の「恋着」については、順次「リイベン」「れんちやく」「ラブ」の独・漢・英語の傍訓を付する。また、

其時に右の方の襖《ふすま》を開きて、静《しつか》に出来《いできた》るは鈴代常《すずしろつね》にて……(第十八回)

の文に、「其時《とたん》に」と訓むのは、六朝の俗語「登時」(スナハチ、ソノトキ)や「応時」の利用であり、漢語の基本に立って、自由に和訓を付する。また、

愛鍾みて養育《そだ》つること、はや三歳《みとせ》ばかりになりける時、俄然《にわか》に上野《うへの》に戦争《せんさう》起《おこ》りて……(第四

回)

の「愛鍾」は漢語「鍾愛」による――『北史』(巻十二「隋本紀下」)など史書にかなりみえる語――。鷗外方式ならば「愛を鍾《あつ》めて」などと漢語崩しをするであろうが、逍遥は「愛《めでいつくし》鍾みて」と訓み、漢語を動かさない。これは逍遥が国語という和語、或いはその古典語に習熟しているために、漢語はそのままにし、それに関する和語を自由自在に与えた態度、すなわち漢語の解釈によるためであろう。しかし漢語漢文が崩されて、日本語文の新しい表現へと連なる点においては、逍遥の方が鷗外に対して一籌を輸《ゆ》して負け、鷗外の方に軍配をあげざるを得ない。なお付言すれば、逍遥のことばについては、昭和五十六年(一九八一)十一月「日本比較文学会」全国大会のテーマ「外来文化受容の問題Ⅴ――飜訳特に訳語の問題――」について、「逍遥初期の飜訳を中心として」と題して、小さな報告を試みたが、専門外のことゆえ甚だ恥かしく、未だ筆に起していない。

逍遥にしても、鷗外にしても、漢語を重要視して動いたことには変りはない。ただ漢語とひと口にいっても、文言あり、俗語(口語)あり、それらの中に幾多の「語性」を含む。わが国の中国学者ならばお手の物であろう。しかしわれわれ国語国文を職とする者は、更に厄介な和製の漢語、すなわち「和製漢語」という鵺《ぬえ》的なものが加わることを知るべきである。漢語漢文崩しによって語彙を増し、また漢語そのものを新しく展開して和製の漢語を生むことは、日本文学を豊かにする一つの道である。本来の漢語は別として、この「和製漢語」つまり和習を帯びた語は、特に作詩文に関しては、擬似的漢語として近世の漢学者によって蛇蝎視されたのである。しかしこれは日本語文の発達途中に起る当然の成行きであろう。この過去の忌嫌は果して妥当かどうか、和製漢語への批難を多少救うべき道なきや否や、本稿の問題の中心はこの点にある。

二

日本人の作る詩文が中国人のそれに比して、「日本人臭さ」のあること、中国を模範としたわが近世の漢学者らは、「和習」——山本北山のいう「倭習」に同じ(『作詩志彀《しこう》』)——と称して甚だ忌み嫌った。この和習を嫌うことは中国に対する一種の劣等感《コンプレックス》でもあり、よくいえば、中国への憧憬《しょうけい》の一端ともみられる。和習は中国詩文に追い付こうとする努力が空しくも破れた結果ではあるが、漢学者同士がそれぞれの相手を「けなし合う」材料としたのは、何としてもよからぬ事。特に、江戸の学者荻生徂徠が京都の学者伊藤仁斎の文をきびしく批判したのは、名高い一例である。徂徠の『文戒』(正徳四年〔一七一四〕刊)参照。これには宋学と反宋学(漢学)、函関《はこね》の東と西の地域的な差など種々の原因があろう。しかも西の仁斎が公的に何とも答えなかったのはむしろ賢明である。この勝負は当時の人の話題にのぼったことであろう。これを角力にたとえた『学者角力勝負附評判』(『徳川

文藝類聚』第十二。刊行年時未詳)が残る。行司の結論として、

なんでも目の附く所が御見識、よく手が廻りました(筆者云、徂徠のこと)、西の方手はさまできかねど、ちからはまけぬ大男、千石をやす〳〵とあげられたるは、五百石の御儒官よりは、よほどつよい所が見へます(同云、仁斎のこと)、此度の角力は西の方御勝、ゆだんなさると土俵へ出ます、(「徂徠・仁斎」)

と述べ、西の方仁斎の勝利を告げる。この行司の判定は別として、徂徠のきびしくやや感情的な批判、さらりととりあわない仁斎の態度、やはり和習の指摘は日本人間に於いては甚だむつかしいことを物語る例となろう。

徂徠・仁斎の行司判定に関してひと息《いき》入れよう。拙著のうちで特に恥かしい作の一つに、絶版となった『ことばの重み――鷗外の謎を解く漢語――』(新潮選書、昭和五十九年(一九八四)一月刊)がある。これに関して、ドイツ文学者にして鷗外研究者の故高橋義孝氏の鋭利な長い発言がある。

「われわれが物的でない範疇に属する形成物に到達する道程が、この道程上においてわれわれが到達する目標の本質といささかの関わりもないことは、山に登って行く道が頂上の眺望といささかの関わりもないのと同じである」(『レムブラント』)。考証学、文献学は「山へ登って行く道」を研究するものであっても、ついに「頂上の眺望」を捉えるものではない。「山へ登って

行く道」は「眺望」を得るための必然的前提ではあるが、かといって「眺望」はすなわち「道」ではない……。文学研究の究極目的は、まさに詩人の詩人たる所以のものを捉えることにある。(雑誌『波』昭和五十九年一月号)

この書評に対して、読売新聞(三月二十六日夕刊)の匿名コラムに、高橋説について、「考証など無用のわざといわんばかりの権高な文章」云々と評する。更にわたくしの「自著自誡」(『新潮』昭和五十九年四月号)の一文、「詩人ならぬわたくしには、すぐ頂上を極め四方を見晴すが如き直観力はない。やはり暮《く》れ暮れと用語例の収集という長い道を辿り、作者の『あや』に迫るよりほかはない」云々を取り上げて、小島は「肩をすくめるにとどまった」と述べ、両者間の論争のないことを詰った記事がある。鷗外の諸作品をよく読んでいないので、論争など論外のことであり、論争する「柄」でもない。「私はどこまでもわたくしであり」、古典研究のわたくしの仕方をそのまま鷗外の作品に応用しただけに過ぎないのである。

「和習」の「習」は習気、無意識の中に身についている気分、習慣である。ことばの醸し出す和人臭さであり、正岡子規らのいう「和臭」でもある。「習気」は仏教語といわれるが、明治ごろの例をあげると、末廣鉄腸の政治小説『雪中梅』(明治十九年〔一八八六〕刊)の中にも、少年の演説の一部として、土地に因つて相結合したのは明治十三四年頃の有様でありますが、此の習気を打破らねば真正の政党の成り立つ気遣《きづかひ》はありません。(第二回)

とみえる。兆民の「自家の野蛮習気」の例、前述の如し。この習気が漢語に加わると、「和習漢語」、卑近な語でいえば「和臭漢語」ともいえる。しかし和習(倭習)は単に漢語に限らない。鷗外の小倉時代の作に、『二人の友』(大正四年作)という小品があるが、ドイツ文の語格文法に詳しい或る友人F君を評して曰く、

君は語格文法に精しい。文章を分析して細かい事を言ふ。私はそんな時に始て聞く術語に出くはして驚くことがある。しかし君の書いたドイツ文には漢学者の謂《い》ふ和習がある。ドイツ人ならばさうは云はぬと、私が指摘《してき》する。(『全集』第十六巻)

と。これはドイツ語の和習の問題であるが、やはり和習といえば、漢詩文が中心である。

しかし作詩をいくら刻励しようとも、本場の詩文には及ばぬ。それならば、「歪《ひず》み」は歪みとして、和製漢語を以てする日本文学に堂々と、「和習の文学」、「和習文学史」といったことを考えてみる必要もありはしないか。つまり日本人の表現する漢語漢詩に、すなわち在来の国文学の中の漢詩文を当然和習とみて、「和習の文学」と名づけ、「是」と「非」を論じつつ考察することも一つのテーマかと思う。

詩を作ることはわが上代以来、特に近世の漢学者は中国を模範とする。そのために作詩されたものを和習か否かについて非難しあう。また溯って、中古における奉試の詩に対する評定者の見解があり、また中世の和漢連句の勝負——これについて未だ優れた論考を知らない——なども、歌と詩を合わせての批判である。非難や批判は詩をよりよくするための詩評でもあり、前述徂徠・仁斎の鉢合せも「和習の文学」、その文学史の一齣といえよう。

中国という異文化の受容の面において、「和習の文学」は、中国にない一つの文学の流れであり、その「傍流」でもある。「日本人臭さ」、その「和習」(「和臭」)を認めることは日本文学の一つの見方ともいえる。漢詩において、語法、語彙など中国物に照らして問題にならぬほど下手なものが多い。とはいえ、問題にならぬ部分を一応肯定すれば、そこに日本人の表現の一端を眺めることもできる。一首の詩として問題にならぬ一例をあげると、京都に同志社を創立した新島《にいじま》襄の書翰集の中に漢詩がみえる。その一部を載せた岩波文庫『新島襄書翰集』には漢詩六首を所載する。そのうち二首のみが漢詩の体をなし、他は和習といえる。その例として、学生横田安止に宛てた書翰に、「小生近来の自詠御一覧下さるべく候」と述べ、

徒仮㆓公事㆒逞㆓私慾㆒。忼慨誰先㆓天下㆒憂。廟議未㆑定国歩退。英雄不㆑起奈㆓神洲㆒。(徒《いたづ》らに公事を仮りて私慾を逞《たくま》しうす、忼慨誰か天下に先んじて憂へん。廟議未だ定らず国歩退く、英雄起らず神洲を奈《いか》

にせん）

の詩を付する。この詩を論ずる以前に、平仄《ひょうそく》の誤が多く、特に第三句の平仄は「廟議未レ定国歩退」の如くすべて仄声であり、詩としては体を成さない。しかし彼の誠心が手紙と共に、この詩にも吐露されていることはたやすく察知される。彼の詩は単なる手段に過ぎない。徂徠が世にあれば、「明治のバカ者」と罵ることであろう。しかしこの詩の心を認め、「和習の文学」として日本特有のものとみなせば、新島襄の心情は誰人にも十分通じよう。「和習」は、もとの漢詩漢文という超越できない限界に対して、日本人の文学体験のかもし出す文学的手法ともいえる。そのためにはもとの漢詩漢文を正しく知るための基礎がやはり必要となろう。

和習か否かの判断は、まず与えられた詩を正しくよむことが必須である。わたくしはここに明治・昭和初期の元老西園寺公望《きんもち》の若い頃の詩を思い出す。

宴散歌残已幾更。花梢煙月有二餘明一。春夢乍回腸欲レ断。紅楼面々下レ簾声。

この詩は紅楼（妓楼）の夜更けの場面。詩席での問題になった点は、「面面《めんめん》」の語の当否であったという（「随筆西園寺公」『小泉三申全集』第三巻所収）。恐らく当座の人々は、「面面」を、日本語の、各自めいめい、おのおの、などの意に解したものかと思われる。しかし作詩を修業中の若い公望は、当然のことながら漢語「面面」を用いる。「面面」の例は詩にそれほど多くないが、中唐より宋代へかけての詩に例がみえる。たとえば、中唐詩人韓愈《かんゆ》の「奉レ和二虢州《かくしゅう》劉給事使君三堂新題二十一詠一」の第五「渚亭」(280)にみえる、

莫レ教レ安二四壁一、面面看二芙蓉一(四壁を安ぜしむること莫れ、面面に芙蓉を見ん)

は、その一例。「四方《よも》の壁をたやすく塗りたてたまひそ、何れに向きても芙蓉《はなはちす》を見ん」の意で、面は方面、「面面」はどの面もの意となろう。公望の詩も、「紅楼では部屋のどこもかしこも簾をおろす音が聞える」の意。更けゆく夜にするするとあちこちに簾を下す静かな音、京洛の春の夜の情景は美しく艶である。公望の「面面」は和習ではない。和習判定の背後には漢語それ自身がおごそかに控える。

三

作詩に関して、自国流の漢語を加えること、すなわち各国の習気的なものは、中国をめぐる漢語圏の諸国にも起る現象である。つまり作詩に際して、その国特有の「匂い」をもつ詩が日本以外の隣国にも生まれる。その一例として、わが国との国交を結んだ渤海国(戦前の朝鮮半島の北方、満洲東部を領した国)、その使節の詩が平安朝漢詩集にいくばくか残る。その一例として、天平宝字二年(七五八)九月、大使揚承慶と共に来日した副使楊泰師の詩、二十四句雑言体「雑言、夜聴二擣衣一詩一

首」(『経国集』巻十三・153)が残る。恐らく入京以前、越前敦賀の鴻臚館に逗留中の作であろう。この詩が初唐劉希夷「擣衣篇」を学んだこと、また詩の後半に大錯簡があるなど、嘗って述べたので、改めては繰り返さない。ここでは渤海的な習気について、その一端を述べよう。まず冒頭の諸句に、

① 霜天月照夜河明　霜天《さうてん》月照りて夜の河明らけし、
② 客子思帰別有情　客子《かくし》帰《かへり》を思ひて別《こと》に情《おもひ》有り。
③ 厭坐長宵愁欲死　長き宵《よ》に厭坐《えんざ》し愁《うれ》へて死なんとす、
④ 忽聞隣女擣衣声　忽ちに聞く隣女《りんぢょ》の衣擣《ころもう》つ声を。

とみえる。月のさやかな夜に、起る郷愁の念。第一句の「夜河」については、「夜江」「夜水」「夜川」などの類例は『佩文韻府』にみえるが、「夜河」はわたくしの検出しえない語である。たとえば、「夜江」についての『佩文韻府』にみえない例をあげると、

夜江霧裏闊、新月迥中明　(『藝文類聚』巻二七、陳陰鏗「夜発」)
月迥寒沙浄、風急夜江秋　(初唐駱賓王「渡二瓜歩江一」)

などは、夜の江《かわ》(揚子江)の意。この語にしても、「夜水」(夜の水)、「夜川」(夜の川)などにしても、漢語ではあるが、「夜河」は渤海人楊泰師の習気であり、「夜の天の河」の意として案出したものであろう。次に第三句の「長宵」は、長い夜、長い秋の夜の意であるが、用例未だ検出し得ない。第一

句に「夜河」の「夜」を使用したために、「長夜」を捨てて「長宵」を用いたものであろうが、却って漢語に未見の語となったものかと思われる。この「夜河」にしても、「長宵」にしても、語義は明らかではあるが、中国人ならば恐らく使用せず、この点やはり楊泰師の習気が漂う。なお第一、二句について、この詩のもとになった初唐劉希夷「擣衣篇」には、

秋天瑟瑟夜漫漫、夜白風清玉露団……此時秋月可憐明、此時秋風別有レ情……。

とみえる(○印、本詩に同じ)。

弘仁六年(八一五)正月、渤海大使王孝廉と共に拝謁を得た録事釈仁貞の詩にもやはり習気が漂う。その17「七日禁中陪宴詩」(『文華秀麗集』巻上「宴集」)に、

入二朝貴国一慙二下客一、七日承レ恩作二上賓一。更見鳳声無二妓態一、風流変動一国春。

とみえるが、仄声の「国」の重複、第一句及び第四句の平仄の誤など、唐詩の影響下にある渤海人の詩としては、やはり解《げ》せない——同じ時に詠じた王孝廉の16「奉レ勅陪二内宴一詩」の平仄は正しい——。更にいえば、第三句・四句の句意が明らかでないのも、釈仁貞の習気か。すなわち「鳳凰の声(ここは鳳凰曲の意か)には宮廷女楽のようなあでやかな様子は全くないが、その風流は一国日本の春を揺り動かすほどだ」といった意かどうか、わたくしにはいまだに難解である。「妓態」も用例検出し得ないが、これも彼の案出した語か。要するに、渤海という漢語圏文学の避けられぬ習気

を示す。わが国の詩も、すでに第二部第一章第二節に述べた如く、赤色の「霞」(xiá)を空などのボッとした「かすみ」に誤るなど、個人的な和習が少なくない。しかしその未熟さは未熟さとして批判しつつ、この漢詩の世界を認めるとするならば、これは各国文学の一端として成立させることもできよう。

漢語圏に朝鮮の文学がある——ここにいう「朝鮮」とは、すべて近世(江戸時代)の人々の称呼に倣う——。わが国と朝鮮に関する研究書については、中村栄孝『日鮮関係史の研究』・阿部吉雄『日本朱子学と朝鮮』の両書がわたくしの記憶裡にある。しかし前者は史学畑の書、後者は儒学史畑の書、何れも文学関係の書ではない。その中にあって、『朝鮮文学史』(金思燁・趙演鉉、昭和四十六年〔一九七一〕刊)は文学史書といえるが、当然のことながら、漢文学については多くの紙幅を与えていない。高麗文学・李朝文学の漢文学の趨勢など啓蒙される部分は多いが、目的とする漢詩の習気の問題などには殆んど役に立たず、今のわたくしの欲しいのは漢詩という作品そのものである。

朝鮮の漢詩について、今日入手しやすい一詩集に、『大東詩選』(巻十二。古朝鮮より高麗まで)があり、二千首以上を収める。しかしこれを通読することは、容易ではなく、ことにその習気を詳しく辿ることは、貧弱な学力のわたくしには不可能なことである。日・鮮関係といえば、「近世文学史」の一端を成す「近世漢文学史」によらざるを得ない。しかも習気を問題とするとき、故山岸徳平氏

『近世漢文学史』はその代表的な大著ではあるが——詩論に関しては、松下忠氏の名著『江戸時代の詩風詩論』がある——、触れる処がない。この習気の問題は、むしろ日本人の和習がからむ。すなわち朝鮮通信使と近世人の詩の交流がまずこの問題に糸口を与えてくれる。

その一つに、『桑韓塤篪《けんち》集』(享保五年〔一七二〇〕刊)がある。これは享保四年徳川吉宗襲職時に来日した通信使たちとの詩の唱和であって、当時のわが国の諸州において行なわれた「倭唱韓酬」(「桑韓」)の珠玉の詩(「塤篪」は土笛と竹笛)を集めた十巻である。しかも詩に関しての書翰の贈答もあり、詩論的な部分もある(巻六)。その筆談による質問者が日本人であることは、言う迄もない。比較的まとまった巻十の「韓客筆語」(京華書房、用拙斎「瀬尾維賢」輯)を例にしよう。

この「筆語」は来日した通信使一行の制述官申青泉、書記張菊溪、医員白面椎その他と瀬尾京華書房用拙斎の筆談を記録した巻である。しかも評者はすべて通信使たち、そこに作詩に関する師弟的上下の差がある。たとえば、瀬尾用拙斎の「中秋遊二河東別荘一不レ見レ月」の第一句「諸賢済々坐二東楼一」の「坐」について、

菊溪評曰ハク……首句ノ「坐」ノ字、「集」ノ字ニ如カズ、未ダ公ガ意如何ヲ知ラズ。既ニ「済々」ト曰フ、則チ衆盛ノ貌。若シ「集」ノ字ヲ下サバ、則チ勝ルニ似タル耳ト。(原文漢文、以下同じ)

と評し、「東楼に集ふ《つど》」がよいと添削する。また用拙斎の「夜懐」の第三句「寒蛩伴レ我声尤苦」の「尤」について、

菊渓評ニ云フ、「尤」ノ字改メテ「偏」ニ修ムレバ如何ト。

これは「尤苦」の「尤」を「偏《ひとへに》」に改めたら如何の意。「尤」「偏」ともに平声であるが、「尤」がやや俗語的なためでもあろうか。更に例をあげると平仄を問題にする詩もある。用拙斎の「登二湖州大悲閣一追二和冬嶺老人韻一」の、「危閣秋高湖水寛、四明峯靄好二縦観一」の「縦」について、菊渓は「全篇円兕、唐人ノ口気有リ」と褒めながらも、なお、

菊渓評ニ云フ、「縦観」ノ「縦」ノ字仄《そく》ニ似タリ、之ヲ改ムレバ如何。

と評する。つまり「縦」には、「縦《たて》」(平声)の意と「縦《ほしきまま》」(仄声)の意とがあって、この詩に於ては平声でなくてはならぬ。とすれば「縦観」の場合には、「四明峯靄好縦観」となり、平仄の踏み違えとなる。各地の作詩愛好者は到来した通信使に詩の添削を求めたが、その師といえばすなわち遠来の通信使詩人たちであった。詩の添削は、たとえば、『廣瀬淡窓・旭荘書翰集』にみる如く、友人間同士の添削が一般であった。しかし通信使にそれを乞うことは、自己の詩がどれだけひろく隣国朝鮮に通用するかのわが近世びとの「ためし」でもあったといえよう。

しかし通信使という選ばれた人々とはいえ、各自の詩にその「習気」がなかったかどうか。前述

の如く、日本は勿論、渤海という漢字圏の国にそれぞれの習気がある以上、朝鮮においても恐らく詩にそれがあろう。徳川宗重襲職の際の寛延元年(一七四八)の通信使を例にすれば、米原《まいはら》を南下して摺針《すりばり》峠の上にある茶屋、そこに今も残るという望湖堂をめぐる詩の中に、副使南竹裏(南泰耆)の「題二望湖堂一」の詩(テキストは講談社刊『江戸時代の朝鮮通信使』)、

嶺路透迤一線通、嶺顚小閣勢凌レ空。岳陽形勝誰多少、百里琵琶湖在二眠中一。

がある。この詩について、順次わたくしのコメントを加えると、第一句の「透迤《とうだ》」(トウイとも)は、『佩文韻府』にもみえず、寡聞にしてわたくしの知らぬ語である。これは曲りくねる意の「逶迤《ゐだ》」(ヰイとも)の訓み違えか。この際は本人に責任はなく、テキストにある。もしこのままならば、「透迤」は習気をもつ語となろう。これに続く「一線」は「ひとすじ」の意であるが、むしろ「一道」の方が一般である。わたくしには、「一線」の語に副使南竹裏の習気が感じられてならない。第三句は、中国湖南省にある大湖、洞庭湖に面する岳陽楼の眺望を琵琶湖を眺める望湖堂のそれと比較して、「誰多少」というが、誰が優劣を知ろうか、の意であろう。とはいえ、わたくしにはこの三字は舌足らずに思われ、本場の中国人ならば別の表現を採ろう。第四句の「眠」は平仄の誤り。これは作者竹裏の誤りではなく、これもテキストの訓み違えによるものではなかろうか。正しくは「眼」であろう。「眼中」とすれば平仄の誤りがなく、詩意もよく理解できる。要するにこのわた

くしのコメントはすべてが正確とはいえまいが、この一首にはやはり多少の習気を感ぜざるを得ない。平成五年の晩秋、友人の車に乗せられて、望湖堂址の、半焼けの一家屋に至ったが、比叡山はおろか、琵琶湖もすべて「かすみ」の中にあった。遺憾極まりなし。

更に嘉靖丙寅冬(一五六六年、わが永禄九年に当る)順天府重刊の元禄十一年版(一六九八)の『三韓亀鑑』を例にしよう——嘉靖版と元禄版の間には、詩の本文に多少の違いがある——。たとえば、その中巻の、翰林学士崔致遠の「送㆔進士呉巒帰㆓江南㆒」の第一・二句に、「自識君来幾度別、此廻相別恨重重」とみえ、「此廻」が問題となろう。これについては、恐らく「此回」に同じく「今回」の意であろう。これは俗語「這回《このたび》」に同じく、俗語的表現といえよう——「這」系の語については、第一部第四章第一節参照——。勿論この際の「此」は指示詞であり、日本語の「コノ」そのものではない。「此廻」(此回)にも崔氏の習気が感じられる。また林椿の詩題「書㆓天寿僧院壁㆒」(上巻)の「書㆓……壁㆒」は、中国人ならば、「題㆓……壁㆒」としよう。この「書」は恐らく林椿の習気でもあろうか。『大東詩選』(韓国漢詩選集)にも、朝鮮の李荇の詩題に「書㆓直舎壁㆒」とみえるが、「題」(しるす)とすべきであろう。勿論これは林椿や李荇の習気でもあって、一般には、

「題㆓万義寺㆒」(巻二、作者申光漢)　「題㆓建節台㆒」(同、作者黄衡)　「題㆓村舎壁㆒」(同、作者成運)

の如く、中国詩の例「題」に学ぶ。

やはり朝鮮通信使の詩人たちの間にも、本場の中国の詩に対して、習気をもちつつ、不十分な点が隠見する。これらの漢詩圏の諸国の習気は――日本の「和習」――、中国の詩の一つの傍流とみれば、これらも許容すべきである。徂徠の如く、日常坐臥自ら中国人になろうとした学者もいる。しかし彼とても和習の詩文はあった。前述(二五三ページ)の山本北山『作詩志彀《しこう》』は、正面切って、徂徠の「倭習」を批判し、徂徠の「倒錯《てんどう》」を冷笑したのである。和習すなわち習気はよりよい詩を作ろうとするうちに思わず起る現象でもあるが、遺憾ながら漢文圏の詩人たちに表現の正確さは期待できない。つまりどの点が和習なのか、こうした点に眼を向けると、わが漢詩の世界を新しく「和習(習気)の文学」として眺めることもできよう。

四

漢詩の習気の問題をわが国の「和習」に限定しよう。その指摘は容易なことではない。特に中国語史に暗いわたくしには説きおおせられない点が多々ある。中国語史の時代区分の一般常識は、

古代語

中世語……奈良・平安朝ごろ

近世語……鎌倉～江戸末期ごろ

近代語

といわれる。特に古代語・中世語を主として学んできたわたくしには、更に漢和辞典類をひもとく一般の人々には、「近世語」(宋・元・明・清)となるとなかなか歯がたたない。特にその「近世語」をよく知る者は江戸びと、更には幕末明治の人々のみ。つまり漢語の照準が現代人と違っていたのである。古代語・中世語の上に更にこうした近世語をも多少齧らない限りは、漢詩の和習の問題は解決できない。『佩文韻府』に例がない、『大漢和辞典』にもない、ゆえに「ソレハ和習ダ」では学問になるまい。また漢語の語史上の時代性には、いちいちのもつ「語の出自」すなわち語の性格である「語性」の問題がからむ。速断は許されない。同字異語もその一例であって、内容をみれば別の意をもつ別語も多い。語彙論と称して両国の同字を調べてみても、実は別語であったという例も甚だ多い。漢語の複雑性を多少でも知る者は、対比関係のむつかしさに頭を悩ますことであろう。

前述の如く、第一章第二節の「『霞』と『かすみ』をめぐって」において、同字「霞《かすみ》」と「霞《カ》」(xiá)との差について述べたが(一七五ページ以下)、漢詩の「霞《カ》」については、六如《りくによ》上人(『葛原詩話』)・三浦梅園(『詩轍』)などの詩論書のほかに、近世日鮮文化の仲介者、朝鮮との善隣外交官ともいうべき雨森芳洲の『橘牕茶話』がある。その中に、日本ノ所謂加須美《カスミ》ハ当ニ「靄」ノ字ヲ用フベシ、「烟」ヲ用フルモ亦可ナリ……霞ハ保天利《ホデリ》、一名野気《ヤケ》、加須美《カスミ》ニ非ザル也……知ラズ、何レノ時ヨリ霞ノ字ヲ誤リ用フル耶。（巻上。原文漢文）

とみえるのは、換言すれば、漢語「霞《カ》」に対して「霞《かすみ》」の意を当てると、和習ということになる。「朝霞」を例にすれば、朝鮮詩の一つ、金昌翕「練光亭、次二鄭知常韻一」にみえる、

夜来未レ厭金樽月、已見朝霞盪二緑波一（『大東詩選』巻五）

の「朝霞《あさやけ》」は正しい漢語の用い方といえる。朝霞は『漢書』（巻五十七下）の顔師古注に、「朝霞者、日始欲レ出赤黄気也」（「司馬相如伝」）とみえる如く、日本語の「朝霞《あさがすみ》」とは内容を異にする。『文選』（巻三十）陸士衡「擬古詩十二首」（「擬二今日良宴会一」）の、

高談一何綺、蔚若二朝霞爛一（高き談話《かたらひ》一《いつ》に何ぞすぐれたる、美しき朝霞《あさやけぐも》（あさやけぞら）の輝くが如し）

にみる如く（李善注「霞或為レ華」）、「朝のかすみ」ではない。

平安詩人の詩集を披《ひら》くとき、「霞」について、正しい用法を承知した詩と和習的に「霞《かすみ》」と解した詩の二種に大別される。平安末十二世紀の総集『本朝無題詩』の一例を示すと、大学頭などを歴任した菅原時登の「暮春長秋監亜相（藤原宗忠）山庄尚歯詩」（巻一）に、

時是青陽霞散レ綺、人猶白髪雪垂レ糸（第五・六句）

とみえ、「霞は綺《あや》を散らす」の「霞《カ》」は、夕やけの赤い雲、そらの意で、「かすみ」ではない。しかし藤原周光の「山家春意」(巻七)の、

林霞遶ㇾ舎舒還巻、山雀狎ㇾ簷去又来　(第五・六句)

の「林霞」になると問題がある。「林霞が山家住まいの家をめぐって舒《の》びまた巻く」とは、林をめぐる霞《かすみ》や靄《もや》の動作を意味し、静止した赤い雲や空の意ではなかろう。『佩文韻府』に、「林靄」「林雲」「林雪」などの漢語がみえるにしても、「林霞」(林の焼け雲)はあり得ない。とすれば、「林霞」は藤原周光の和製語、わるくいえば中国人の知らぬ和習といえよう。つまり「霞」について、本義を知るもの、知らぬものがあり、これが当時の趨勢であった。しかも「霞《かすみ》」という和習が一般に通行すると、「霞《カ》」の方は次第に忘れられてしまう。悪貨が良貨を駆逐するのは世の習い、最後には心ある江戸の漢学者によって繰返し和習という批判をうけることになる。

漢語の和習か否かの判定はむつかしい。「紅霞」を例にしよう。同じく『本朝無題詩』(巻九)に、藤原季綱の詩「春日遊ニ天竺寺一」の七言詩がみえる。

臨ㇾ晩欲ㇾ帰望ニ洞裏一、紅霞片々鳥諧々　(第七・八句)

右の「紅霞」は、「霞」が赤い色を帯びている以上、漢詩的な「霞」に更に「紅」という色を加えて、あかねの雲、あかね空を強調したかに思われる。「片々」はきれぎれではなく、平面の広さ、

近人劉世儒のいう「集体量詞」であろう。(1) しかし「紅霞」が和習か否かはやはり検討を要する。「紅霞」の、『佩文韻府』『駢字類編』などにみえる用例は、中唐以後の詩例である。まして両者より摘出した『大漢和辞典』の用例もこれに準じる。しかし例は多くはないが、少なくとも斉梁の六朝詩に溯る。梁の江淹「従㆓征虜始安王道中㆒」の、

喬松日夜竦、紅霞旦夕生 (第十一・十二句)

は、その一例。朝夕に朝やけ夕やけ(朝夕の紅い雲)が立つ、の意。また盛唐李白「盧山謡、寄㆓盧侍御虚舟㆒」にみえる、

廻崖沓嶂凌㆓蒼蒼㆒、翠影紅霞映㆓朝日㆒ (第十三・十四句)

の下句は、「山の緑の影と朝やけぐも(朝やけの空)が朝日に映える」の意。「霞《カ》」の上に更に「紅」を加えて二語とし、「霞」の色を強調する。このように考えてくると、藤原季綱の「紅霞」は彼の造語ではなく、和習語でもない。ここにおいて、漸くこの語の和習か否かが判定されよう。

漢詩にみられる和習、それを史的に展開させた「和習の文学」は、中国のいわゆる漢詩漢文を「はずれるか否か」の考察ともいえる。「はずれる」とは、前述山本北山の、「日本人ニハ分《ワカ》レドモ華人ニハ分ラヌナリ」の謂いである。しかし、その中にわが国びとの詩想表現がみられ、それがもとの漢詩に挑む新しい技法でもある。もちろん中国人の如き表現が可能ならば問題はない。しかし

表現力の及ばぬ詩想からみても、やはり「和習」は捨て切ることはできない。渤海・朝鮮の漢詩にみる「習気」も同様である。

和習は日本人の詩想の吐く息である。それは表現形式、いわば文体を異にするのみで、かりに平仮名という形を採るならば、「歌」という和歌の世界に、或いは和文の世界に接近する。和習ならぬ例は、漢詩「学二雨声一」も、清少納言の「雨声を学《まね》ぶらん」も、その一例である。[2] また和習的漢詩を含むわが国の漢詩は、「歌の世界」「和文の世界」にもつながってゆく。歌のなかに如何に詩語の飜読語が多いか、これは上代・中古以来その例をみる。また明治・大正の作家逍遥・紅葉などにしても、また鷗外にしても、漢語の飜読によって、新しい和文の語句を生んだこと、前述の如し。漢語は至る処に新しい表現を生む素材である。「霞《カ》」を誤った和習の文学もその一つであり、誤った部分は歌の世界に歩調を揃える。

漢語、特に同じ文学圏にある各国の習気を検討するには、まず「漢語」を追求すべきこと当然のことである。いちいちの漢語の検討が完了する限り、自ら「習気」か否かがわかる。そのためには、坊間の辞書類のみにたよるわけにはゆかない。「モロハシ辞典にないから」云々という理由で、和製漢語とみなした一時の国語国文学界の風潮は、もはや過去のこととして消滅することであろう。とはいえ、史学畑の学者の中からは、やはりこの辞典にない注をわたくしがほどこしたという批判を受けたことがあり、その根は深い。(3) 漢和辞典類は確かにわたくしどもの「先生」ではある。しかし時には「好ましからぬ先生」でもある。金科玉条として信じきった過去のわたくしは、鵜呑みにして語義を誤った例は数えきれない。また漢語は雑多な性格をもつ。四書五経のことばや、また晩唐を含む「中世」詩語では律せられず、宋以後の「近世語」も存在する。特にこれは辞書的にも不備が多い現状である。何れにしても、「漢語」そのもののいちいちの追求が、「和習文学」の出発点となろう。国文学の一端を担う漢文学は、徒らに文献学的方向のみに走らず、詩そのものの表現を研究することが肝要である。しかもその習気、その和習の面に意を払うならば、漢文学という国文学の一面が新しく浮き彫りされることになろうと信じる。(4)

(1) 『魏晋南北朝量詞研究』(第二章)参照。
(2) 拙稿「出典の周辺——清少納言の『雨声を学ぶ』——」(『文学史研究』31号)参照。
(3) 『竹渓の山は冲冲』続貂」(『萬葉』第百三十九号)参照。
(4) この稿は、一九九〇年、甲南女子大学における公開講演「和習の日本文学——漢語表現をめぐって——」の後半の一部を修訂加筆したものである。

第五章 『佩文韻府』・『文選』を読まぬ日はなし

一

この章は、平成七年(一九九五)九月九日、第五十回記念「国語語彙史研究会」(於ルビノ京都堀川)のゲストとして参加したときの覚書のひとはしである。当時の演題は「局外者より——漢語・和製漢語をめぐって——」であったが、ここに稿を新しくして、『佩文韻府』・『文選』を読まぬ日はなし」と改題して登場。但し資料をかなり差し替えるものの、趣旨自体は当日のそれを動かない。その日の日記をいま披《ひら》くと、「時間なく約四十五分で打切り、要約《ダイジェスト》に終る。不快」としるす。なお「不快」の原因は、すでにパリの某学校での講話の交渉があったが、核に伴うテロも報道され、承諾すべきか否か、心は「雁木の間《がんぼく》」を出入しつつ、当日までまだ宙ぶらりんの状態にあったことも、その一つであったとも思う。ともあれ、いつもの「翁の繰り言」として、お目こぼしを。

「『佩文韻府』・『文選』を読まぬ日はなし」とは、文字通り、残暮のわたくしの日々の生理《くらし》の大部分を占める。これはすなわち、『佩文韻府』及び『文選』の「李善注」を読まぬ日はない、の意である。「『佩文韻府』(索引版)をひらく」ことを少し詳しくいえば、日本語の「語彙《ボキャブラリー》」に関して、狭く考えて、八・九世紀ごろの「漢詩」などの表現を通じて、漢語・和製漢語(和習漢語)を判別し、その意義、その表現上の問題を求めてゆくには、まず『佩文韻府』の引用例が基礎となる。ここで、手沢本(手あか本)どころか、このボロボロになった悪質の紙の『韻府』や『文選』を開きながら、原典を探すために、あるときは黄に変色した資料類を探し出そうと、貧しい仕事場の中を、右往左往しながら動きまわる様を、一度あからさまに開いてみようかと思う。公開は必ずしも暴露ではない。他人の批判をも期待するためでもある。もし「愚者の一得」、おろか者でもたまには一つくらいはよいこともあろうか、などとなるならば、これこそ幸いと言わざるを得ない。

「漢語」の問題は一律にはゆかず、甚だむつかしいことである。その語彙の意義を誤った例として、すでに幕末・明治・大正・昭和の政治家にして随筆家の市島春城(早稲田大学図書館長)の「衝口発」(『随筆春城六種』所収)に、

地方の新聞、往々噴飯の記事を掲ぐ、某大官を送る記事中、各階級の人を挙げ、折花攀柳の徒もありと附記す、蓋し芸妓を斥《さ》すならん。曷ぞ知らん、折花攀柳は妓を玩ぶものなることを、主客全く顚倒す。近来漢語を誤るもの比々《ひひ》たり、単《ひと》りこれのみにあらざる也。(括弧は筆者)

と述べる。(1) それはそれとして、私どもの学業について、誰をも公平に援助してくれるものは、公刊の「索引」(引得のたぐい)である。「学《がく》」と銘打って、有象無象の随想的似非《えせ》学業書の続出する今世紀末において、索引類が如何に勉学を進めるか、何人も認めるところである。しかし索引の便利さが、却って学徒をして「安易」の道へと赴かしめることがないでもなかろう。これは実に恐ろしいことである。即決を必要とする現今においても、学業それ自身に関しては、「然らぬもの」と思う。「索引」の問題、特にその取扱いに気付いたのは、ごく最近の両三年前のことであった。ここより話を始めよう。

古い話をもち出して失礼ではあるが、昭和十年(一九三五)の春、京都の大学に入学した頃、恩恵を蒙るものは、正宗敦夫氏の『萬葉集總索引』のみ——正宗翁(?)といえば、「備前の正宗がやって来ました」と菅笠を被る氏の声を澤瀉久孝先生の玄関前で耳にしたのは、むかしむかしのことである——。その頃はまだ中国古典の『文選』、すなわち斯波六郎博士の『文選索引』は、まだわたくしの前には影も形もなかった。

もし『萬葉集』にみえる漢語の例を『文選』に求めようとするならば、胡刻本『文選』(李善注)の序文より最後の第六十巻まで捲《めく》る必要がある——当時のわれわれ学生の使用本は、線装十六冊本の『仿宋胡刻文選《ほうそう》』であった——。現在のわたくしから顧みれば、気の遠くなることではあるが、幸いにも途中で目的の漢語の発見できる場合が多く、中にはその巻十九に当る「賦」の終りまでには、ねらった語を見出すことが少なくない。一例をあげよう。まず『萬葉集』(巻九)の高橋蟲麻呂歌集中の長歌「登二筑波嶺一為二嬥歌会一日作歌」(一七五九)の自注に「嬥歌者、東俗語曰二賀我比《かがひ》一」とみえるが、この「嬥歌《てうか》」(ちょうか)は見馴れない漢語、恐らく『文選』にあろうと見当をつけていたところ、その冒頭からそれほど遠くない左太沖「魏都賦」(巻六)の中に、その例を見出したのであった。それは、呉と蜀の比較の部分に、

或鏤《チリバメテ》レ膚而鑽《キレリ》レ髪(入墨をし髪を切った呉の風俗)、或明発而嬥歌ス(蜀の風俗)。

とみえ(訓の一部は慶安初印本)、「嬥歌」に対して、李善は、「嬥謳歌ハ巴ノ土人ノ歌也。何晏曰ク、巴子謳歌シテ相引牽シ、手ヲ連ネテ跳歌スル也ト」と注する(原文漢文)。また巻十三の問答歌の一つの「鑽髪」の表記の例の、

然れこそ、年の八歳《やとせ》を、鑽髪《きりかみ》の、吾同子《よちこ》を過ぎ……　(三三〇七)

も、「魏都賦」の右の「鑽髪」によるものであろう。しかしやや後の大学院生になって購入した『萬葉代匠記』を披いたところ、すでに学僧釈契沖が指摘しているではないか。実に恥かしく、全く若気の至りといわざるを得ない。とはいえ、指摘のあとさきは生れ年という日月の差であり、やはり当時のわたくしとしては自ら満足感の中に浸った。しかし満足感は自身のことに過ぎない。

『文選索引』がなかったとはいえ、思えば何と青春の日々を浪費したことであろうか。自問したこともしばしばである。

ただし依怙地なわたくしにも、多少の会得した「利」もあった。「索引」のないために、『文選』の語句をいくたびとなく繰り返したために、その間に自ずから「記憶」する漢語も次第に増加してゆく。しかも今の索引完備時代において、わたくしという高年者にとっては、引得したあとは刹那的に「忘却」することが多く、漢語の記憶数は当時より少しも増えない。索引の有り無しは、「忘却」と「記憶」の差といえようか。嘗つて三十代のころ、文字通り碩学といわれた東洋学者神田喜一郎先生の洛北のお宅を訪れたとき、

「君ハ用例ヲヨク探シ出スガ、カードナドドノヨウニシテイルノカ?」(先生)、「何度モ同ジ本ヲ繰リ返シテイマス」(私)、「ソウデスカ、私モ同様デス」(先生)

のような会話がはずむ(文責筆者)。明治のことはいざ知らず、『萬葉集總索引』以外は、索引のない大正・昭和二十年代の学生はそうせざるを得なかったのである。

当時記憶した漢語は、やはり役に立つらしい。昭和五十一年(一九七六)四月より、今は亡き中国文学の泰斗吉川幸次郎先生の「小読杜会《とくとかい》」のメンバーに加えて頂いた専門外のわたくしは、「小島サン、コノ語ハ斉梁ノ時代ニアリマスカ」などの質問を必ずうける。先生の問いかけは、逆にわた

くしの能力をテストされる「質問魔」の一種と認めるが、ともかくも若い中国文学専攻者達の前でたじろぐのは定年を過ぎた生徒ひとり。しかし数年間のうちにやっと合格点を与えられたらしいこと、一、二の参加者から洩れ聞いた話である。これももとは索引のなかった時代の「記憶」の賜物といえようか。

二十世紀後半に続出する索引類の普及については、早稲田の中国文学主任松浦友久教授が月刊雑誌『しにか』(一九九四年第六号)所収「現代の『鄭箋《ていせん》』としての語彙索引——工具書の功罪——」において、詳しく述べられる。その中に、

現代の学術のありがたさは、「文選」に対しても、完全なコンコーダンスが、亡友斯波六郎君によって編集されている。私は先生(杜甫をさす、松浦注)の用いる語の一一を、それにあたって見た。先生は暗記していたものを、こちらは索引であたる。学術の低下堕落でなくて何であろう。(吉川幸次郎『杜甫I』「あとがき」、筑摩書房、昭和四十二年)

という吉川説をまずあげる。次に『白氏文集歌詩索引』(平成五年刊)に関して書いたわたくしの寸言、索引は確かに利用価値が甚大である。一夜明けると、早くも「受容」に関する報告が誕生するといった次第。近年しきりに『文集』に関する諸論が出現するのも、長らく渇望されて来た『白氏文集歌詩索引』(三冊)の上梓が原因ではなかろうか。

の部分(『白居易研究講座』第三巻、月報「いくばくかの自誡」勉誠社、一九九三年)があげてある。なお松浦教授は、「両碩学の発言は正論であり、後学を粛然たらしめずにはおかない」とも加える。だが、一寸待ってほしい。吉川先生に対して、わたくしを碩学の一人に数えられたのは、二つの索引という文脈の進行上のゆえであり、更にいえば、数十年に亙る知己関係をも加味した松浦氏の一種の「からかい」でもあろう。「両碩学」の「両」は文脈の「あや」とはいえ、実に面はゆい。なお、松浦教授には、「漢字・漢語の索引学」(月刊『言語』二四巻六号)の論もある。

待望の『白氏文集歌詩索引』の利用度は高い。たとえば、土御門帝代の「元久詩歌合」(『群書類従』二二三)に、「水郷春望」(三十八番)の一群がある。これもこの索引を抜くことによって、直ちに白詩語が指摘され、『白氏文集《ブンジュウ》』受容の成果を忽ち知ることができよう。この索引公刊のなかった昭和時代を思えば、その有難さが身に沁みる。公刊ののち、京都某大学院の演習で、この詩歌合を取り上げたことがある。学生諸君の報告《リポート》は、ほぼ満点に近かったことを今も記憶している。このたぐいのことなら、機械的であり、誰でもたやすいことではある。これを更に抜け出ることが大学教師の学業というものであろう。「索引」といえば、自費出版のそれを思い出す。それは、友人浅見徹・木下正俊両氏の三部作の第三の『新撰萬葉集　索引篇Ⅱ　序・漢詩索引』(平成元年〔一九八九〕刊)である。最近、東西のあちこちでこの『新撰萬葉集』が研究されつつあると仄聞する。しかもその成果は、わたくしにとって十分とは断じ得ない。それは「漢語」そのものの追求が緩やかなためではなかろうか。両氏の熱情のあかしであるこの索引を如何に利用すべきか、無言の索引は研究者に向かって問いかけている。なお、平成七年(一九九五)、大連理工大学杜鳳剛氏の『新撰萬葉集總索引』の誕生したことを付加する。

さて大物の『文選索引』は、完全なそれであり、今や誰もがその恩恵を蒙っている。しかしその語彙、更に原文を披いたところで、専門外のわたくしには目指す漢語の内容がよく訓めない。「李善注」があったればこそ、すでに述べた「嬥歌《ちょうか》」もやっと理解ができたわけである。だが、『文選索引』にはその注の索引はない。少なくともわたくしには、『李善注文選索引』が必要であるが、当分の間それは望めそうにもない。もし『文選索引』の完全性を望むとすれば、「李善注」の語彙索引は中国学者は別として、専門外の者には必要極まりない。かりに誰もそれを製作していないとすれば、李善注の多少の語彙は、少しは「記憶」して置かねばなるまい。こうしたつまらぬことを考え出したのは、最近のこと、その契機の一つを述べてみよう。それは、『萬葉集』(巻五、八八六番)「敬下和為二熊凝一述二其志一歌上六首 幷序」(山上憶良)の漢文序の中の、「哀哉我父、痛哉我母」に続いて、

不レ患二一身向レ死之途一、唯悲二二親在レ生之苦一……(「一身の死に向かはむ途は患《うれ》へず、唯だ二《に》親《しん》の生《よ》

に在《いま》さむ苦《くる》しびを悲しぶるのみ……」)

にみえる「二親」の語より話は進む。しかも「二親」は、やさしい語と思ってか、萬葉の諸注には説くところがない。これに関しては、前述の第二部第二章に少し述べ、溯って『文学史研究』34(一九九三年十二月)の、「同類語単一ならず――『二親』をめぐって――」に、かなり詳しく述べたので、省略するが、漢語「二親」は漢語「父母」と共にもと仏典関係語に基づく。すでに『日本書紀』「応神紀」(二十二年三月の条)にも、「父母」の語と共存する。しかし『文選索引』には未見。これはどうしたことかと溜息をつく日が幾日も続く。そのうちゆくりなくも『文選』を「李善注」によって読むうちに、李善注の引用文中に左の二例を発見。

一 巻十五「思玄賦」(張平子)「嘉㆓曾氏之帰耕㆒兮」

琴操曰、帰耕者曾子之所㆑作也。曾子事㆓孔子㆒十有餘年、晨覚、眷然念㆓二親年衰養㆒㆑之不㆑備……。

二 巻二十一「秋胡詩」(顔延年)「秋胡」の注

列女伝曰、魯秋胡潔婦者、魯秋胡子之妻。秋胡子既納㆑之五日、去而官㆓於陳㆒……婦人曰、嘻《アア》夫採㆑桑奉㆓二親㆒、吾不㆑願㆓人之金㆒。秋胡子遂去、帰至㆑家、奉㆑金遺㆓其母㆒。

なお『藝文類聚』(巻十八、人部二「賢婦人」)にも、この『列女伝』の引用文に殆んど近い文があり、

「採レ桑力作、紡織経織、以供二衣食一、奉二二親一、養二夫子一而已矣」とみえる。つまり憶良の漢文序の「二親」の出自は、前述の如く仏典関係語を始めとして、李善注にもみえることになろう。一部の学徒の断定する隋唐の遊行僧王梵志の詩の例によるとはいえず、と同時に『文選』李善注によるともいえない。ただ『文選』の本文と共に、李善注の必要性を物語る例とはなろう。

なお、李善注に関連して、付言すべきことは、吉川先生の、わたくし宛の書信にも、それがみられる。嘗つて先生は、杜甫の詩「春望《はるのながめ》」の中の、

時に感じて　花　涙を濺《そそ》ぎ、
別れを恨みて　鳥　心を驚かす　(第三・四句)

について、「花」「鳥」を主語とみる、すなわち花・鳥の擬人化説の正しさを力説、『杜甫Ⅱ』(筑摩書房、昭和四十七年)参照。しかも『杜甫詩注　第三冊』(同、昭和五十四年)に至ると、その注の部分は実に詳細になり、新しく諸文献が加えられている。中でも『文選』(巻二十二)謝霊運「晩出二西射堂一」の「羈雌恋二旧侶一、迷鳥懐二故林一。含レ情尚労レ愛、如何離二賞心一」に対して、李善注の、

言鳥含レ情、尚知レ労レ愛。況乎人而離二於賞心一也。(『杜甫詩注』訓「言うこころは鳥の情を含むなるさえ、尚お愛に労《つか》るるを知る。況《いわ》んや人にして賞心のひとに離るるをや」)

を新しく補入。李善注の発見の経緯は、以下のわたくし宛の一葉によって知られる。先生は昭和四

十九年(一九七四)四月四日、『文選』を開いたまま昼休みの散歩に出掛けられ、帰宅直後眼に触れた頁は李善注のこの例であったという。その一部を紹介すれば、

……この間も御心におかけ下さつた花鳥有情ほかならぬ文選にもあります……恨別鳥驚心　今迄気づかなかつた不勉強媿づかしくはありますが　まづは平生知心の人に告げまゐらせます

……后六時

となる(判読筆者)。ここにも『文選』の本文と共に李善注の必要性が強く胸を打つ。

「李善注」は読む人によって価値が上下にゆれるかも知れぬが、『文選索引』の利用の仕方にもいろいろあろう。わたくしは一語について、それが数十例あろうとも、その全部にいちいち当たってみるという、非現代的な時間のかかる仕方を此頃試みている。ただ今、『経国集』の詩の部分の最後の巻、第十四の注を継続中であるが、目ざす目的の語の有無は、『文選索引』を披けばすぐわかる。しかし、同字の場合、それが「経国集語」と等価なりや否やは、この「索引」という完全なものも、無情にして何も語ってくれない。「孤亭」(ひとつのはなれ亭《ざしき》)の例をあげるために、一見同一語と誤認して、『文選』(巻十二)木玄虚「海賦」の「則有崇島巨鼇峌峴《テツゲツ》孤亭」(李善注「峌峴ハ高貌」)を例とした日・中の代表的辞典『大漢和辞典』『漢語大詞典』については、嘗つて述べたことがあるが(『文学史研究』36「平安文学学事」。なお本書第二部第三章「平安びとの漢語表現」参照)、索引それ自体

は文字表記の内容までは語ってくれない。そのためには、『韻府』にしても『文選索引』その他にしても、本文に当たることを要するであろう。

思いつく一、二の例をあげてみよう。たとえば、『経国集』(巻十四)、滋野貞主208「雑言、奉レ和二清涼殿畫壁山水歌一」に、

春秋の暖冷千嶺を同じうす、草木の栄枯一園を共にす。(第十九・二十句)

の「春秋」(春と秋)の例をみる。この語は、必ずしも珍しい語ではない。しかしこれを『文選索引』に求めるとすれば、五十数例みえる。しかも、年齢の意を除けば、殆んどの「春秋」の例は固有名詞である(春秋時代、春秋左氏伝など)。とはいえ、いちいち索引を読まねばならぬ。その過程において見出し得たのは、潘安仁(巻二十六)「在二懐県一作二首」(第一首)の「春秋代遷逝、四運紛可レ喜」であり、李善注に「楚辞曰、春与レ秋其代序」(春と秋と其れ代序す)と記す。これは「春秋の暖冷」云々という『経国集』の例に当たる。

更に一例をあげると、『日本書紀』「欽明紀」十五年十二月の条に、「弥厲不懈」(弥《いよいよ》厲《はげ》みて懈《おこた》らず)の「厲」(音レイ)の字がみえる。この「厲」の訓については、すでに間然するところのない神田喜一郎先生の説がある。『日本書紀古訓攷證』(昭和四十九年七月、私家版)参照。ここでは、八十例に近い数の「厲」の中より、「ハゲム」の例を、『文選索引』の本文、しかも李善注に手掛かりありやの

期待をいだきながら、時間をかけたわたくしの戯れを報告しよう。それにしても八十例近くを読むのには時間を要する。「厲」の李善注によって凡そを大別すれば、次の如くなろう。

(A₁) 烈しい意。蘇子卿「詩四首」(巻二十九、第二首)「糸竹厲二清声一」(「王逸楚辞注曰、厲ハ烈也、謂二清烈一也」)。馬季長「長笛賦」(巻十八)「激朗清厲」(「厲ハ列《烈に同じ》也」)など。

(A₂) はやい意。盧子諒「贈二崔温一」(巻二十五)「中原厲二迅飈一」(「厲ハ疾貌也」)。

(A₃) 勇猛な意。楊子雲「甘泉賦」(巻七)「天声起兮勇士厲」(「杜預左氏伝注曰、厲ハ猛也」)。

(A₄) おごそか、きびしい意。陸士衡「楽府十七首」(巻二十八、「長安有狭邪行」)「烈心厲二勁秋一」(「厲ハ厳貌也」)。慶安初印本「ハゲシ」)。潘元茂「冊二魏公九錫一文」(巻三十五)「稜威南厲」(「鄭玄論語注曰、厲ハ厳整也」)。慶安初印本「ハゲシウシテ」)。

(A₅) 声などの急で高いこと。潘安仁「河陽県作二首」(巻二十六、第二首)「鳴蟬厲二寒音一」(「広雅曰、厲ハ高也、謂高而急也」)。慶安初印本「ハゲシウシ」)。任彦昇「宣徳皇后令」(巻三十六)「介山之志愈厲」(「広雅曰、厲ハ高也」)。慶安初印本「ハゲシク」)。

これらの(A)群に属する例は、ほぼ同類の方向をもち、一つにまとめてもよかろう。あとは、互いに関連をもち難い例をあげて置く、順序不同。

(1) 摩す、こする意。鮑明遠「蕪城賦」(巻十一)「飢鷹厲レ吻」(「厲ハ摩也」)。

(2) 上《のぼ》ること。嵆叔夜「贈二秀才入一レ軍五首」(巻二十四、第一首)「凌二厲中原一」(「広雅曰、凌ハ馳也、厲ハ上也」)。

(3_1) 渡ること。右の嵆叔夜の詩に同じ。「北厲二清渠一」(「王逸楚辞注曰、厲ハ渡也」)。

(3_2) 衣の裾をからげて川を渡る意。司馬長卿「上林賦」(巻八)「越レ壑厲レ水」(「郭璞曰、厲ハ以レ衣渡レ水」)。謝霊運「従二斤竹澗一越レ嶺渓行」(巻二十二)「過レ澗既厲レ急」(「毛詩曰、深則厲、毛萇曰、以レ衣渉レ水為レ厲」)。

(4) 帯の垂《たれ》。陸士衡「呉王郎中時、従二梁陳一作」(巻二十六)「軽剣払二鞶《ハン》厲一」(「毛詩曰、垂帯而厲、毛萇曰、厲ハ帯之垂者」)。

以上が索引によって検出した「厲」の訓詁の分類であるが、何しろその数の多いために恐らく見落としもあろう。「厲」に対する訓詁の多いことを理解して下されば、十分である。しかし目的とした「欽明紀」十五年の「厲《ハゲム》」の例は、発見できなかった。再度の調査によって、漸く次の例に行き当たる。曹子建「七啓八首 并序」(巻三十四)の終りに近い部分の、

近者吾子所レ述華淫、欲二以厲レ我、祇攪二予心一 (李善注「杜預左氏伝注曰、勧ハ励也」)。

は、それである。この「厲」は「以つて我を厲《はげま》さんと欲し」と訓むべきであり――慶安初印本「ハゲマシ」――、「欽明紀」の「厲《ハゲム》」には、自他の差はあるにしても、これは適用できよう。事のつ

いでにいえば、任彦昇「百辟勧二進今上一牋」（巻四十）の、「明公抛レ鞍輟レ哭、厲二三軍之志一、独居掩レ涕、激二義士之心一」について、李善注に、

晋中興書……莫レ若下亢二大順一、以激二義士之心一、奉二忠正一、以厲中軍民之志上（慶安初印本訓「ハゲマス」）。

とみえるこの「厲」も「勵」の意であろう。結局、「欽明紀」の「弥厲《はげ》みて……」の「厲」は、少なくとも曹子建の「厲」の李善注「勧ハ勵也」によっても解決可能となる。李善注引用の例は、如何に訓詁に役立つかがわかると共に、『文選索引』は、求める語句の全部を読み、且つその「李善注」を併せ読めば、その効果は益々豊かにふくらむことになろう。

他の索引についても、わたくしはそれを読むことより出発する。『王維詩索引』（一九七八年、京都大学中国語学中国文学研究室編）を例にしよう。「山鳥」（山の鳥、山にすむ鳥）の例が盛唐王維の詩に四例みえる。まず問題のない例をあげよう。

山鳥群飛し、日隠二軽霞一　（「酬二諸公見レ過一」）

清昼猶自眠、山鳥時に一囀す　（「李処士山居」）

月出でて山鳥を驚かす、時鳴春澗中　（「鳥鳴レ澗」）

しかし「寒食汜《シ》江上作」の、

落花寂寂啼山鳥、楊柳青青渡レ水人　(第三・四句)

になると、わたくしなど素人は、すぐ「山鳥啼く」と訓んでしまう。しかし一寸頭をひねると、下句が「水を渡《かは》る人」と訓むべきことがすぐわかる以上、対句の上の句は「山に啼く鳥」と訓むべきことになる。索引は内容までは教えてくれない。索引は「引く」と同時に「読む(訓む)こと」でなくてはならない。以上、基礎となる「索引」の問題を取り上げ、最近やっと辿りついた老生の路をあらわに述べた次第である。

二

故人は楽しんで漢籍を耽読した。江戸初期の代表的学者藤原惺窩《せいか》の『惺窩先生文集』(巻十二)を例にすれば、編者林道春への手簡の中にも、

「白文」謄書ノ事、吾邦古来名ナクシテ『文集』ト称スルハ、此ノ編ニ在リ。然ラバ則チ一日トシテコレ無カルベカラズヤ。至珍至重……　(原文漢文、訓点筆者。慶長十二年正月二十六日の書翰)

とみえる。なお追加すれば、勘定奉行木村摂津守喜毅の日記『丙寅西航日記』(慶応三年〔一八六七〕一月の日記)に、「借置品…林家へ、長慶集全部」とみえるのも、白詩を愛好した幕末の風潮の一端が

知られる。しかし今や「索引時代」、大部の『佩文韻府』『文選』『白氏文集』などでさえ、索引がある以上、その利用を少しも遠慮すべきことではない。それらにみえる「漢語」を、日本文学の側より手を伸ばしてみると、そこにみえる「漢語」や、それより派生する「和製漢語」(和習漢語)的なものなどいろいろ考えてみたくもなる。これについて、歌集『萬葉集』に関しても、追求すべき問題は多く残されている。その文字表記について、友人坂本信幸・毛利正守両君編『万葉事始』(一九九五年、和泉書院)に在来の説を補訂した甚だわかりやすい白表紙の一冊がある。これも別の方面からも分類できようか。たとえば、漢籍の中の漢語を、表現意識、文字の文学性などの面から眺めることも必要なきにしもあらず。しかしこれも『萬葉集』全体を見渡すには多くの時間を要しよう。まずは思い出す語から出発するよりほかはない。その手始めを。

『萬葉集』巻十の冒頭の人麻呂歌集の歌群に、「霏霺《たなびく》」(「霏微」に同じ)の表記のみえることは、周知の通りである。この表現をもつ五首中の二例を任意にあげると左の如し。

ひさかたの、天の芳山、此の夕、霞霏霺、春立つらしも　(一八一二)

子らが手を、巻向山に、春されば、木の葉凌ぎて、霞霏霺　(一八一五)

この「霏霺」の例を求めるために苦労した記憶が今も鮮やかではあるが、漢詩の例は、ここでは省略する。この語は、雨雪などの細やかに降る様をいい——中国の『漢語大詞典』「蒙々細雨。雨雪細小貌」――、漢詩には「霞《かすみ》」という静止した語には続かず、チラチラと動くのが「霏霺」(fēi wēi)である。とすれば、萬葉びと人麻呂が折角この語を利用したとはいえ、内容に立ち入ると、詩語と同値とは断ぜられまい。つまり人麻呂は、十分の語の検討を経ないまま「霞霏霺」と表記したのである(なお更に後述する)。こうした点について、漢語と萬葉表記との「内容」の差を考えなかったわたくしは、いま漸く反省の域に達した次第である。次に別の例をあげよう。

『萬葉集』(巻七)の旋頭歌の一つ、

江林《えはやし》に、ふせるししやも、求むるによき、白栲の、袖まきあげて、しし待つわが背　(一二九二)

の「江林」は、民謡的な歌であるために、漢詩語の「江林」を採用したものとは思われない。しかし「江林」と書いた萬葉びとの心の中は何であったか、多少脱線も必要である。それについては、初唐詩人張九齢の詩例にみえるが、『駢字類編』の例を参考にしたと思われる『大漢和辞典』に、漢語「江林」について、「河のほとりにある林」と注する。しかし作者張九齢の経歴などを勘案すれば、江南地方の「江(揚子江)のほとりにある林」(揚子江沿いの林)とでも解すべきであろう――張九齢には、「一たび江南の守《かみ》となり、江林三四の春」(「戯題㆓春意㆒」)、「江林に秀発多く、雲日復《また》相鮮やかなり」(「春江晩景」)などの詩がある――。それはそれとして、やはり、初唐詩の「江林」と巻七

の「江林《えはやし》」は文字を等しくするとはいえ、無関係であるとみるべきである。(2)

こうした面からみれば、『萬葉集』の左注や題詞には、幾らも問題がころがっている。悲しみの極みに関する語として、『萬葉集』の左注・題詞などに、

「泣血」(巻二、二〇七、人麻呂)　「血泣」(巻十六、三七八六)

がみえる。前者「泣血」は漢語。『文選』(巻十八)馬季長「長笛賦并序」に、「泣血泫流、交横而下」とみえ、李善注には更に、

毛詩曰、鼠思泣血。礼記曰、高子皐之執二親之喪一、泣血三年、未二嘗見一レ歯。

など、「泣血」の例をあげ、漢語のいわゆる「古代語」であることがわかる。また『梁書』(巻四十五「王僧辯伝」)に本づく、『日本書紀』「欽明紀」二十三年の詔中の「泣血」もその一例。因みに前者『毛詩』(小雅、節南山之什「雨無正」)の「毛伝」に「無レ声曰二泣血一」と、後者『礼記(檀弓上)』鄭玄注に「泣きて声無きこと血の出づるが如きを言ふ」(言三泣無レ声、如二血出一)と注する。なお「泣血」に因んで、「血」の条の索引を引く必要もあろう。たとえば、江文通「恨賦」(巻十六)に「血下霑レ衿」(李善注「毛詩曰、鼠思《うれへて》泣血」)とみえ、李善注によって、「泣血」の語例は本文以上に増加する。『藝文類聚』(巻二十一、人部「友悌」)にも、「晋陸機与二弟雲一詩」に、「撫レ膺泣血、灑レ涙彷徨」(『先秦漢魏晋南北朝詩』本作「拊レ膺涕泣、血涙彷徨」)の例がある。(3)

次に「血泣」の語については、巻十六の桜児物語の題詞中に「血泣漣レ襟」とみえる。このたぐいの語は「漣」と結ばれることが多く、『文選』(李善注)にも、

撫二長劒一而慨息、泣漣落而霑レ衣　(李善注「周易曰、泣血漣如」。巻九、班叔皮「北征賦」)

中心孔悼、涕涙漣洏　(李善注「周易曰、泣血漣如」。巻二十三、王仲宣「贈二蔡子篤一詩」)

などの例がみえる。桜児物語の題詞にみえる「血泣　襟《ころものくび》に漣《なが》る」の「漣」も、恐らく右の例などを学んだものであろう。なお「漣」(音レン)に関して、原本系『玉篇』逸文に、「流漣。顧野王云、漣々涙下之貌也」(『一切経音義』巻九十六)、「漣。玉云、泣血也」(図書寮本「類聚名義抄」)とみえる。この原本系『玉篇』によって漢字の訓詁を学んだことの多大であった萬葉びとには、血の涙の流れる意の動詞として「漣」の字を用いることは容易なことである。なお「泣血」は、『文選』に、「挙哀二朔垂一、上下泣血」(李善注「毛詩曰、鼠思泣血」。巻三十七、劉越石「勧進表」)など数例みえるが、もとに戻って、問題とした「泣血」ならぬ「血泣」の例はなかなか発見できない。『文選』にも『佩文韻府』にもその用例をみない。ただ『漢語大詞典』に、中唐詩人韓愈《かんゆ》の、「孤臣昔放逐、血泣追二愆《ケン》尤《イウ》一」(「赴二江陵一途中寄二贈三学士一」)[4]の一例のみを示す——花房英樹氏編『韓愈歌詩索引』にもこの例のみ——。この「血泣」は、前述の「泣血」と同じ仄声をもつために、韓愈が何ゆえに、一般的な「泣血」を反転して「血泣」に変えたか、その間の表現事情はわからぬ。或いは無意識に変えたと

も思われるが、「血泣」は用例が少ないとはいえ、やはり漢語といえる。他方、『萬葉集』巻十六の題詞「血泣」(三七八六)が後代の韓愈の一例に学んだとはいえない以上、漢語「泣血」を「血泣」と反転したのは萬葉歌人の偶然の思い付きかも知れぬ。それは韓愈の例と偶然の一致、偶同ではあるが、萬葉びとの場合は、『文選』や、李善注など熟知の「泣血」の語を、何かの拍子に、つまり大した考慮などもなく、これを上下逆にした和製語と称すべきではなかろうか。そこに生れた「血泣」を、中唐のその例と比べるならば、いかにも文献主義的な片意地な奴と冷笑されることになろう。和製漢語すなわち「漢語的なるもの」の文字表現については、少なくとも学界に盛大を誇る『萬葉集』の研究においてさえ、未だしの現状である。これも時間のかかる学業のゆえであろうか。砂浜の一粒の金砂子を一つ見付けたところで何がわかるというのか、何ゆえに泥臭いことをするのか。しかもわたくしという老学徒は依然としてわが道を行くよりほかはない。

他の文献を取り上げて漢語の問題を少し進めてゆこう。これは漢語、特に漢詩と和詩とを眺めるときに起る問題であるが、その基準を、(a)「用例のある場合」、(b)「用例の発見できない場合」に大別してみよう。まず(a)の場合を。

『経国集』(巻十)、滋野《しげのの》善永36「五言、和下惟《これながの》逸人春道『秋日臥二疾華厳山寺精舎一之作上』」に、

吹レ螺山寺の暁、鳴レ磬谷風の餘《なごり》　(第九・十句)

とみえる。「谷風」について、『大漢和辞典』に、

ひがしかぜ。こちかぜ。物を生長する風。谷は穀で、万物をやしなふこと。東風。春風。穀風。

と注し、『爾雅』(釈天)「東風謂二之谷風一」以下、用例をあげる。これによるならば、善永作の詩題「秋日……」にみえる「谷風」の意とは矛盾する。文字は同じくても、この漢語「谷風」とは一致せず、『大漢和辞典』の注による限り、善永の「谷風」の語の使用は、ひとまず彼の誤解ということになり、いわば和製味を帯びた語と断じてもよかろう。しかし用例は広く求めることを要する。『文選索引』によれば十例をみ、「谷風《こちかぜ》」ならぬ例を見出すことができる。張平子「南都賦」(巻四)の、「玄雲合而重レ陰、谷風起而増レ哀」は、東風の意ではなく、谷の風、谷間より吹きあげる風の意。その李善注には、「毛詩曰、習習谷風」をあげるが、これは国風「邶《ハイ》風」(「谷風」)か、「小雅」(「谷風」)の例か、何ともいえない。但し李善、ひろく中国人にとっては、この語については、『毛詩』の例を示すのが「出典」をあげる常套的な態度であり、どちらより引用したのかは無駄な穿鑿であろう。前者「邶風」の「毛伝」に、「習習、和舒貌。東風謂二之谷風一」と、後者の「鄭箋」に「習習、和調之貌。東風謂二之谷風一」とみえるのは、「谷風《こちかぜ》」の意となるが、それはそれとして、「南都賦」の例は文脈よりみて、谷の風の意であろう。恐らく陸士衡「赴レ洛二首」(巻二十六)の、

谷風翛薄を払ひ、油雲高岑《かうしん》を翳《おほ》ふ　(第一首)

も、風は高く繁茂する繁みを吹き払い、湧き起る雲は高くそびえる峯を覆い隠す、といった情景であり、この風は「谷間を吹く風」と思われる。『経国集』の「谷風」も、この意であり、和製漢語ではない。『漢語大詞典』に、「東風」のほかに、「山谷中的風」とみえるのは、正解であり、『大漢和辞典』の注は不十分である。ここに辞典類をそのまま信用することの恐ろしさが知られる。要するに、ここでは「漢」と「和」の語性を解決しようとしたわけではあるが、やはり『文選』及びその李善注などにいちいち当たることが出発点となろう。

珍しい語の一例に、漢語「黄菌《クワウキン》」がある。『経国集』(巻十四)、滋野貞主208「雑言、奉レ和二清涼殿畫壁山水歌一」の中にみえる。この詩は、二十四句に亙る雑言体であり、画壁の山水図を見て、想像をめぐらせた作である。この詩は甚だむつかしく、未だ誰人の私按をもみない。その中に、

錦里《きんり》粧《よそほ》はんとして翠具《すいぐ》を拾ふ、仙家《せんか》葺《ふ》かんとして黄菌《くわうきん》を採《と》る　(第十五・十六句)

とみえる。この下句は、「画中の仙人の家の屋根を葺こうとして、屋根につく黄色い菌《きのこ》を採る」の意であろうが、「黄菌」は、わたくしの始めて出逢った語である。この語は、『白香山詩集』(清人汪立名編「補遺」巻下)の、「秋霖即事聯句三十韻」の白居易・劉禹錫(劉夢得)の聯句の、

橋柱黏二黄菌一、牆衣点二緑銭一　(3733, 白居易)

の中にみえ、「黄菌」は「緑銭」(緑色の銭苔《こけ》)の対比語である。この聯句は、『劉夢得文集』にみえ

るが[5]、平安初期の官人が読んだか否かは疑わしい。この句が中唐開成五年(八四〇)の作とすれば――近人瞿蛻園注『劉禹錫集箋證』(「外集」巻四)参照――、『経国集』成立の八二七年を降ること十数年後になる。「黄菌」は、現在失われたほかの詩によったかも知れぬが、かりに貞主未見とした場合、前句の「翠」に対して、色対「黄」をもたらし、そこに生れた「黄菌」の語が、そのまま白・劉の聯句の中の「黄菌」と偶然一致したとも考えられないこともなかろう。すなわちこの白・劉詩の聯句を知らぬ貞主の造語であったかも知れぬ。「黄菌」は、ここでは屋根に生えた「きのこ」「たけ」の意であるが(佐久節注)、「菌」については、他に考えられることもある。

「菌」は、『廣雅』(釈草)に、「菌ハ薫ナリ、其葉之ヲ蕙ト謂フ」「薫草ハ蕙草ナリ」(原文漢文)とみえ、「蕙」は「かおりぐさ」の意、虫のつかぬ草の一種である。「菌」の考証については、清人《しんひと》王念孫の『廣雅疏證』に譲るが、『文選』にも、この「菌」はかなり多い。その中で、『文選』(巻四)左太沖『蜀都賦』「菌桂臨崖」の劉淵林注に、「神農本草経曰……一曰、菌ハ薫也、葉曰レ蕙、根曰レ薫」とみえ、また謝玄暉「游二東田一」(巻二十二)にも、

随レ山望二菌閣一　(李善注「楚辞曰、菌閣兮蕙楼」)

とみえ、「菌」が「蕙」に通じることがわかる。これによれば「黄菌を採る」は、屋根をかやなどで葺くために菌草《かおりぐさ》を採集して虫などのつかぬようにすることになる。これに従うと、貞主の「黄菌

を採る」は、"cut"ではなく、"bring"(採集する)ということになろうか。余計なことを述べたのは、至らぬ老学生の口すべり。注のことは置くとして、もともと漢語「黄菌」も、貞主の場合は自ら案出した和製語かも知れず、この際の判定はなかなかむつかしい。

更に貞主のその詩に、

古年の奇《き》好《かう》毫《がう》端《たん》に尽くす、坐臥の間《あひだ》も未だ看るに厭《あ》かず（第二十一・二十二句）

とみえ、「古年《こねん》」が問題となる。「古年」は、以前、昔より、などの意であろうが、一般には、「古時」を用いる。「古年」は、『佩文韻府』に指摘する唯一の例は、宋人鮑照の、

思㆓一言於向時㆒、邈㆓衆代於古年㆒（「傷㆑逝賦」）

である。「向時」は俗語的用法か、文言では「往事」を用いることが多い。用例のある以上、貞主の「古年」も漢語といえる。但し現行辞典類に「古年」の例なく、『佩文韻府』に今のところ一例ということは、貞主の「古年」は、日本語の「古きとし」を漢語めかした和製語とみる方がよくはなかろうか。以上、「漢語の用例」が存在するにしても、平安漢詩の同字もそのまま「漢語」と認め得るか否かの一端を述べてみたのである。

次は(b)の「用例の発見できない場合」について、いくばくかの例をあげてみよう。(b)の場合は、わたくしの貧弱な学力によって左に右にと揺らぐ。同じ滋野貞主の例を採る。208の冒頭に、

掖垣《えきゑん》の壁、毎《つね》に清冷なり、万事の余閑《よかん》聖齢を養ひたまふ　(第一・二句)

「聖齢」は、嵯峨天皇の齢《よわい》。中国諸天子の郊廟歌辞のたぐい、更には『佩文韻府』にも未見の語であり、一般に「聖寿」の語を用いる。ここは「齢」は韻字下平声九青韻を用うべきところ、恐らく「聖寿」(去声)などを捨てて、平声の「聖齢」という語を新しく作ったものであろう。すなわちこれは和製漢語といえよう。

天子関係の語に、貞主と同じ詩題の菅原清公の詩がみえる——『経国集』(巻十四、206)——。その結びの第二十四句に、「能く叡興をして神衷を発《おこ》さ令《し》む」とみえ、「神衷《しんちゅう》」の語が問題である。この語に関して、『文華秀麗集』5仲雄王「奉レ和二春日江亭閑望一」の中に、

野甸宸衷《しんちゅう》に遠く、川皐睿望《せんかうえいぼう》に賒《はる》けし　(第三・四句)

とみえ、「宸衷」は天子の御心の意。盛唐李白「清平楽五首」(第二首)にみえること、『萬葉』第百三十八号参照。(6) 恐らく清公の「神衷」も、「宸衷」などを学んだ和製漢語であろう。

(b)の「用例の発見できない場合」という大それたことを述べつつ、和製漢語などと称するのは、あまりにも誇大な発言かも知れぬ。むしろ(a)の場合にも、平安びとの和製とおぼしい語があまた存在する。「旅行」という語を取り上げてみよう。『経国集』(巻十四)に、小野岑守の215「旅行吟」があり、それに唱和する嵯峨上皇の214「和二野評事旅行吟一」もみえる。漢語「旅行」は、『廣雅』(「釈

獣」)に、狼などの生態に関して、「処不㆓群居㆒、不㆓旅行㆒」(王念孫『疏證』に『説苑』弁物篇を引用)とみえる。連れ立ってゆくのが「旅行」である。これは獣ばかりではなく、『礼記』(「曾子問」)にも、「孔子曰、三年之喪、練《シテ》不㆓群立㆒、不㆓旅行㆒」とみえ、「旅行」は、「喪」に関する語である。三年間の喪中には人々と連れだって旅をしないとの礼儀作法が『礼記』にみえるが、人々が連れだってゆくのが「旅行」の意となる。但し現代の「旅行」とはやや違う。今の「旅行」は、当時の「行旅」に当り、また「客行」でもある。珍しい例として中唐耿湋《かうゐ》の詩「客行贈㆑人」に、

旅行雖㆓別路㆒、日暮各思㆑帰　(第一・二句)

とみえるが、通行語「行旅」とすべきところを平仄の関係で「旅行」という語を生んだわけである。前述の如く「旅行」は『礼記』にみる如く、喪に関する古代語であり、また『廣雅』にみる如く、獣類の行動に関する語でもある。嵯峨上皇・小野岑守の用いた「旅行」は、「行旅」を反転させた語か、それとも『礼記』の語の意味を拡大した語か、速断はしがたいが、(a)と(b)の差は微妙である。或いは萬葉語の「旅行《たびゆ》く」などに基づくかも知れぬ。最近、米国遺伝教使事務局神戸上梓の珍本『真路《まことのみち》に到《いた》る旅行』一冊の存在を知ったが、この「旅行」の訓に「旅行《みちゆき》」とみえ、和訓のすばらしさに感嘆したのは、幕末明治物を多少趣味とするわたくし自身のゆえでもあろうか。

平仄の問題の一例を更に示そう。前述206菅原清公の詩の中に、

陰松恰似二八公仙一、蹲石俄疑二四皓賢一　（第十三・十四句）

とみえるが、「陰松」の意はわかりにくい。用例としては、『佩文韻府』に中唐詩人李賀の一例をあげる。それは「感諷六首」に、

腰裦《エウキウ》佩珠断、灰蜨《クワイテフ》生二陰松一　（第五首）

とみえ、班姫死後の有様を描く。『王琦彙解』（外集）に、「墓辺之松」（墓地の陰なす松）と注する。しかし清公の「陰松」は下の句の「蹲《ソン》石」と対応させたもので、「松陰《まつかげ》」を平仄の上で回転して「陰松」としたのであって、李賀の漢語「陰松」とは性格を異にする。清公の「陰松」すなわち「松陰」の例は、白詩に「好是幽眠処、松陰六尺牀」（2375「小院酒醒」）の例もあるが、清公の「陰松」は「松《まつ》陰《かげ》」という日本語より出発したものとみなすべきであろう。[7]

「漢詩にみえる語」(a)が平安漢詩と同字であっても、漢語そのままか否かは、熟慮に価することであって、このことは繰返し述べて来た。既述の如く、人麻呂の「霏霺（微）」の内容は、漢語と同字とはいえ、意味内容については必ずしも等しくはなかった。この点において、むしろ明治の文人たちは「霏微」の語義をよく摑む。たとえば、幕臣でもあり、文人でもあった成島柳北の、

雨猶霏微、出遊ス可カラズ。（「澡泉紀遊」）

朝来寒雨霏微タリ。（「ねみだれ髪」）

などは、「霏微」の語を正しく用いている。然らば、「霏微」は、煙霞《もや》の類と結ばれないのか、人麻呂にひとたび加勢してみよう。中唐（天宝、大暦間）高傪《こうさん》の「東峯亭、各賦二一物一得二林中翠一」に、「杳靄《エフアイ》無二定状一、霏微常満レ林」の例がある。これは、かさなるもやがいつも林の中に「霏微として」満ちる様であり、人麻呂の、「木の葉凌ぎて『霞霏霺《かすみたなびく》』」に類似する。しかしこの詩に続いて、「清風光不レ散、過雨色偏深」とあり、「霏微として常に林に満つ」の裏面にはやはり雨気がある。

結局、人麻呂への左祖《かせい》は空しい「むなごと」であった。なおいえば、『楚辞』に、類似語「霏霏《ヒヒ》」がみえる。竹治貞夫氏編『楚辞索引』によれば（一九七九年、中文出版社）、「霏霏」の例は三例、そのうちの「雲」に続く二例は、

雲霏霏而承レ宇　（九章「渉江」）

雲霏霏而隕集　（九歎「遠逝」）

である。一見、「雲」と「霞《かすみ》」とは同類の天然現象であり、多少人麻呂の「霞霏霺」の用法の援助となるやに思われる。しかしこれらの「雲」には動きがあり静止しない――第一例、故青木正児先生「新訳『楚辞』」に、「雲はむらむらと軒端に迫る」と注する――。やはり人麻呂への援護は無理であった。なおわたくしには、「暮年三省――『霏微』再考――」（『美夫君志』第二十六号）という小考がある。中国の銭稲孫訳は、「霞流」「霞軽」などと漢訳し、「霏微」を用いない。[8] また近人楊烈

氏訳も「晩霞起」(一八一二)、「春霞繞」(一八一五)で、同様である。人麻呂のこの文字の使用は、単なる彼自身の用字にほかならなかったのである。

前述の如く、便宜的に(a)と(b)とに大別してみたが、その間には共通する語義の問題をはらむ。(a)はそのはらむ問題を主張し、(b)にも主張がある。その果ては大別など不要ということにもなろうか。(a)であろうが、(b)であろうが、その中心となるものは漢語を如何に正しく把握するかの点に在ろう。(a)(b)の上に、それぞれの意味内容を加味してこそ、漢語、続いて和製語も判別されよう。「和製語」は、「和習」として、中国学者側から忌嫌される。漢詩を学ぶ側からみて、日本人臭いあやを鼻むけならぬものと断ずるのは当然のことである。しかし九世紀前半の平安官人がいわば日本文学の伝統を別の形で守り、新しい平仮名文学へと橋渡しをしたのは、何といっても有難い快挙であったと思う。漢詩の別派とみなせば、「和習も可なる哉」である。平安官人たちは模倣より創作へ進もうとしたわけであり、やはり、三大勅撰漢詩集は当時として最大限のあやという「花」であり、「実」でもあった。

三

「和習」の問題を更に述べ、結びとしよう。漢籍類という文献に見えない漢語風の語は、「和習」

――正岡子規は「和臭」の語を用いる――として、とかく非難されている。わが近世の詩が清人《しんひと》によって云々されるのは当然としても、八世紀の『懐風藻』をめぐる上代びと、更に九世紀の平安びとにとっては、後世ほどの作法の便利さはなかったといえよう。「和習」を新しい語の案出とみれば、それは平安びとの「造語」であり、「和習」を「新造語」の一つとみれば、新しい「あや」の発展とみることもできよう。

「和習」の問題のうちで、「語序」などの外面的な部分は、予想以上に、たやすく指摘できるかも知れない。むしろ語序よりも、「文脈」の問題のほうがむつかしいように思われる。文脈といえば散文が中心となる。嘗つて、『萬葉集』(巻五)にみえる、大伴旅人宛の藤原房前の書状の一部の、「乃知竜門之恩、復厚蓬身之上」について、「乃ち竜門の恩、復《また》蓬身の上に厚きことを知りぬ」と訓んだところ、一度来宅され、二度目にパリで逢った、ハンブルグ大学のベンク(G. Wenck)博士より、

乃知二竜門之恩一、復厚二蓬身之上一。

と訓むべき見解を寄せられた――これについては、『契沖全集』第三巻月報3(昭和四十九年六月)「『代匠記』巻五に寄せて」参照――。言語構造論の専門の氏が申されることには誤りはなかろう。しかも返翰をためらっていたのは、和習かも知れぬという疑いがあったためであった。巻五の散文

の呼吸の会得はやはり解明すべき点を多く含む。その一年後の昭和五十年五月十六日、偶然わたくしの「月報」を読まれた吉川幸次郎先生より尊翰飛来、披けば房前の書翰についての見解が示されていたのである。その一部を示せば左の如し(句読点筆者)。

> ……房前の書翰は、乃知㆔竜門之恩、復厚㆓蓬身之上㆒と訓むべきは疑はなく、詩にて申せば流水体、英詩ならばenjambment、立派なる漢語漢□(一字不明)なるを、何とやらいう紅毛の語を御取りあげになり、和習と御疑は過分の御遠慮……彼の月報への所感申述ます……。

右の「流水体」に対する洋語は、「句またがり」とでも訳すべく、ともかくもわたくしの訓が正しいことを暖かくご教示下さったのである。東と西、両博士はともどもすでに逝きたもう。嘆息三たびせざるを得ない。

これは散文の文体に関係する場合であるが、詩の場合はやはり「語性」(語の性格)が中心となる。それによって、「漢語」そのものか、「和製的漢語」かの解決が可能の場合もある。しかし用例の有無は、中国文献に出現するかどうか、中には九世紀後半に始めて出現する漢語もある。しかしこれを溯らせてその語の存在を推定することは、現文献の取扱の態度による。幾度となく示した釈空海の詩、『経国集』巻十、60「過㆓金心寺㆒」の結びにみえる「僧人」の語も、空海以前には中国の詩に出現することはないと一応みてよかろう。[9] しかし「僧人」の語が敦煌文書類や後世の中国文献に多く出現することは、空海以前の存在を推定することが可能である。つまりこれを称して空海の和製語などと速断することはできない。「漢語表現」のありきたりの用例有無によってのみでは、「和製漢語」、つまり「和習」と簡単に言い切ることはできまい。要は一つの漢語について「よく読むこと」がこのたぐいの研究に必要であろう。故吉川先生方式のひそみにならって、若い諸子の御批判を待つ。

(1) 市島春城に関しては、北川和男氏の詳しい資料を頂戴した。
(2) 拙稿「同一文字の場合」(『かづらき』第二十七巻一・二号)参照。
(3) 影弘仁本『文館詞林』(巻百五十二)に、ほぼ同文の例がみえる。但し「撫」作「拊」。
(4) 「三学士」は、「王二十補闕・李十一拾遺・李二十六員外、翰林三学士」をさす。
(5) 白居易の友人劉禹錫(劉夢得)の『劉氏文集』にみえること、花房英樹『白氏文集の批判的研究』(第二部「文集再構成」)参照。
(6) 拙稿「『文華秀麗集』詩注――第五回 第(5)の詩――」参照。
(7) 白詩の例よりみて、「陰」は平であること、松浦友久教授よりの私信の指摘があった。
(8) 近人呂莉氏の「従『萬葉集』看日本文学的形成」(『日本学刊』一九九一年五月)に、人麻呂の一八一五番の「霞霏霺」について、楊烈氏と同様に、「春霞繞葉間」と漢訳する。
(9) 拙稿「『古今集』への遠い道」(『文学』第五十三巻十二号)参照。

あとがき

この小著『漢語逍遥』は、雑誌『文学』(岩波書店刊)に載せた、
漢語あそび――鷗外語の周辺―― 五十六巻十号(昭和六十三年十月)
漢語あそび――鷗外語「係恋」の場合―― 五十六巻十一号(昭和六十三年十一月)
漢語あそび――『懐風藻』仏家伝をめぐって―― 五十七巻一号(平成元年一月)
漢語あそび――萬葉集の「係念」「係恋」をめぐって―― 五十七巻三号(平成元年三月)
漢語あそび――「経紀の人」の場合―― 五十七巻五号(平成元年五月)
漢語あそび――日本近代思想大系「軍隊 兵士」にこと寄せて―― 五十七巻十二号(平成元年十二月)
を中心として、更に諸雑誌・論文集などの、
詩文の習気 『文学史研究』三十二号(平成三年)
漢語あそび――中江兆民「除非」のあととさきと―― 『文学史研究』三十三号(平成四年)
平安文学学事 『文学史研究』三十六号(平成七年)

『佩文韻府』を読まぬ日はなし――漢語表現の問題をめぐって――『萬葉』百五十六号（平成八年）

上代に於ける詩と歌――「霞《カ》」と「霞《かすみ》」をめぐって――『萬葉学論攷』（平成二年）

上代詩歌にみる漢語的表現――「残」を中心として――『記紀萬葉論叢』（平成四年）

を加えて、編集したものである。但し内容について、加筆や削除を施しているために、新しく読んで頂けるかとも思う。また前著『日本文学における漢語表現』（昭和六十三年（一九八八）八月刊、岩波書店）に書いた文中の漢語、たとえば「僧人《そうじん》」の語なども本書に再び姿を現わすが、日時の経過は、おのずからもとの見解をやや進めた処もある。一九八八年以来十年間のわたくしの漢語逍遥（漢語あそび）の「あゆみ」は、よかれあしかれ本書にみえることになろうか。なお「はしがき」に述べた『文選』李善注に関して、故高歩瀛氏の『文選李注義疏』（中華書局刊、四冊本）、すなわち李善注の「疏」（未完成）を入手することができた。やがて来る新しき年の余閑に披くことになろうか。心はすでにその方へと逸る。

本書の成立は、ひとえに編集部国府田利男氏の熱意と温かい同情とによる。ここに国府田氏に深く謝意を捧げる次第である。わたくしとしては、「翁の厚顔性」を駆使し、守備範囲を越えつつ表紙カバーのことにまでも私見が及ぶなど、穴があれば入りたい思いの頻《しき》るこの杪冬である。

一九九七年　暮節

小島憲之

■岩波オンデマンドブックス■

漢語逍遙

1998年 3月20日 第1刷発行
2014年 6月10日 オンデマンド版発行

著 者 小島憲之《こじまのりゆき》

発行者 岡本 厚

発行所 株式会社 岩波書店
〒101-8002 東京都千代田区一ツ橋 2-5-5
電話案内 03-5210-4000
http://www.iwanami.co.jp/

印刷/製本・法令印刷

ISBN978-4-00-730119-3 Printed in Japan